T0278101

EL HÁBITO
DE LA DIVERSIÓN

MIKE RUCKER

EL HÁBITO
DE LA DIVERSIÓN

Cómo la alegría y el asombro
nos pueden cambiar la vida

Traducción de Ana Pedrero Verge

Autoconocimiento

DIANA

Obra editada en colaboración con Editorial Planeta – España

Título original: *The fun habit: how the disciplined pursuit of joy and wonder can change your life*

© Michael Rucker, 2022
Todos los derechos reservados.
Publicado por acuerdo con el editor original, Atria Books, una división de Simon & Schuster, Inc.

© de la traducción, Ana Pedrero, 2023
Maquetación: Realización Planeta

© 2023, Editorial Planeta, S. A. – Barcelona, España

Derechos reservados

© 2024, Editorial Planeta Mexicana, S.A. de C.V.
Bajo el sello editorial DIANA M.R.
Avenida Presidente Masarik núm. 111,
Piso 2, Polanco V Sección, Miguel Hidalgo
C.P. 11560, Ciudad de México
www.planetadelibros.com.mx

Primera edición impresa en España: septiembre de 2023
ISBN: 978-84-1119-097-8

Primera edición en formato epub: enero de 2024
ISBN: 978-607-39-0940-2

Primera edición impresa en México: enero de 2024
ISBN: 978-607-39-0842-9

Impreso en los talleres de Impregráfica Digital, S.A. de C.V.
Av. Coyoacán 100-D, Valle Norte, Benito Juárez
Ciudad De Mexico, C.P. 03103
Impreso en México - *Printed in Mexico*

En recuerdo de Brian Rucker. Cuando volvamos a vernos, espero encontrarte con Bourdain y Cornell, bebiendo whisky y comiendo bien, acompañados de Farley y Hedberg, que harán que nos partamos de risa. Pensar en ti me recuerda que debo aprovechar al máximo cada día, lo que incluye terminar este libro. El resultado será que habrá más diversión en el mundo, y sé que eso te haría feliz. Te quiero, colega.

ÍNDICE

NOTA DEL AUTOR

Empecé a escribir el borrador final de este libro a principios de 2020. Como sabes, entonces ocurrió algo de lo más extraordinario: una pandemia global. Entregué el manuscrito terminado justo cuando medio Estados Unidos ya estaba vacunado y volviendo a una especie de nueva normalidad precaria. En otras palabras, escribí este libro durante lo que (esperemos) fueron los años menos divertidos que viviremos *colectivamente* en nuestras vidas.

Había puesto a prueba las ideas que conforman este libro bajo circunstancias «normales», pero la pandemia de la COVID-19 configuró un escenario totalmente desconocido. Durante los momentos más difíciles de la pandemia, la diversión no se contaba entre las prioridades de la mayoría, y tampoco entre las mías. En mayo de 2020 me puse muy enfermo como consecuencia de un contagio de COVID-19, que inicialmente fue moderado, y de la combinación de varios factores estresantes del momento. Perdí la capacidad de dormir durante meses, lo que me hacía casi imposible funcionar durante el día y, naturalmente, divertirme. Aunque en algunos momentos me alegró ver cuánto me ayudaban las ideas que doy en este libro, también hubo otros en los que me costó mucho lidiar con el síndrome del impostor, ya que escribía un capítulo tras otro sobre la diversión mientras que, personalmente, no es que me estuviera divirtiendo demasiado. A pesar de mis obstáculos, sigo considerándome afortunado. Millones de personas perdieron sus empleos, a sus seres queridos; los más desafortunados perdieron la vida. En todo el mundo había personas que, además de vivir a expensas de un virus que se movía a sus anchas y nos sumía en una pandemia, se enfrentaban a un racismo y a unas injusticias sistémicos, vivían en escenarios de agitación política o luchaban contra los desafíos del cambio climático, entre muchas otras circunstancias. Ante tantas cuestiones relacionadas con la seguridad física y psicológica sin cubrir, no es de extrañar que no hubiera muchos que se preocuparan por satisfacer necesidades más elevadas.

Si aquella lúgubre situación tuvo algo bueno fue que a muchos nos dio una oportunidad de las que solo aparecen una vez en la vida para observar nuestra vida anterior —con sus horarios, ritmos, distracciones y obsesiones— desde la distancia suficiente para hacernos una serie de preguntas importantes: ¿estoy viviendo la vida que quiero? ¿Qué partes son accidentales y qué partes están pensadas? ¿Puedo vivir de una forma más deliberada? Y, sí, también: *¿podría mi vida ser más divertida?*

Si eres de los que se está planteando este tipo de cuestiones, este libro no podría ser más oportuno. Tanto si somos conscientes de ello como si no, la pandemia nos dio un conocimiento muy profundo sobre algunos de los conceptos más importantes de este libro. Al no tener acceso a muchas de las actividades que nos gustan, nos dimos cuenta de lo doloroso que resulta malgastar nuestro valioso tiempo. Padecimos por culpa de la falta de interacción cara a cara con amigos y familiares y sentimos el daño que puede hacernos no conectar íntimamente con algo externo a nosotros. Nos dimos cuenta de lo cierta que es la frase «la seguridad es, más que nada, una superstición» y anhelamos retomar nuestra «aventura atrevida».[1]

Llegó el momento de que todos nos subamos de nuevo a esa aventura atrevida y volvamos a divertirnos, no solo por nuestro propio bien, sino como un camino reparador que beneficie a nuestros seres queridos y, tal como estás a punto de descubrir, a la sociedad en general.

INTRODUCCIÓN

He dedicado la mayor parte de mi vida a buscar la felicidad. Era como un rompecabezas que jamás lograba resolver del todo. De joven fui un «quiero y no puedo» con patas que andaba desesperado por encontrar su sitio en la estructura social de mi pequeña ciudad, Davis, California. En casa no estaba bien, así que me emancipé de adolescente para ver si la felicidad estaba ahí afuera, en algún lugar del mundo, esperándome. Y, desde entonces, el viaje ha sido de lo más interesante.

Los humanos siempre hemos aspirado a ser felices, pero la idea de que la felicidad es una habilidad que se adquiere nunca ha gozado de tanta popularidad. Hoy existe toda una industria construida alrededor de la felicidad, compuesta por gurús, psicólogos, instituciones y organizaciones que tratan de «resolver» el problema de la felicidad de una vez por todas. Se escriben libros y más libros sobre cómo ser más felices desde el punto de vista neurológico, psicológico, religioso y espiritual. La promesa de hallar la felicidad al margen de la riqueza, de los logros u otros factores externos nos toca una fibra muy sensible. Hoy somos muchos aquellos a los que nos puede la impotencia mientras tratamos de crearnos una buena vida contra un viento y una marea que parecen implacables.

Ya seamos *baby boomers* incapaces de reconectar con las alegrías del pasado o miembros de las generaciones más jóvenes, presas de unos niveles récord de soledad, ansiedad y síndrome del agotamiento laboral, todos nos entregamos a la búsqueda de la felicidad como la respuesta a nuestros problemas. La idea es que si somos capaces de encender el «interruptor de la felicidad», los demás desafíos de la vida nos parecerán menos graves. Por muy desgraciadas que sean nuestras circunstancias, siempre podremos alcanzar la satisfacción interior. ¿Te enteraste de que pusieron una sala zen en la oficina?[1]

No tardarás en descubrir que, en sí misma, la búsqueda de la felicidad puede ser una trampa. De hecho, a la mayoría, perseguir la felicidad nos convierte en cualquier cosa menos en felices. Y si lo sé es porque yo mismo caí en esa trampa. A principios de 2016 pensé que ya había marcado todas las casillas necesarias para ser feliz: tenía un buen matrimonio y dos hijos sanos; formaba parte de proyectos exitosos como empresario y emprendedor; había hecho el Ironman dos veces; había viajado extensamente y puesto un pie en todos los continentes; tenía un doctorado y artículos publicados revisados por mis colegas, y había recibido varios reconocimientos por mis aportaciones a mi campo de estudio. La mayoría diría que lo tenía todo. Objetivamente, todo iba bien. Además, como miembro colegiado de la Asociación Internacional de Psicología Positiva, me había posicionado entre los investigadores pioneros en materia de felicidad. Naturalmente, ponía en práctica los avances más recientes en mi propia vida. Como miembro de la comunidad Quantified Self, optimizaba mi vida no solo desde el punto de vista cualitativo, sino también desde el cuantitativo; registraba mis días buenos y los malos, buscando constantemente las correlaciones entre ellos y formas de mejorar. Había alcanzado la cima; poco más podía hacer para ser más feliz, y no había técnica que no hubiera probado.

Soy un escritor prolífico en mi blog, y a raíz de esta afición envío un boletín trimestral cada día 23, día arriba día abajo, en diciembre, marzo, junio y septiembre. El 23 de junio de 2016 fue un día como cualquier otro. Le di enviar al boletín de turno, que era básicamente una exposición en la que hablaba de lo maravillosa que era mi vida en ese momento. Hacia el final del mensaje contaba alegremente que hacía poco que por fin había cumplido algo que siempre había deseado hacer con mi querido hermano, Brian: subirnos a la montaña rusa más alta del mundo, la Kingda Ka.

En algún momento de las 24 horas que siguieron al instante de enviar ese boletín, mi hermano falleció súbitamente de una embolia pulmonar. La situación no podía ser más surrealista: mientras mis amigos, familiares y suscriptores leían la crónica de lo mucho que había disfrutado de la experiencia que habíamos compartido, el trágico fallecimiento de Brian se aseguraba de que jamás volviéramos a tener la oportunidad de vivir otras cosas juntos. Cuando fui superando el estupor inicial, me sentí profundamente triste y agitado. Aquel periodo abrió la puerta a un proceso no deseado en el que lo cuestioné absolutamente todo.

Poco después estuve en el hospital necesitado de una operación de cadera muy seria. Cuando me desperté después de la operación, no tenía sensibilidad en las piernas. Acostado en la cama del hospital, me costó mucho mantenerme positivo. Había construido mi vida en torno a la actividad física y a los beneficios de tener una mentalidad positiva; ahora tenía que aceptar que nunca volvería a correr a nivel competitivo y, emocionalmente, estaba destruido. Las herramientas tradicionales de la psicología positiva no surtían ningún efecto. Por mucho que meditara o escribiera en mi diario de gratitud, la felicidad se me escurría entre los dedos. Finalmente tuve que admitir que aquellas herramientas habían dejado de ser útiles. Creía firmemente en la felicidad y al mismo tiempo era incapaz de sentirme feliz, lo que me sumió en una importante disonancia cognitiva. Pasé de pensar que debía encontrarle sentido a la vida a volver a sentirme perdido.

Afortunadamente, recuperé la sensibilidad en las piernas, y en los meses siguientes, mientras me recuperaba, me fui dando cuenta de algo muy importante. Empecé a preguntarme si tanto empeño en ser feliz había sido parte del problema; y es que, en cuanto dejé de criticarme por no ser feliz, ocurrió algo asombroso. La energía que había estado quemando sin parar para alimentar esa felicidad empezó a aparecer en otras partes. En lugar de concentrarme en lo que me faltaba, empecé a tomar mejores decisiones en cada momento y a invertir mi tiempo en tomar cartas en el asunto y divertirme. Y como pronto leerás, con eso me refiero a cosas sencillas, como encontrar formas creativas de asegurarme de que mi mujer y yo gozáramos de cierto tiempo para conectar, y a otras más complejas, como el enfoque poco ortodoxo de la fisioterapia que adopté y que me dio la oportunidad de mejorar mis habilidades de baile al tiempo que reforzaba la relación con mi hija.

Con el tiempo, eso que había advertido se convirtió en una revelación en toda regla. Finalmente vi lo inútiles e incluso contraproducentes que habían sido mis intentos de alcanzar la felicidad y de retenerla, pero no solo en ese momento de crisis, sino durante años. El trabajo que me suponía ser feliz había estado mermando el tiempo y la atención limitados de los que disponía para vivir la vida.

Desde el punto de vista científico, mi revelación tenía todo el sentido del mundo. La evolución nos dio la felicidad para atraernos hacia las cosas y las actividades que mejoran nuestras probabilidades de sobrevivir. Si siempre nos sintiéramos saciados, tendríamos muy poca motivación para seguir avanzando. A veces no es la felicidad sino la *insatisfacción* lo que nos empuja, pero por mucho que entendamos este concepto, la búsqueda de la felicidad sigue siendo universal. Igual que Sísifo empujaba su roca sin planteárselo demasiado hasta la cima de la montaña solo para ver cómo caía rodando, nos imponemos continuamente el esfuerzo de alcanzar y conservar la felicidad sin llegar a cuestionar el valor del propio esfuerzo.

Esta reflexión me llevó a comprender que preocuparme tan deliberadamente por ser feliz hacía que me fijara solo en lo que me faltaba, lo que hacía que me sintiera aún más desdichado. (Desde entonces sé que las investigaciones más recientes sobre la ciencia de la felicidad, de las que hablaré en este libro, respaldan esta idea). Empecé a aceptar que la tristeza por la muerte de mi hermano y el miedo por mi recuperación física eran reacciones apropiadas e inevitables ante unas situaciones verdaderamente trágicas. La tristeza y el dolor forman parte de la experiencia humana, pero como buen rehén de la búsqueda de la felicidad, en lugar de aceptarlo, empeoré mi infelicidad tratando de silenciar la tristeza y evitar el dolor. Me había repetido tantas veces que debía ser feliz que no había respetado mi necesidad de procesar, de sentir, de pasar por el duelo.

Pero si perseguir la felicidad deliberadamente me había llevado a sentirme desgraciado, ¿qué alternativa me quedaba? ¿Hay algo en lo que *sí* podamos confiar para superar las épocas más negras? Empecé a hacerme menos preguntas introspectivas y a centrarme más en ejercer mi autonomía y mi agencia, desde la compasión y mis valores. Cuando dejé de recriminarme cosas y empecé a ser más activo, a pesar de seguir sintiendo dolor, me di cuenta de otra cosa importantísima: no siempre podía ser feliz, pero casi siempre podía divertirme. Si lo intentaba deliberadamente, podía crear momentos de disfrute y de placer, incluso admitiendo que estaba triste. Como veremos en estas páginas, la diversión puede coincidir con toda una serie de estados emocionales, o incluso llegar a trascenderlos.

A diferencia de la felicidad, la diversión no es una reacción a las circunstancias personales, sino una orientación a la acción que puedes controlar y poner en práctica casi en cualquier lugar y en cualquier momento. También es sumamente benéfica, tanto física como psicológicamente. Si en lugar de preocuparnos por lo que nos falta nos inclinamos a favor de la diversión, las ganancias serán inmediatas.

La diversión es un camino neurológico directo hacia la mejora del bienestar, pero, como acabaría descubriendo, también es una habilidad que hay que entrenar, al menos en el caso de cualquiera que esté inmerso en el serio asunto de ser adulto. Los niños se entregan a la diversión por naturaleza, pero los adultos nos enfrentamos a tres obstáculos:

1. A medida que crecemos, se nos condiciona para que creamos que divertirnos es pueril, incluso inapropiado.
2. Subestimamos los beneficios mentales y físicos de la diversión.
3. Nos desalienta que, en el caso de los adultos con vidas frenéticas, divertirse requiera disciplina, porque eso suena a... lo contrario de divertido.

Para cuando termines de leer este libro contarás con evidencias científicas, claras e irrefutables sobre el valor y la importancia de la diversión como soporte vital. Habrás aprendido tácticas y técnicas para inyectar diversión en tu vida de una forma que te resultará cómoda y auténtica, no forzada ni falsa. Poner en práctica estas técnicas ha mejorado muchísimo mi bienestar, y las he utilizado para ayudar a otras personas con mucho éxito.

No soy ningún gurú que descendió de la montaña. Cuando digo que llegó el momento de dejar de perseguir la felicidad y de empezar a divertirse, hablo de unos principios que están fuertemente arraigados en estudios científicos revisados por mis pares. Mi equipo y yo hemos dedicado años a verificar las ideas y las estrategias que estás a punto de descubrir. Todos tenemos la agencia necesaria para vivir unas vidas más placenteras; lo que no tenemos son las herramientas adecuadas. Y con este libro, ese problema queda resuelto.

CAPÍTULO

1

La diversión es el antídoto

> Hubo una época en mi vida en la que pensé que lo tenía
> todo: millones de dólares, mansiones, coches, ropa boni-
> ta, mujeres preciosas y cualquier otra cosa materialista
> que se te ocurra. Ahora me cuesta encontrar la paz.
>
> RICHARD PRYOR

Un día de invierno en el árido Phoenix, Arizona, un hombre llamado
Will Novak recibió un correo electrónico con una invitación a una
despedida de soltero. El plan, un fin de semana de esquí alocado en
Vermont, sonaba de lo más divertido. La temática eran los años ochenta, habría barbacoa y comida italiana, cerveza y una maravillosa nieve
fresca. Solo había un problema: Will no conocía para nada al novio,
Angelo, ni a ninguno de los padrinos; alguien le había enviado la invitación por error. (Por asombroso que parezca, uno de los padrinos se
llamaba Bill Novak). Aun así, leer aquel correo lo puso de buen humor.
Era padre de un bebé de diez meses, y agradeció la ligereza del mensaje.

Así que, riéndose para sus adentros, contestó: «¡Por supuesto que
me apunto! Por lo que leí, Angelo parece muy simpático y quiero
ayudarlos a que su despedida esté a la altura. Espero que su futura
mujer (o marido) sea increíble». E incluyó su talla de playera.

No esperaba que le contestaran, pero había mandado al universo una vibración que no cayó en saco roto. A los padrinos les pareció que Will era graciosísimo, tanto que sería más que bienvenido a unirse a su fiesta. No tardó en recibir su respuesta: «Si lo dices en serio, nosotros también, ¡bienvenido!».

Will quedó sorprendido. ¿Lo habían dicho en serio? El viaje le saldría en unos mil dólares, y en casa tenía a su mujer y a su bebé y aparte las presiones económicas de la reforma que acababan de hacer. Y, además..., no los conocía para nada. Por otro lado, no esquiaba desde los catorce años. Tenía una vida plena, pero como la mayoría de los padres con un niño que aún no ha cumplido el año, las cacas explosivas y la falta de sueño eran, por el momento, sus únicas aventuras.

Por eso, en lugar de rechazar la invitación, fue con todo. Creó una campaña de GoFundMe que decía: «Ayúdame a ir a la despedida de soltero de un desconocido». Una cosa era que un padre primerizo muerto de sueño y un grupo de individuos que estaban planeando una fiesta se comprometieran a algo tan fortuito, pero ahora había decenas, cientos de personas interesadas y que dejaban cualquier compromiso más serio que tuvieran entre manos ese día para entrar en GoFundMe y aportar algunos dólares. Antes de que terminara el día, Will ya contaba con los fondos necesarios para el viaje. Al final hubo 224 personas que aportaron un total de 4615 dólares, y la campaña se compartió 6300 veces. (El dinero sobrante se destinó a «los ahorros para la universidad/comida/juguetes/lo que necesite el niño» y para el novio y su prometida, que estaban esperando un hijo).

Si te parece que esta historia es absurda, ponte en la situación de Will por un momento. Piensa en cómo le hizo sentir la experiencia:

La tontería que provoca una broma graciosa
La adrenalina de arriesgarse
La pura alegría de pasar de lo cotidiano a lo extraordinario
La emoción de un viaje espontáneo y la oportunidad de pasarla bien
La recompensa de hacer nuevos amigos
La oportunidad de evadirse de una forma sana

La historia de Will, si la reducimos a lo más fundamental, es diversión pura y sin adulterar. Con la aprobación de su mujer, se subió al avión y se la pasó en grande. Creó unos recuerdos que atesorará toda la vida. Para otros, se convirtió en un ídolo. Algún día sus hijos verán las fotos y se reirán, incapaces de creer que su padre hiciera algo tan espontáneo.

No cuento esta historia para decirte que sigas los pasos de Will Novak ni que tires a la basura la agenda y hagas algo completamente fuera de lo normal. Este libro no trata de eso en absoluto. Y es que, al final, lo que más destaca en esta historia no es Will, sino todas las personas que lo animaron en su aventura desde la banca. Su fervor viral es revelador. Si hubo gente que contribuyó con su dinero a la campaña de Will, y a muchas otras igual de divertidas (aunque puedan considerarse «inútiles») que corren por internet, es por algo:

> Vivimos en un mundo lleno de personas que están hambrientas de diversión. Y en lugar de salir a divertirnos, hacemos clic en unos cuantos botones y les dejamos la diversión a tipos como Will.

La diversión es —o debería ser— uno de los bienes fundamentales al alcance de todos. Nadie se libra de pasar por periodos de desazón, dolor y pérdida en algún momento de la vida, y la diversión es el bálsamo mágico que hace que las adversidades sean soportables.

Desde que nacemos, la diversión es esencial para el desarrollo del cerebro humano; con un juego tan sencillo como «¿dónde está el bebé?», los humanos sembramos las semillas para empezar a dotar al mundo de sentido. De niños, la diversión nos ayuda a desarrollar las habilidades sociales y motrices básicas, a establecer y poner a prueba los límites y a definirnos en relación con el resto del mundo. En la adolescencia y al entrar en la edad adulta, utilizamos la diversión para explorar la vida al tiempo que descubrimos quién y qué nos genera placer, y para representar distintas identidades que, finalmente, nos llevan a madurar nuestro sentido de la identidad. (Tal como dijo muy sabiamente el Chef de la serie de televisión *South Park*, «Hay un momento y un lugar para todo, y se llama universidad»).

A medida que nos adentramos en la edad adulta, cuando la vida se vuelve más pausada, la diversión se convierte en una herramienta de enriquecimiento, así como en una válvula de escape para mitigar las presiones de la vida. También nos mantiene sanos: la risa y el buen humor que suelen acompañar a la diversión reducen la ansiedad y el estrés, mejoran la autoestima y aumentan la motivación personal. La diversión mejora la respiración y la circulación, baja el ritmo cardiaco y la tensión arterial y ayuda a liberar endorfinas en el flujo sanguíneo. La diversión alivia la soledad y el aburrimiento, y es una de las claves para mantener la vitalidad a medida que envejecemos.

Esa es la verdad y el potencial de la diversión, o al menos debería serlo. La triste realidad es que la mayoría dejamos de lado la diversión al convertirnos en adultos maduros porque «Algún día tendremos que crecer, ¿no?». En un artículo para el *Wall Street Journal*, «An Overlooked Skill in Aging: How to Have Fun» [«Una habilidad ignorada al envejecer: cómo divertirse»], Clare Ansberry expone que, durante la edad adulta, a muchos se nos olvida cómo divertirnos. Dejamos que estas habilidades tan importantes se atrofien a causa de la falsa creencia de que son poco valiosas, cuando lo cierto es que «la risa, la ligereza, el disfrute y la diversión pueden actuar como antídotos contra el estrés, la depresión y la ansiedad».[1]

Tú, que compraste este libro, seguramente ya sospechabas que nuestras vidas adolecen de una perversa falta de diversión. Pues bien, querido lector: eres especial. Muchos le restan importancia a la diversión por considerarla infantil, superflua, distractora o incluso peligrosa. Lo sé porque veo las reacciones escépticas de muchos cuando les digo que estoy escribiendo un libro para que las personas vuelvan a concentrarse en divertirse. Algunos apartan la mirada, nerviosos. Otros se ríen y cambian de tema. Y aún hay otros que asienten con entusiasmo, esperando la oportunidad de esgrimir sus argumentos para explicar por qué, dada su situación, no pueden dar prioridad a la diversión.

En una sociedad que valora la productividad por encima de todo, nos creímos la idea de que la diversión es «un capricho». En lugar de dedicar un tiempo igual de precioso a la diversión, la relegamos a las vacaciones que nos tomamos una vez al año y, con suerte, quizá a las aventuras de algún que otro fin de semana. En Estados Unidos tenemos el periodo más corto de vacaciones pagadas de los países desarrollados, según la consultora de recursos humanos Zenefits,[2] y, aun así, las empresas tienen que presionar a muchos de sus empleados para que lo disfruten. Día a día, dedicamos la mayoría de las horas que pasamos despiertos a trabajar, cada vez más irritados por todas las tareas que tenemos pendientes. Y en este estado de deterioro, empezamos a vivir a través de excepciones simplonas como Will, que entran y salen de nuestras redes sociales, en lugar de escoger nuestra propia aventura, todos y cada uno de los días.

Cuando digo «escoger nuestra propia aventura», no me refiero a cruzar el país para ir a una fiesta con un grupo de desconocidos ni nada tan radical. **Me refiero a vivir la vida intencionadamente, empezando por tomar la decisión consciente de adoptar la diversión cada día y en el contexto de la vida que llevamos ahora, no en la fantasía del mañana. Llamémosle** *El hábito de la diversión.*

Para adoptar este hábito, primero debemos reaprender qué es la diversión, y por qué es mucho más importante para nuestra salud, felicidad y éxito de lo que nos han hecho creer hasta ahora.

A TRABAJAR, Y NADA DE JUGAR

¿Cómo llegamos hasta aquí? En Estados Unidos y Europa, la mayoría crecimos rodeados de la vieja ética protestante del trabajo, la base del sueño americano, que nos dice que trabajar duro es una virtud. Para los puritanos, el éxito no solo definía nuestro valor como individuos, sino también nuestra valía espiritual. Su alma estaba, literalmente, en la cuerda floja. En este contexto, el trabajo duro y sus resultados se convierten en un asunto muy serio.

Y si el trabajo es sagrado, cualquier cosa que nos distraiga del trabajo —en otras palabras, la diversión— no solo será inútil, sino *maligna*.

Partiendo de la misma creencia se nos dice que el esfuerzo es el único requisito para generar riqueza y alcanzar el sueño americano, a pesar del hecho de que la sociología moderna apunta a que la relación entre la pobreza y el individuo es mucho más compleja. Esto es algo que la periodista y crítica social Barbara Ehrenreich demostró claramente en su libro *Por cuatro duros*,[3] donde explica qué ocurrió cuando trató de subsistir con una serie de empleos en los que cobraba el salario mínimo. Resumiendo, con trabajar duro no bastaba para superar la enorme ineficiencia que supone vivir al día, sin ahorros personales ni unas garantías sociales decentes.

Y, sin embargo, la idea de que el trabajo nos hace crecer (en todos los sentidos) sigue estando muy arraigada, y nuestra autoestima sube y baja al ritmo de nuestra productividad. La autora Rahaf Harfoush apunta, en *Hustle & Float*[4] [*Trabaja duro y flota*], que el énfasis en el trabajo como virtud —por muy alejado que esté del placer, el propósito o de los frutos del esfuerzo— resultó sumamente útil cuando la Revolución Industrial subdividió el trabajo en tareas cada vez menos especializadas cuyos resultados se podían medir y optimizar. Este llamado trabajo *algorítmico* —un trabajo realizado según un patrón secuencial repetible— es el que permitió a muchos ganarse la vida.[5] Por ejemplo, mi abuelo tenía una fundición en Oklahoma. Él y sus empleados iban a trabajar todos los días a la misma hora. Cada día, todos sabían qué se esperaba de ellos. El trabajo era agotador físicamente, de forma que acostarse tarde no era una opción. Sabías qué se esperaba de ti, hacías tu trabajo, y te pagaban. El tiempo que pasabas fuera del trabajo era todo tuyo.

A finales de los años setenta entramos en la era de la información. Muchos trabajadores dejaron de fabricar aparatos y encontraron empleo en el campo emergente del «trabajo del conocimiento». Ahora que la propiedad intelectual y la innovación son el producto del trabajo, hemos dejado de ser operarios que hacen funcionar máquinas con piñones y engranajes. Los piñones y engranajes somos nosotros, y nuestra capacidad de rendir se explota y sobreoptimiza como se hace con el equipo de una cadena de montaje. Nos convertimos en las máquinas que producen los bienes que generan beneficios para terceros.

Para complicarlo todo aún más, en los últimos años se ha vuelto más difícil medir la productividad. A diferencia de las cadenas de montaje, el trabajo creativo parte del pensamiento y de procesos no lineales, y ya no sigue un patrón constante. Como consecuencia de ello, nuestro trabajo ahora tiene una línea de meta muy mal definida. Carentes de los objetivos bien definidos que proporcionaba el trabajo algorítmico, solo tenemos unas indicaciones borrosas de si trabajamos todo lo que teníamos que trabajar en la oficina. Ansiosos por ganarnos la vida, acabamos estando siempre «activos». Al mismo tiempo, las nuevas formas de comunicación que hacen que estemos accesibles casi en cualquier lugar y en casi cualquier momento agravan el problema. Hoy en día, cuando tantos trabajamos desde casa, parece que el trabajo no tiene fin. Trabajamos, comemos y dormimos en el mismo espacio físico, de forma que nos quedamos sin una transición tangible que le diga a nuestro cerebro que «terminamos» de trabajar. Y, en lugar de eso, respondemos correos electrónicos hasta que la cabeza toca la almohada.

En los últimos años, los agitados tentáculos de la economía bajo demanda han desajustado aún más ese equilibrio. Para los que se ganan la vida en plataformas como Uber, Lyft, Fiverr, Instacart y Door-Dash, el trabajo se filtra por todas y cada una de las rendijas de la vida. Atraídos por la falsa promesa de la autonomía que plantea esta forma de trabajar, a menudo no son conscientes de las poderosas influencias que hay detrás para asegurarse de que una gran parte del valor que crean con su esfuerzo termine en los bolsillos de otros. Y lo peor es que la mecánica de estas plataformas, que hacen que parezcan un juego, están diseñadas para que sus empleados trabajen cada vez más a cambio de cada vez menos. Si trabajas en la economía bajo demanda, una búsqueda rápida en internet te llevará a múltiples confesiones de desarrolladores de *software* que se sienten culpables por haber utilizado sus habilidades para armar el juego en tu contra.

El espejismo del control y la manipulación deliberada de los trabajadores de la economía bajo demanda facilitada por las aplicaciones son extremos, pero no son casos aislados. A menos que trabajes para ti mismo, muy pocas empresas son del todo transparentes acerca de cuál es su máxima prioridad: exprimir hasta la última gota de cada «recurso», incluidas las personas. Un artículo de la revista *Slate* afeó este juego de manos empresarial en un artículo titulado «My Disturbing Stint on a Corporate Wellness App» [«El perturbador periodo en que usé una aplicación corporativa de bienestar»]. Su autora, Ann Larson, desarrolla la teoría de que el propósito oculto de la aplicación centrada en el bienestar que utilizaban en su lugar de trabajo era trasladar la culpa de los efectos negativos de un trabajo mal pagado y agotador de un empleado a otro al tiempo que facilitaba que dedicara más esfuerzo y tiempo a su debilitante trabajo.[6] Hay empresas que sí deciden compartir los beneficios con los empleados, pero no son la norma.

Una vez desaparecidos los límites entre el trabajo y la vida personal, la consigna de «dar el 110%» adquiere un significado nuevo y perjudicial. En Estados Unidos, el síndrome de agotamiento laboral está en niveles récord entre todo tipo de trabajadores. Las empresas contratan a ponentes famosos como Gary Vaynerchuk (que insiste en la necesidad de «trabajar a tope»)*[7] y Grant Cardone (que proclama que la gloria es para los que trabajan «por 10»).[8] Estos mensajes suenan muy bien desde el escenario, pero cada vez existen más pruebas empíricas que dejan claro que es probable que quienes se inspiran en estos mensajes acaben pagando un precio considerable. En su libro *Dying for a Paycheck* [*Morir por una nómina*], Jeffrey Pfeffer, catedrático de Comportamiento de las Organizaciones en la Escuela de Negocios de Stanford, explica hasta qué punto nos está perjudicando la exigencia de estar «siempre activos» que nos im-

---

* Conocí a Gary, y creo que sus intenciones son buenas (y presupongo que también lo son las de Grant). Gary ha suavizado mucho su postura sobre la idea de «trabajar» en los últimos años, y me parece oportuno mencionarlo aquí.

pone el empleo moderno.[9] En una entrevista con la publicación *Insights* de la Escuela de Negocios de Stanford, Pfeffer reconoce la aportación de Nuria Chinchilla de IESE Business School al adoptar el término «contaminación social» en referencia a estos comportamientos inadecuados.[10] El daño que causa esta contaminación —las prioridades laborales invasivas— va mucho más allá de la destrucción de amistades y vínculos familiares; a algunos los mata, literalmente. La Organización Mundial de la Salud y la Organización Internacional del Trabajo han observado que las jornadas de trabajo prolongadas condujeron a 745 000 fallecimientos en 2016, un 29 % más que los datos similares analizados en el año 2000.[11]

Lo de forzar a los trabajadores a que produzcan más para las organizaciones que los emplean no es nada nuevo. La obra de 1911 de Frederick Winslow Taylor *Los principios de la administración científica* —donde cuenta la famosa historia de cómo consiguió que los trabajadores que cargaban lingotes de hierro aumentaran su producción diaria de 12 toneladas a 47 subiéndoles el salario y gestionando muy de cerca el ritmo de trabajo— sigue siendo el fundamento de la teoría y la práctica de la gestión de hoy, a pesar de los grandes cambios económicos descritos anteriormente. (Y a pesar también del nada disimulado desprecio que Taylor sentía por al menos uno de los trabajadores, al que describía como «tan apático que su estructura mental se asemeja más a la del toro que a cualquier otro tipo»,[12] tal como recuerdo de mis días estudiando la teoría de fijación de metas durante mi doctorado).[13] Edwin Locke y Gary Latham (líderes de opinión en el estudio del comportamiento organizacional desde mediados de los años sesenta) se hicieron famosos gracias a sus métodos, en los que utilizaban unos ambiciosos objetivos empresariales para aumentar la producción de los trabajadores. Con todo esto vengo a decir que la evolución de la optimización de las personas para que seamos máquinas de trabajar tiene una trayectoria dilatada, pero en los últimos tiempos las empresas han empezado a intentar vendernos que «trabajar duro» es una medalla que debemos llevar con la cabeza en alto. Cuando, en realidad, es tóxico.

Porque admitámoslo: si no estás trabajando a tope... Si no contestas correos electrónicos mientras estás en el baño... Si no caminas tus 10 000 pasos diarios... Es que eres un flojo, ¿no? Es increíble hasta qué punto nos han embaucado. Todos estos sacrificios tienen un costo terrible. Nuestro bienestar depende en parte de nuestra capacidad de divertirnos, jugar y dedicarnos al ocio, y la vida moderna ha erosionado nuestras oportunidades de disfrutar de estos componentes básicos de la vitalidad.

LA TRAMPA DE LA FELICIDAD

Como decía en la introducción, soy uno de los muchos que reaccionaron a esta olla de presión convirtiendo «ser feliz» en una meta implacable. Y al hacerlo, también como muchos, caí en la trampa de cuantificar dicha aspiración en todos los aspectos de las experiencias que nos aportan alegría. Pondré un ejemplo. Me gusta meditar; con la esperanza de «optimizar» mi experiencia con la meditación, me compré un dispositivo que me daba datos neurológicos para saber si estaba meditando «bien». No obstante, la experiencia no tardó en arruinarse, ya que el programa del dispositivo no dejaba de molestarme para que meditara más en lugar de, sencillamente, dejarme disfrutar de ello. Lo mismo ocurre con tantas otras actividades hoy día: se nos anima a que utilicemos aplicaciones y aparatos para hacer seguimiento de casi todo lo que hacemos, desde dormir hasta hacer ejercicio, llegando incluso a contar cuántos días hemos pasado con la persona a la que amamos.[14]

En lugar de disfrutar de las actividades como mejor nos parezca, acudimos a las estadísticas para analizarnos. Comparamos nuestro yo de hoy con el de ayer al tiempo que nos comparamos con fulanito y menganito. Nos obsesionamos con la diferencia entre el estado actual y nuestros deseos accidentales, que son más una cuestión de azar, cuando podríamos estar aproximándonos a unas experiencias más plenas que nos nutran y nos ayuden a crecer de verdad. La felicidad se convierte en un espejismo que solo vemos con claridad desde lejos; en cuanto la alcanzamos, nos damos cuenta de que no hay mucho que ver, y empezamos a escudriñar el horizonte de nuevo, entrando en lo que al final se convierte en una espiral eterna.

Pero no es culpa nuestra: la ciencia apunta a que llevamos las de perder. Nuestros cerebros están *programados* para obsesionarse con la distancia entre el punto en el que estamos y el punto en el que creemos que seremos felices. Los académicos usan el término especializado «hedónico» para decir que algo pertenece al placer. Cuando decimos que hemos tenido una experiencia hedonista, suele estar compuesta de dos elementos: el placer anticipatorio y el placer consumado. Hubo un tiempo en que los científicos creían que lo que nos movía era la búsqueda del placer consumado, que es una forma de decir que hacemos lo que hacemos para sentirnos bien. Ahora la ciencia declara que, en muchos casos, lo que a menudo nos impulsa a buscar el placer no es el bienestar en sí, sino el atractivo del placer de una recompensa potencial o un resultado positivo y la sensación agradable de haber acertado en nuestras predicciones. Esto se debe a tres razones:

1. Se nos da bien anticipar. Si has leído otras cosas sobre la felicidad, seguramente habrás oído hablar de la dopamina. La dopamina se conoce con el sobrenombre de «la hormona de la felicidad» porque en un principio se consideró que era el neurotransmisor que nos permite sentir placer. Sin embargo, el doctor Blake Porter, neurocientífico, lo expresó de esta forma cuando lo entrevisté: «En neurociencia, la historia del placer y la dopamina ya está bastante muerta». A medida que los científicos empezaron a indagar sobre la dopamina, observaron algo sorprendente: suele dispararse *antes* de hacer algo divertido. Antes pensábamos que la dopamina era esencial para experimentar algo como divertido y placentero, pero ahora sabemos que la sensación intensificada con la que se asocia principalmente es la *anticipación*.[15] Y lo cierto es que la anticipación no tiene por qué ir asociada con el placer. Hoy en día, los científicos creen que el propósito evolutivo de la dopamina era intensificar la excitación a fin de prepararnos para algo inesperado, pero que a la dopamina no le importa la calidad de ese «algo». Ahora también se cree que la dopamina está relacionada con la búsqueda de objetivos, y que nos da un aumento de motivación para que lleguemos a la línea de meta.

Así pues, la dopamina nos impulsa a *perseguir* la felicidad de manera anárquica en lugar de dejarnos disfrutar del regalo que es la felicidad en sí misma.[16] El deseo de satisfacer ese anhelo es insaciable por definición. Y así es como terminamos en una rueda para hámster que la ciencia llama, con mucho tino, la «caminadora hedónica». A esto también se lo conoce como adaptación hedónica, relativismo hedónico o punto de referencia de la felicidad, pero, a grandes rasgos, todos estos conceptos hacen referencia a nuestra tendencia a sobrevalorar el impacto que tendrán en nuestra felicidad los cambios y los acontecimientos de nuestra vida. Es decir, que, con mucha frecuencia, en cuanto nos familiarizamos con un cambio, nuestra felicidad volverá a nuestro «punto de referencia», al mismo grado de felicidad que teníamos antes de ese cambio. No nos sentimos más felices que antes, así que volvemos a entregarnos a la búsqueda de algo más.

A la caminadora hedónica le siguen otros dos «trucos tontos humanos» que hacen que la felicidad resulte escurridiza.

2. Se nos da bien adaptarnos. En general, cualquier cosa que nos ocurra —ya sea buena o mala— tiene un impacto limitado y temporal en nuestra felicidad subjetiva. La felicidad empieza a disiparse en cuanto la alcanzamos. Durante décadas, la ciencia ha aplicado la teoría del nivel de adaptación para tratar de entender por qué lo bueno no parece durar, pero lo que de verdad llamó la atención del público general fue un artículo publicado en 1978 por Philip Brickman, Dan Coates y Ronnie Janoff-Bulman sobre personas que habían ganado la lotería.[17] Estos investigadores observaron que podemos vivir experiencias maravillosas e inesperadas, como ganar la lotería, que hacen que la vida sea muy emocionante durante un tiempo, pero que tenemos tendencia a adaptarnos. Terminamos aclimatándonos a nuestra nueva realidad y volvemos al nivel de felicidad por defecto al que estábamos acostumbrados. De hecho, si no adoptamos un enfoque deliberado en cuanto al cambio de circunstancias, nos arriesgamos a ser menos felices a causa de complicaciones nuevas (por ejemplo, para las personas que ganaron la lotería, la aparición de la presión de los amigos y familiares que quieren compartir su buena fortuna) y responsabilidades (como diría The Notorious B.I.G., «*Mo money, mo problems*»).* La buena noticia es que los estudios más recientes nos dicen que no hace falta perder la esperanza, incluso si ganaste la lotería. Si somos capaces de asimilar la buena suerte de una forma eficaz, podremos mejorar nuestra satisfacción vital.[18] Si contamos con las herramientas adecuadas, podemos «ganarle» a la adaptación.

3. Se nos da bien comparar. Muchas veces, sentirse feliz tiene menos que ver con la experiencia que estamos viviendo que con cómo la vemos en comparación con las experiencias de los demás.

Nuestra percepción de la felicidad se articula en gran medida a través de la experiencia compartida. Visto así, la felicidad es casi como una alucinación colectiva: nos comparamos con los demás según la realidad consensuada en la que vivamos en cada momento.

Por ejemplo, un estudio sociodemográfico francés observó que, cuando se nos da a elegir, no solemos querer «más» en un sentido abstracto. Solo queremos tener más que las personas de nuestro entorno. Cuando se preguntó a los participantes del estudio si preferirían tener un coeficiente intelectual de 110 teniendo en cuenta que los demás tendrían un CI medio de 90, o un CI de 130 teniendo en cuenta que los demás tendrían un CI de 150, muchos escogieron la primera opción, aunque ello significara tener un CI inferior. En la misma línea, muchos preferían tener cuatro semanas de vacaciones si los demás tenían dos en lugar de seis semanas si los demás tenían ocho.[19]

Todos presentamos una serie de mecanismos evolutivos inherentes y profundamente arraigados que nos predisponen a subirnos a la caminadora hedónica. Por fin haces ese viaje y no te sientes tan feliz como creías porque no cumplió tus expectativas. Por fin consigues ese

---

* «Más dinero, más problemas». (*N. de la T*)..

ascenso, pero la emoción desaparece en cuanto te adaptas a tu nuevo puesto. Y para colmo, te das cuenta de que no era lo que esperabas. Tu hijo disfruta de la ilusión de los regalos navideños, pero se le viene el mundo encima cuando compara su buena fortuna con la de su primo, que resulta que recibió algo un poco más padre. Los aspectos positivos de estas experiencias resultan ser efímeros, y regresamos a nuestro estado original (ese molesto punto de referencia de la felicidad) o, en ocasiones, nos sentimos todavía peor.

LA NADA ENTRA EN ESCENA

¿Has visto la película *La historia sin fin*? En ella, una fuerza todopoderosa y malévola llamada «la Nada» devora el mundo mágico de Fantasía, dejando tras de sí un vacío desolador que representa la ausencia total de imaginación en el mundo «real». Ese es el concepto que tengo del consumo de contenido mecánico y de otras actividades que te absorben el alma; son como una Nada aparentemente imparable que es capaz de succionar el placer y el propósito de la vida... si se lo permitimos.

Pensemos por ejemplo en el uso de redes sociales. Las plataformas de redes sociales pueden servir para divertirse un poco, conectar con los demás y disfrutar rememorando nuestros recuerdos. No pretendo demonizar estas herramientas, puesto que yo mismo disfruto interactuando con los demás y compartiendo cosas en internet. Sin embargo, debemos recordar que estas aplicaciones están especialmente diseñadas para invadir y regir nuestro ocio, y que capturan nuestra atención por medio de palancas de interacción artificiosas. A medida que los programas nos van recordando que ciertos acontecimientos son recompensados socialmente, poco a poco aprendemos a jerarquizar nuestros recuerdos a base de comentarios y «me gusta» en lugar de basarnos en los méritos intrínsecos de nuestras vivencias.

Este tipo de mecánica de juego —pensada para que utilicemos las plataformas sin parar— puede dar lugar a un cambio de comportamiento no deseado, ya que, poco a poco, empezamos a hacer cosas para complacer a Instagram y no a nosotros mismos. Renunciamos a la privacidad situacional y la diluimos a través de la sublimación indirecta. Y a medida que crece nuestro público, la validación proviene cada vez más de fuentes externas, del ejército de la *Nada*: desconocidos cuyo interés en nosotros o nuestro bienestar es mínimo o inexistente.

En lugar de ser objetivos en sí mismos, ahora nuestras experiencias son un medio para lograr cierto estatus que pagamos con unas extrañas divisas virtuales que apenas tienen valor y que, a la mayoría, no nos sirven prácticamente de nada. Ver cómo suben los «me gusta» libera una dopamina que nos sacia temporalmente. Esa satisfacción momentánea es agradable y accesible, y por eso volvemos por más, una vez, y otra, y otra. ¿No te recuerda un poco a una adicción en formación? Eso es porque lo es. Están apareciendo estudios que apuntan a que estas prácticas están cambiando las estructuras de nuestros cerebros y nos están haciendo más propensos a la depresión y a la ansiedad.[20] De hecho, algunos investigadores afirman que el aumento en las estadísticas de casos de suicidios y depresión coincide con la expansión de los teléfonos inteligentes y del uso de las redes sociales.[21] El trabajo de la doctora Jean Marie Twenge, catedrática de Psicología en la Universidad Estatal de San Diego, destaca especialmente porque defiende que los teléfonos inteligentes están arrasando la salud mental. Aunque hay quien ha criticado sus interpretaciones por ser demasiado negativas, sus estudios demuestran que es probable que las redes sociales tengan un impacto negativo importante en el bienestar.[22]

En *La brújula del placer*,[23] un libro dedicado íntegramente a los aspectos científicos que explican qué nos hace sentir bien, David J. Linden señala que hubo un tiempo en que se creía que el dolor era lo opuesto al placer; eso fue hasta que empezamos a saber de la engañosa dopamina y descubrimos que el dolor también puede activar los circuitos de recompensa. Ahora sabemos que lo opuesto al placer es el fastidio, es decir, la insatisfacción producida por la falta de estimulación y enriquecimiento. Si el fastidio es el enemigo de la diversión, la *Nada* es la archienemiga de la diversión.

El arma secreta de la diversión: la oxitocina

Actualmente, la manera en que creemos que nos mantenemos felices hace muy poco por enriquecer nuestra vida; es un esfuerzo que no hace más que perderse en el vacío de la *Nada*. Nos esforzamos mucho por ser felices persiguiendo unas recompensas que duran muy poco, y cuando no logramos alcanzar la felicidad, nos preguntamos por qué.

El antídoto de todo esto es la diversión, y puede incluso que lo sea, en el sentido más literal, el de la neuroquímica. Y es que la diversión compartida con otras personas se relaciona con una segunda hormona igual de importante y de la que no se habla lo suficiente: la oxitocina. Obtenemos ciertas dosis de ella a través de las interacciones prosociales y participando en experiencias que nos conectan con otras personas. Es la que nos proporciona esa preciosa sensación de que formamos parte de algo más grande, mientras que la dopamina es, metafóricamente hablando, la sacarina de la felicidad.

Si no ejercemos un control consciente, lo que hacemos es dejar que otros gobiernen nuestro tiempo, y eso hace que nos sintamos atrapados e impotentes porque sabemos que no debería ser así. Ignoramos nuestras necesidades primitivas de agencia y autonomía y aplacamos esa sensación haciendo donaciones para la aventura de Will, o publicando fotos con la etiqueta #tbt* y viendo cómo se acumulan los «me gusta». El problema es que ese gesto carece de conexión verdadera. Pulsamos botones mientras ignoramos a las personas con quienes estamos compartiendo una comida o una cena, y decimos que este intercambio virtual es una interacción social mientras por dentro tenemos la incómoda sensación de que la vida va pasando de largo. Y lo único que hicimos es tirar otro momento a la *Nada*.

Sin embargo, cuando nos inclinamos por la diversión, empezamos a recuperar ese control. Cuando damos prioridad a compartir expe-

---

* Etiqueta muy utilizada los jueves en redes sociales que significa «*throwback Thursday*», que podría traducirse como «el jueves de los recuerdos» y consiste en publicar fotos de momentos pasados. *(N. de la T)..*

riencias deliberadas, cuando buscamos activamente tener interacciones sociales significativas con otras personas a través de la diversión, dejamos de necesitar el gotero de la dopamina. Así, la diversión se convierte en el antídoto contra la caminadora hedónica porque nos permite enriquecer nuestras vidas en lugar de reprimir nuestra verdadera necesidad de sentirnos vivos y conectados.

La liberación de oxitocina parece ser más que agradable, y la ciencia apunta a que nos protege de nuestros propios impulsos negativos. Cuando el doctor Volker Ott y sus colegas de la Universidad de Lübeck, en Alemania, administraron oxitocina a un grupo de veinte hombres sanos, su autocontrol aumentó y su consumo de aperitivos se redujo, lo que permitió a los investigadores concluir que la oxitocina puede tener un efecto importante en el control de los comportamientos relacionados con las recompensas.[24] Al dar prioridad a las actividades que generan oxitocina y que cubren nuestra necesidad de divertirnos, nuestra capacidad de dejar a un lado la satisfacción inmediata aumenta y podemos tomar decisiones mejores sobre en qué invertimos nuestro tiempo y atención. Estimular la liberación de oxitocina también parece reforzar los vínculos de conexión porque nos permite sentir una empatía más profunda. Con ello, pasamos de alimentar la *Nada* a alimentarnos a nosotros mismos y a nuestros seres queridos. Cuando hay oxitocina, tendemos a actuar de una forma más prosocial y ser más conscientes de que el mundo no gira alrededor de nosotros, de cómo somos en comparación con los demás, y de lo bien que nos hace sentir apoyar a los demás.[25]

Nota: La relación entre la oxitocina y la dopamina con el comportamiento es real y está muy estudiada. Los científicos están empezando a unir las piezas del rompecabezas, pero admiten que el contexto completo de su funcionamiento en el cuerpo es mucho más complejo de lo que sabemos hasta la fecha. Los neurotransmisores no cumplen funciones únicas, sino que están interrelacionados entre sí de formas simbióticas y cumplen toda una serie de cometidos distintos en nuestro organismo. Por eso, aunque en nuestro cerebro no se esté librando ninguna batalla entre la oxitocina y la dopamina —en realidad, son más como compañeras de equipo que se necesitan mutuamente para pasarla bien—, esta metáfora nos sirve en este momento para ilustrar qué debemos valorar y por qué.

UNA TEORÍA SENCILLA DE LA DIVERSIÓN

La diversión ha sido tan despreciada, marginada, escondida e ignorada que necesita un buen lavado de cara. Nuestra aventura juntos empieza por comprender la verdadera naturaleza de la diversión: la felicidad es un estado mental, mientras que la diversión es algo que podemos hacer. No requiere formación, dinero o poder; solo exige intencionalidad. Si la felicidad es un espejismo, la diversión es el oasis que tenemos en el jardín de atrás. Al final de este capítulo empezaremos a dar pasos concretos, porque ese es el carácter de la diversión.

Desde el punto de vista de la ciencia, la diversión es un territorio relativamente inexplorado. En ese sentido es como los relámpagos, un fenómeno que los humanos llevamos observando con miedo y asombro desde los albores de la humanidad. Los rayos son espectaculares, reales y, en algunos casos, destructivos, y su manifestación exacta sigue siendo un misterio.[26] Los científicos no terminan de ponerse de acuerdo sobre cómo se cargan las nubes de lluvia y cómo generan una chispa, y es que los rayos quebrantan las reglas básicas de la física.

En la misma línea, la diversión es, en gran parte, un misterio. Las explicaciones científicas sobre sus orígenes son sumamente especulativas. Una teoría dice que, en los primeros estadios de nuestra evolución, vimos que divertirnos refuerza el desarrollo del cerebro.[27] Al divertirnos juntos, los humanos aprendimos a cooperar y a desarrollar acuerdos mutuos que sentaron las bases para las normas y los consensos sociales que vendrían después. Al divertirse y jugar, nuestros antepasados desarrollaron relaciones de recompensa y acuerdos benéficos y prosociales que constituyen los cimientos de las dinámicas de grupo modernas. Esta teoría plantea que es probable que este aspecto del poder de la diversión facilitara el crecimiento de las sociedades. Pero todo esto son elucubraciones, y lo cierto es que nadie conoce el verdadero origen evolutivo de la diversión, o por qué divertirse es tan útil para prosperar. Pero, a diferencia de la *felicidad*, ese constructo social definido por la percepción humana, la diversión es demostrable, observable, real y está a nuestro alcance inmediato. Es primitiva y universal y funciona a unos niveles más profundos que la cultura, algo que vemos enseguida si tenemos en cuenta que muchos animales, y no solo los humanos, buscan divertirse. La diversión es algo tan simple como dos perros jugando y tan complejo como el camino que se sabe que siguió Albert Einstein para llegar a algunos de sus descubrimientos más importantes.

Para los que quieran una definición sencilla de la diversión, aquí va: **la diversión consiste en participar en experiencias placenteras.** Pero profundicemos un poco, porque la diversión es mucho más que eso. La diversión:

1. Está orientada a la acción

La diversión es inmediata. O te diviertes o no te diviertes. En ciencia, definimos la calidad afectiva de la experiencia con la etiqueta del *tono hedónico*, que recibe el nombre más común de *valencia*. Para no complicar demasiado las cosas, los únicos dos términos de la psicología divulgativa que te pido que recuerdes a partir de ahora son *hedónico* y *valencia*. Las experiencias de valencia positiva son placenteras, y las de valencia negativa, no. Cuando optamos por la diversión, es decir, cuando nos la ponemos enfrente para vivir experiencias más positivas, empezamos a cosechar beneficios.[28] En cambio, cuando nos preocupamos por «ser» más felices, de forma subconsciente nos estamos identificando como personas infelices (o, al menos, no lo suficientemente felices). Esta brecha que se abre en nuestro interior —que actúa como una vara de medir del bienestar— se convierte en un punto central, en una parte de nuestra identidad, y hace sombra a la poderosa consciencia de que tenemos agencia para decidir a qué dedicamos nuestro tiempo.

2. Es prosocial

La diversión es inclusiva. No depende de los enfoques que nos dicen que «para cuidar a los demás, primero hay que cuidarse a uno mismo» y «ponte primero la máscara de oxígeno» que transmiten muchas personas que se centran en la felicidad. No: la diversión suele sacarte de ti mismo. Me encantó cómo lo expresó la doctora en neurociencia Lisa Feldman Barrett en una de sus ponencias: «Sales del centro de tu universo durante unos minutos». Pasas del espacio en el que vive el *yo* al espacio del *nosotros*.

La diversión está predispuesta a beneficiarte no solo a ti, sino a todos los que la comparten contigo. Piensa en cuando te ríes con tus amigos, por ejemplo. El actor cómico John Cleese lo expresó de una forma muy bonita: «Es casi imposible mantener cualquier tipo de distancia o imagen de jerarquía social cuando te estás muriendo de risa. La risa es una impulsora de democracia».[29] Con esto no pretendo decir que la diversión requiera de la compañía de otros. La diversión en soledad es igual de importante, y puede serlo especialmente para las personas introvertidas. Dicho esto, las personas a las que más apreciamos pueden ser nuestras fuentes de diversión más potentes. Asimismo, cuando digo que la diversión es prosocial, también quiero decir que no es algo que se consigue a costa de otro. Curiosamente, cuando la palabra *diversión* apareció por primera vez en la lengua inglesa, se cree que a finales del siglo XVII, lo hizo con el significado de «trampa» o «engaño». Esta connotación sigue viva cuando decimos cosas como «Me divertí un poco a costa de alguien», y puede que haya contribuido a la actitud sombría que tenemos hacia la diversión en general. Deshagámonos de esa carga. A partir de ahora, partamos de la base de que, si alguien va a salir perjudicado, no estamos hablando de diversión.

3. Es autónoma

La vertiente prosocial de la diversión hace que algunos sientan que defenderla es una versión de ese compañero insoportable de la oficina que te dice que tienes que sonreír más. A diferencia de la felicidad (definida de forma cuantificable por la ciencia), corresponde a cada cual definir la diversión. Tu diversión es autónoma, es tuya y solo tuya. Lo único que la diversión tiene en común para todos es su valencia positiva, la energía que nos aporta. Que otros pretendan imponerte su idea de la diversión puede resultar perjudicial. Esta actitud es otra de las razones que ha contribuido a la mala reputación de la diversión, y hablaremos de ella en el capítulo sobre la diversión en el trabajo.

4. Es extraordinaria

La diversión tiene muchos niveles, algo que vemos al fijarnos en cómo aparece una sonrisa al leer una historieta graciosa o esa ola inmersiva del placer fisiológico y psicológico que obtenemos con las experiencias más intensas. Para algunos, la diversión puede ser acurrucarse con su pareja a ver Netflix, y para otros, tocar con todas sus ganas la batería. Como veremos más adelante, lo mejor de todo es que, signifique lo que signifique para ti, te puede llevar a dejar atrás lo ordinario. Hay una parte milagrosa de la diversión que va más allá de la ciencia, más allá de toda medición.

Me gusta pensar en la valencia como en los dos colores de una ruleta. Eres libre de decidir qué color representa la experiencia positiva y cuál la negativa. La decisión es tuya. Cuando desarrollamos el hábito de la diversión, adaptamos ese color ganador a nuestro favor. No podemos garantizar que la pelotita nunca caerá en una valencia negativa, pero normalmente podemos manipular nuestro tiempo de forma que al final tengamos más experiencias positivas que negativas. También podemos aprender a disfrutar de nuestras experiencias cuando las cosas no van como nos gustaría. La analogía de la ruleta me encanta porque también incluye a las casillas verdes. En el mejor de los casos, la diversión trasciende la dicotomía de felicidad e infelicidad, porque resulta que hay una casilla de diversión especial que no se encuentra en una escala lineal y que va más allá de las valencias. Pasamos de largo ante las aspiraciones de alcanzar un mayor bienestar subjetivo y las vemos como lo que son: preocupaciones personales triviales. Estos momentos intensos carecen momentáneamente de felicidad y tristeza, y los que tienen la suerte de encontrarlos describen la experiencia como algo asombroso imposible de describir con palabras. Estos saltos liberadores tienen el potencial de conectarnos con algo más grande; algo a lo que, como veremos más adelante, llamaré el *Misterio*.

EL CARRUSEL DE LA DIVERSIÓN: ALBERT EINSTEIN

Fiesta del cumpleaños 72 de Albert Einstein en la Universidad de Princeton, en Princeton, Nueva Jersey, el 14 de marzo de 1951

A pesar de su compleja mente, Einstein era conocido por ser muy divertido. Es imposible que no conozcas la versión retocada de este retrato icónico, pero puede que no sepas la historia que hay detrás. La foto la tomó Arthur Sasse el 14 de marzo de 1951, en el cumpleaños 72 de Einstein. En la foto sin retocar, vemos a Einstein sentado en un coche entre su esposa, Elsa, y el doctor Frank Aydelotte, director del Instituto de Estudios

Avanzados. Se cuenta que, cuando se iban de la fiesta de cumpleaños para volver a su casa en Princeton, Nueva Jersey, los fotógrafos pedían sin parar a Einstein que sonriera para la cámara. Cuando Sasse le pidió una última foto, respondió con una mueca graciosa. A Einstein le gustó tanto cómo quedó la fotografía que enseguida pidió que le enviaran varias copias para poder firmarlas y enviarlas a sus amigos, de broma. En el futuro, usaría esa misma foto para hacer tarjetas de felicitación.

Einstein no solía dejar que nadie se interpusiera en su diversión. Era rápido con sus chistes, casi nunca llevaba calcetines (opinaba que los zapatos debían cumplir su función), se dejaba el cabello y el bigote largos y concedía entrevistas en la entrada de su casa en pantuflas rosas. Su compromiso con la diversión era enorme, y aun así, cuando Sasse envió su foto a los editores para publicarla, debatieron si era apropiado hacerla pública, ya que Einstein era toda una eminencia. Si llegó a ver la luz fue porque Sasse explicó lo mucho que le había gustado al gran científico.

Según la biografía de Walter Isaacson, *Einstein. Su vida y su universo*,[30] los rasgos de la personalidad que más contribuyeron a la grandeza de Einstein fueron la curiosidad y el inconformismo. Existen estudios científicos que apuntan a que el sentido del humor y la inteligencia van de la mano. Las personas que muestran aptitud para la diversión también parecen presentar habilidades cognitivas superiores,[31] y Einstein lo demostró a la perfección. Se cuenta también que Einstein dijo que su otra gran idea (después de la relatividad) fue añadir un huevo a la cacerola donde se cocinaba la sopa: así podía hervir un huevo sin tener que ensuciar otro traste.

LA DIVERSIÓN NO ES UNA DROGA DE INICIO

Me da la impresión de que solo necesitas un empujoncito, un pequeño recordatorio de que tienes que volver a alinearte. Me gusta cuando oigo que alguien que en un principio desechó la diversión por no ser más que un capricho terminó usando algunas de las tácticas que estamos a punto de aprender y descubrió que siempre había tenido la oportunidad de pasarla bien justo enfrente de sus narices.

Si aún no lo ves claro, te garantizo que no estoy intentando venderte una droga de inicio. Desarrollar el hábito de la diversión no tiene nada que ver con llevarte a hacer una maratón el año que viene (a menos que eso sea lo que te divierte). Tampoco te pido que ignores o rechaces todo lo difícil, injusto o doloroso. Eso sería positividad tóxica, la creencia nociva de que no debemos tener emociones negativas. Como veremos en estas páginas, limitar el abanico de emociones que sentimos tiene consecuencias nefastas, y la realidad de la vida es que no es posible ser feliz en todo momento. Fingir lo contrario es perjudicial. Así que pasemos de los memes del tipo «100% energía positiva» y aceptemos que en todas las semanas habrá algunas horas que tendremos que dedicar a tareas desagradables con el objetivo de ser miembros que contribuyen a la raza humana. Además de nuestras rutinas cotidianas, no habrá forma de evitar las sorpresas, la cuales no siempre serán bienvenidas.

Lo que digo es que la sociedad ha devaluado la diversión y el ocio hasta el punto de hacernos daño. Igual que en su momento fue popular despreciar el descanso y la recuperación en pos de la privación del sueño —una práctica que solo comienza a desaparecer después de que se demostrara que además de ser una necedad es mala para la salud—, llegó el momento de dejar de denigrar a la diversión, porque disfrutar de la vida es tan importante como descansar bien.

Si ves que te resistes a la idea de divertirte más por miedo a que aumentar el disfrute dirija el riesgo de caer en la autoindulgencia o la evasión, te pido que reflexiones sobre qué dice esta reacción sobre el concepto que tienes de la renovación. Recuperar el control, la autonomía y hallar momentos de disfrute es ahora más importante que nunca. Y cuanto antes nos demos cuenta de ello, mejor. Empecemos.

PASA A LA ACCIÓN: CREA UN ESTIMULADOR DE LA DIVERSIÓN

Para desarrollar el hábito de la diversión tienes que empezar por mirar tus fotos y encontrar una imagen que ilustre qué es la diversión para ti. Idealmente, tú aparecerás en esa foto, que se convertirá en una especie de artefacto visual de un momento o tiempo en que experimentaste la pura alegría de vivir. (Si no encuentras una foto tuya, cualquier foto que documente una experiencia divertida servirá).

Imprímela y colócala cerca de tu escritorio: ponla en un portarretrato bonito o, si lo prefieres, dibuja una cenefa a su alrededor. Cuando te venzan el desánimo o las dudas, mírala. Ese es el primer paso. El segundo es utilizar la imagen para recrear de una forma vívida en tu mente la experiencia que la acompañó.

Igual que la mayoría de las recomendaciones que encontrarás en este libro, este ejercicio está basado en la ciencia. En un estudio publicado en el *Journal of Happiness*, los investigadores observaron cómo subía el ánimo recordar los buenos momentos. A un grupo de alumnos se les instó, de forma aleatoria, a que pasaran diez minutos al día rememorando un recuerdo feliz en sus mentes (una práctica conocida como imagen mental), o bien hacerlo a través de objetos, como fotografías o álbumes de recortes. A un tercer grupo de control se le pidió que dedicara diez minutos a pensar en su situación actual. Observaron que los dos grupos que evocaron recuerdos decían que el porcentaje del día en que se sintieron felices la semana siguiente había aumentado, pero el grado de felicidad era mayor en el grupo de la imagen mental.[32]

Así pues, sabemos que al mirar la fotografía te irá bien, y que si la usas como punto de partida para revivir mentalmente un día divertido te irá aún mejor. Por eso dedicaremos un capítulo entero a los recuerdos. Pero, por ahora, deja que la imagen que elegiste te recuerde no solo que eres capaz de divertirte, sino que estás emprendiendo un viaje hacia un bienestar auténtico y duradero e independiente de lo que te ponga enfrente la vida. *Y lo harás con la diversión como guía.*

CAPÍTULO

2

Tiempo para jugar

Si hoy estoy aquí es porque me negué a ser infeliz. Me arriesgué.

WANDA SYKES

Con un poco de suerte, después de haber leído el primer capítulo, ya compartes mi apasionada perspectiva sobre el valor inherente y maravilloso de la diversión y estás más que listo para aprender a utilizar las estrategias de este libro para aprovechar al máximo el poder de la diversión. Además, reconoces los obstáculos y vientos en contra y estás preparado para luchar contra el *statu quo*. Así es como puedes dar el primer golpe: añade actividades nuevas y placenteras a tu vida diaria desde hoy mismo. Y, mientras lo haces, identifica y empieza a eliminar cualquier resistencia que se interponga en tu camino y te impida pasar de la teoría a la práctica. Empecemos a generar inercia desde este preciso instante.

La reacción que más me encuentro cuando animo a alguien a inyectar diversión en su vida diaria es «no tengo tiempo». Por eso, el objetivo de este capítulo es proporcionarte todas las herramientas necesarias para remediar esa falta de tiempo. Desarrollar el hábito de la diversión significa aprovechar cada día como una oportunidad para pasarla bien. En este capítulo aprenderás a jugar tus cartas de forma que tengas más experiencias positivas que te enriquezcan y que se vayan sumando con el tiempo, lo que te llevará a tomar decisiones cada vez mejores.

El modelo PLAY* es una herramienta sencilla pero potente que te ayudará en este proceso. Lo que harás con el modelo PLAY es algo radical, incluso contracultural. También es liberador. En el pasado, es posible que te hayan pedido que auditaras tu calendario para aumentar tu productividad; puede incluso que hayas hecho algún curso o le hayas pagado a alguien para que te ayudara a hacer que cada minuto fuera más útil. Ahora quiero que invoques a tu lado más rebelde, y **en lugar de auditar tu calendario en pos de la *productividad*, lo hagas en pos de la *diversión*.** De hecho, teniendo en cuenta que la palabra *auditar* es una de las primeras que aparece en el Diccionario de la Real Academia del Aburrimiento, prefiero pedirte que *revoluciones* tu calendario. Sé valiente. Date permiso para quitarte la venda de los ojos, independientemente de las creencias y prioridades que puedan haber motivado tus decisiones en el pasado. Te prometo que, al hacerlo, descubrirás oportunidades ocultas para aumentar tu diversión, sin tener que sacrificar un ápice de productividad.

El modelo PLAY te pide que organices cada una de tus actividades a partir de dos ejes —el nivel de dificultad y el grado de diversión—, lo que genera cuatro cuadrantes (véase la página siguiente).

*   *   *

Las actividades *agradables* son fáciles de ejecutar y placenteras, esos momentos de alegría que aderezan la vida cotidiana. Solo tú sabrás cuáles son estas actividades, pero algunos ejemplos serían platicar con un amigo, jugar de una forma no estructurada con tus hijos y/o mascotas, dedicarte a algún pasatiempo, etcétera. Las actividades de

---

* El acrónimo que da nombre al modelo significa «jugar» en inglés, y corresponde a las palabras *pleasing, living, agonizing* y *yielding*, que en adelante aparecerán traducidas como «agradable», «vida», «angustioso» y «sumiso». *(N. de la T)..*

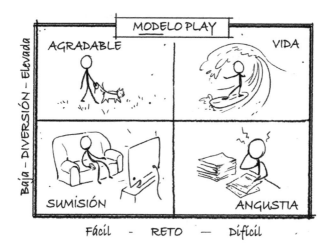

esta categoría suelen considerarse frívolas, pero los estudios científicos apuntan a que son todo lo contrario. Mientras preparaba su doctorado en la Universidad de Harvard, Matthew Killingsworth observó que las actividades asociadas con la felicidad momentánea también se asocian con una mayor satisfacción vital.[1] A pesar de ser breves y de requerir poco esfuerzo, sumadas, estas actividades contribuyen a obtener esa ágil sensación que la mayoría andamos buscando: que nuestra vida es plena y vale la pena. Así, la diversión momentánea es un elemento importante de nuestro menú de actividades.

Las actividades divertidas pero difíciles entran en el cuadrante de la *Vida*. La diversión más intensa a veces se vive fuera de la zona de confort (aunque otras veces saboreamos aún más el momento en cuanto recuperamos el confort). Esto incluye experiencias como perfeccionar una habilidad nueva, enfrentarse a un reto asumido voluntariamente o hacer algo emocionante como una excursión difícil que conduce a vistas increíbles. En general, no son actividades que puedas hacer constantemente. Pero cuando participamos en una actividad intensa basada en una experiencia, a menudo desencadenada por un reto, el riesgo, el cansancio físico, las maravillas naturales, la riqueza de conocimiento o las interacciones personales profundas, la recompensa es significativa. ¿Qué tipo de diversión te hace sentir vivo?

Las actividades *angustiosas* son difíciles de ejecutar y nos proporcionan muy poca alegría, por no decir ninguna. Es justo decir que en la vida no todo puede ser diversión. La mayoría tenemos trabajos que no disfrutamos y tareas desagradables que no podemos dejar de hacer. Cada uno tiene su propia lista de tareas angustiosas, pero algunos ejemplos incluyen las responsabilidades profesionales, personales y domésticas (como limpiar o lavar la ropa) u otras obligaciones (como hacer la declaración de impuestos). Puede que estas actividades cuesten un poco más de identificar, ya que nuestras preferencias verdaderas quedan ocultas bajo las cargas emocionales o culturales. Por ejemplo, cuando mi esposa y yo auditamos nuestras propias vidas, nos sorprendió darnos cuenta de que los dos habíamos puesto bañar a nuestros hijos en la categoría de angustioso. (Nota: por mucho que quieras a tus hijos, algunas facetas de la paternidad siempre se hacen pesadas. Una encuesta llevada a cabo en 2004 entre 909 madres trabajadoras de Texas reveló que el cuidado de los hijos estaba al mismo nivel que las tareas domésticas en cuanto al disfrute que les proporcionaba).[2]

El último tipo de actividad es la de *sumisión*. Estas actividades son fáciles de ejecutar, pero no aportan demasiado valor a nuestras vidas. A menudo, sencillamente nos calman. Usar las redes sociales o ver la televisión con el piloto automático puesto entran en esta categoría. Aquí entran también las amistades de conveniencia o las reuniones sociales en las que participas porque te sientes obligado. Hay personas que dedican la mayor parte de su tiempo libre, cuando no todo, a actividades sumisas. El tiempo que pasamos en este cuadrante no hace más que alimentar la *Nada*.

¿DÓNDE ESTÁS HOY?

Déjate llevar por la curiosidad y pregúntate: ¿en qué inviertes tu tiempo?

Este ejercicio es muy sencillo. Durante una semana, anota las actividades hora por hora (en una semana hay 168 horas) y piensa en qué parte del modelo PLAY entran. Hay dos formas de hacerlo. Si eres de los que lleva la agenda al pie de la letra, y quieres hacer una lectura rápida, puedes revisar lo que anotaste la semana pasada, y si quieres un análisis más exhaustivo, haz un seguimiento diario de toda la semana que viene.*

Apúntalo todo: el tiempo que pasas durmiendo, cocinando, comiendo, desplazándote al trabajo, trabajando, haciendo actividades de ocio, con la familia, discutiendo, manteniendo relaciones sexuales, haciendo deporte... todo lo divertido y lo tedioso que haces durante siete días de tu vida.

Al hacer el ejercicio, enseguida tendrás una idea de qué actividades maximizan y cuáles derrochan la oportunidad de desarrollar el hábito de la diversión. Una vez tengas identificadas las distracciones y los obstáculos, te será más fácil diagnosticar los cambios que debes implementar para mejorar tu actitud.

* * *

Ahora es cuando la mayor parte de los libros te ofrecerían una evaluación. Sumarías los números y te darían una puntuación que diría cuál es tu «tipo de diversión». Elaboré una herramienta para hacerlo en internet con el único fin de entretenerte con el dato (<https://share.michaelrucker.com/fun-type>), pero aquí no vamos a hacer nada de eso, porque ya explicamos que la diversión es, por fuerza, autónoma.

* No esperes: empieza hoy mismo. Puedes descargar el contador de PLAY en <https://share.michaelrucker.com/time-audit>.

Lo último que quiero es ponerte una etiqueta o colocarte en una jerarquía que te compare con una forma de ser percibida como adecuada. El objetivo de esta autoevaluación no es *clasificarte*, sino ayudarte a ver dónde *encajas*: debes prestar atención en qué decides dedicar tu tiempo y plantearte si se corresponde con las cosas que mejoran tu bienestar, ahora y en el futuro.

En última instancia, lo que queremos es dar con un equilibrio saludable entre el tiempo que pasamos en los cuadrantes Agradable y de Vida y reducir el tiempo que pasamos en los espacios de la Sumisión y de la Angustia (guiándonos por el sentido común). Es importante destacar que también deberías dedicar tiempo a descansar y a renovarte. Aunque la meta incuestionable es divertirnos más, cualquier cosa en exceso podrá perjudicarnos.

Si no puedes evitar preguntarte «Muy bien, pero ¿cuánto tiempo debería dedicar a la diversión?», aquí te doy un punto de partida: *dos horas al día*. Esta recomendación se basa en dos fuentes empíricas: la primera es la investigación de la doctora Marissa Sharif, la doctora Cassie Mogilner Holmes y el doctor Hal Hershfield, que sugiere que el punto medio de dedicación al ocio perfecto, del tipo «Ricitos de Oro», es de entre dos y cinco horas al día (más de cinco horas, sumadas al peso de ser demasiado improductivo, podrían ejercer un impacto negativo);[3] y la segunda son los datos sobre los estadounidenses y el tiempo de ocio que indican el promedio observado en Estados Unidos, los cuales apuntan a que dos horas constituye un punto de referencia accesible para la mayoría.

Según los resultados de una encuesta sobre el uso del tiempo realizada por la Agencia de Estadísticas Laborales de Estados Unidos, las personas que trabajan de tiempo completo gozan de 4.09 horas al día para dedicar al ocio.[4] Esto incluye 3.34 horas los días entre semana y 5.87 horas al día durante el fin de semana. A nadie le sorprenderá saber que, en el caso de las personas sin hijos, la cifra aumenta a 5.93 horas al día. Pero incluso las personas con hijos dicen tener entre 4.12 y 5 horas al día. Y aunque las investigaciones del Centro de Investigaciones Pew indican que los padres modernos en relaciones heterosexuales[5] están intentando cerrar la brecha de la desigualdad entre progenitores, es importante destacar que dicha brecha todavía existe entre los roles parentales de género.[6] Las madres modernas en relaciones heterosexuales siguen teniendo desventaja cuando se trata del ocio. El Centro de Investigaciones Pew informa de que las madres disfrutan, en promedio, de 2.7 horas menos de ocio a la semana en comparación con los padres.[7]

Es difícil estimar cómo los participantes habrían clasificado su tiempo libre utilizando el modelo PLAY, pero los investigadores contaron las siguientes actividades como ocio: ver la televisión, socializar, leer, hacer ejercicio, hacer algún deporte, relajarse, jugar videojuegos y otras actividades similares.

Si crees que entre cuatro y cinco horas de tiempo libre al día es mucho (o más de lo que creías), una encuesta llevada a cabo por la aseguradora Línea Directa que incluyó a 2 000 personas sugiere que la cantidad de tiempo libre óptima es de *seis horas y 59 minutos*.[8] En otras palabras, en este estudio concreto, la cantidad *deseada* de tiempo libre era bastante más de lo que disfruta la mayoría.

Tratar de sacar casi siete horas de tiempo libre al día puede que no sea realista para muchos de nosotros. Sin embargo, casi todos deberíamos tener derecho al menos a dos horas al día, y ese es un buen punto de partida.

Un nuevo concepto de la riqueza

La mayoría de la gente dedica mucho tiempo a pensar en la riqueza en el sentido económico. Nos obsesionamos con la falta percibida de dinero en nuestras vidas. Algunos nos obsesionamos con generar más de lo que necesitamos y, mientras, dedicamos muy poco tiempo a generar *riqueza en forma de tiempo*, lo que es un error si nuestro objetivo es tener vidas llenas de diversión y ricas en experiencias. Un estudio llevado a cabo en 2010 por Cassie Mogilner Holmes revela que basta con que *pensemos* más en el tiempo que en el dinero para empezar a introducir más diversión en nuestra vida. Cuando Mogilner Holmes les dio a los participantes del estudio un ejercicio que los hacía pensar en el dinero, se centraban en la productividad como valor. En cambio, cuando los dirigía a pensar en el tiempo, ocurría algo muy emocionante: al menos a corto plazo, de inmediato daban prioridad a las conexiones sociales que a las del trabajo,[9] de lo que podemos extrapolar fácilmente que centrarse en la riqueza en forma de tiempo puede hacer que nos cueste menos valorar la parte positiva de la diversión. Otros estudios demostraron que las personas que dan prioridad al tiempo por encima del dinero son, en general, más felices. En uno de ellos, un grupo de profesores de la Universidad de California en Los Ángeles y de la Universidad de Pensilvania observaron que, a pesar de que los estadounidenses suelen escoger el dinero antes que el tiempo, optar por tener más tiempo se asociaba con una mayor felicidad a largo plazo.[10]

A pesar de la gran preocupación por que pueda ocurrir lo contrario, llevar una «vida productiva» y «una vida divertida» no son opciones opuestas. Afortunadamente, dedicar menos tiempo al trabajo no tiene por qué mermar tu rendimiento profesional. De hecho, en ocasiones he visto lo contrario en mí mismo y entre algunos de mis compañeros. Dedicar tiempo a relajarnos y a recuperarnos nos hace más productivos, y nuestro trabajo y nuestros resultados son mejores (esto funciona si tienes la suerte de gozar de la libertad y la seguridad económica necesaria para activar estas estrategias, lo cual, por desgracia, no siempre es el caso). Las empresas son cada vez más conscientes de que los beneficios de alargar las horas de trabajo pasado un cierto punto son pocos, especialmente cuando se trata de los profesionales de sectores creativos y heurísticos de los que ya hablamos en el capítulo anterior.

Y aún hay otra forma en que la riqueza en forma de tiempo te puede ayudar a ponerte las cosas enfrente para divertirte más. La riqueza se genera invirtiendo en oportunidades de beneficios futuros. Son pocas las personas que piensan en el tiempo de esta forma, y especialmente en el tiempo de ocio. Cuando te plantees llevar a cabo una actividad, pregúntate si es una inversión o un mero costo. La diversión es enriquecedora, no un gasto. Por ejemplo, pasar 30 minutos en el cuadrante de la Sumisión viendo las fotos de las vacaciones de otros en redes sociales es un *gasto*, una aportación a la *Nada*. En cambio, pasar 30 minutos en el cuadrante Agradable definiendo los detalles de tus próximas vacaciones es una *inversión*. El tiempo que dedicamos a las actividades de los cuadrantes Agradable y de la Vida no solo nos satisfacen en el momento, sino que nos enriquecen también en el futuro. Las actividades sumisas a veces pueden ser inversiones, pero generalmente son gastos. ¿Y las actividades angustiosas? Todavía más, pero a diferencia de las actividades sumisas, las angustiosas pueden ser un medio para llegar a un fin. Son gastos, sí, pero a veces son necesarios, como si fueran las tareas domésticas de la vida, mientras que depende de nosotros dejarnos llevar o no por las actividades de sumisión.

En última instancia, lo que decimos del dinero: «hoy se tiene, mañana no» es todavía más cierto si lo aplicamos al tiempo, y por eso es de vital importancia que adoptemos una actitud más deliberada. El tiempo es un recurso finito, como todos sabemos, así que para generar riqueza en forma de tiempo debemos encontrar formas de aumentar el tiempo que podemos controlar. Por esa razón, nuestro trabajo con el modelo PLAY empieza por quitarnos cosas de encima, en lugar de echarnos más a la espalda.

Réstale angustia a la vida

Si ya auditaste tu tiempo, seguramente descubriste algunas cosas que te habrán sorprendido sobre cómo lo has empleado. Ahora toca dar el primer paso hacia acumular riqueza en forma de tiempo: resta todo lo que puedas de lo que te angustia. Hagamos un poco de espacio.

Naturalmente, no podemos evitar todo lo que entra en el cuadrante de cosas agotadoras, pero todo el que usa el modelo PLAY se queda asombrado de ver cuántas actividades pueden, sencillamente, dejar de hacer. Y todo porque nunca se habían parado a evaluar sus hábitos con ojo crítico. Planchar es un ejemplo básico pero universal. A menos que trabajes en uno de los contados sectores que exigen camisas almidonadas, seguramente podrías tirar la plancha a la basura y nadie se daría cuenta. Así que deja de comprar prendas que tengas que planchar. Hay bastantes tareas de mantenimiento doméstico y personal que quizá empieces a hacer con menos frecuencia —o abandones por completo— en cuanto descubras el precio total que pagas por «mantener las apariencias».

Tengo la inmensa suerte de ser amigo de Nir Eyal. Nir escribió el *bestseller Indistraíble* y es todo un experto en la construcción de hábitos. Gracias a su sabiduría, he aprendido a reducir drásticamente el tiempo que dedico a una de las actividades que más detesto de mi cuadrante de tareas agotadoras: los correos electrónicos, y en especial las cadenas de correos, esa interacción prolongada que tanto distrae y que se inicia a partir de un mensaje inocente. «Pero tengo que responder», solía quejarme. «No hacerlo sería de muy mala educación». La solución de Nir fue brillante: «Mike —dijo—, si no quieres recibir tantos correos, *deja de enviarlos*». Estaba tan concentrado en lo que los demás me hacían *a mí* que no me había parado a pensar en lo que yo les hacía *a ellos* ni en que, además, yo tenía más control que nadie sobre el volumen de correos en los que me agregaban. Así que empecé a reflexionar antes de escribir un correo: ¿Es realmente necesaria esta comunicación? La mayoría de las veces me respondo que *no* y sigo con mi día. También diseñé mi propia estrategia. Casi nunca respondo a un correo que me reenvían con una sola frase: «¿Qué te parece?». Si el contenido del correo original no es lo suficientemente interesante como para que quien me lo reenvía me dé algún tipo de contexto, casi siempre es indicativo de que tampoco merece mi tiempo. Estas dos tácticas para reducir una actividad angustiosa me han devuelto al menos tres horas a la semana que ahora dedico para hacer cosas más divertidas.

A veces hay cosas que no puedes eliminar del todo, pero sí puedes externalizarlas. Antes mencioné la experiencia agotadora de bañar a mis dos hijos cada noche. Empezaré diciendo que mi esposa, Anna, no considera bañarse una vez al día como «mantener las apariencias»: es algo de una importancia vital. En mi casa, saltarse eso más de dos noches seguidas a la semana no es una opción. (No quiero ni pensar lo poco aseados y desnutridos que estarían mis hijos sin ella). Nos encanta pasar tiempo con nuestros hijos y, aun así, lo del baño tenía algo que lograba sacar lo peor de todos los implicados. Ellos nunca se querían meter en la regadera, así que teníamos que pelearnos a cada paso. Percibían nuestro estrés y nos hacían cosquillas a propósito. Cuando tratamos de dividir el tiempo por la mitad metiéndolos juntos al baño, se peleaban sin parar, empeorándolo todo. El problema llegó tan lejos que, al final, ni Anna ni yo queríamos resolverlo, así que esperábamos a ver si el otro lo hacía, hasta que un apesadumbrado mártir finalmente se sacrificaba. Era de lo más angustioso.

Cuando empezamos a reflexionar sobre este problema, nos quedamos inmovilizados al pensar en que tendríamos que contratar a una niñera, algo que ni nos podíamos permitir, ni necesitábamos, ni queríamos hacer. A medida que el asunto empeoraba, al final uno de los dos dijo: «¿Y si contratamos a alguien que venga tres veces por semana, solo para la cena y el baño?». Primero pensamos que era un poco raro hacer venir a una persona solo para bañar a los niños, y luego decidimos que no nos importaba. Podría ser justo lo que necesitábamos. ¿Y sabes qué? Encontramos a una niñera, Caitlin, a quien nuestros hijos adoran. Convirtió la actividad en un momento divertido (por ejemplo, un día fingió que el más pequeño era un burrito mientras lo secaba y lo enrollaba con la toalla), mis hijos dejaron de pelearse (a veces), y ahora nos divertimos haciendo distintas bromas. A raíz de ello, Anna y yo empezamos a salir a cenar tres veces a la semana y vimos cómo nuestros resentimientos se evaporaban al mismo tiempo que teníamos la oportunidad de reconectar como pareja. Entonces ocurrió algo que no esperábamos: cuando el baño con la niñera se convirtió en algo que esperaban con ganas, los niños dejaron de pelearse con nosotros cuando era nuestro turno. Naturalmente, tomamos prestadas algunas de las técnicas de Caitlin («la divertida»).

En general, la hora del baño se volvió menos agotadora. Restamos tres baños de nuestra semana, sumamos tres noches juntos como pareja, y terminamos pasando *más* tiempo de calidad con nuestros hijos. Eso sí que es una victoria.

Te explico algunas actividades del cuadrante Angustioso que oigo sin parar e ideas para eliminar o reducir su impacto en tu vida:

- *Noticias «a todas horas» o «adicción a las malas noticias»:* el exceso de malas noticias, especialmente cuando se escapan de nuestro control, puede resultar angustioso y afectarnos negativamente incluso fuera del tiempo que dedicamos a verlas y leerlas. Pero claro, todos queremos mantenernos informados. Plantéate informarte bien durante una hora a la semana, de una forma reflexiva y concentrada, consultando un par de fuentes en las que confíes en lugar de las redes sociales. Desactiva las notificaciones de este tipo en el celular. Sé de casos de personas que han llegado incluso a incluir en su calendario un momento explícito y específico para «preocuparse» a fin de evitar sentirse angustiados por lo que ocurre en el mundo durante el resto de la semana (un viejo truco de la psicología). Asígnate un tiempo delimitado para ello y luego pasa a la siguiente página.
- *Desaparece de las reuniones:* asistir a una reunión sin fundamentos e intrascendente que interrumpe un momento productivo es de lo más angustioso. Mi amigo Brad Wills, cuando era ejecutivo en una empresa tecnológica, animaba a sus empleados a que abandonaran cualquier reunión que significara una pérdida de tiempo. Leíste bien: les decía que se fueran discretamente, y luego los defendía si alguien se quejaba. No todo el mundo tiene la suerte de tener un jefe así de sensato, pero declinar educadamente las invitaciones a algunas reuniones puede ser más fácil de lo que piensas.
- *Replantéate lo del gimnasio:* entre otras cosas, me dedico a ayudar a diseñar gimnasios, y me encanta, pero incluso yo te diré que, si detestas el gimnasio... ¡no vayas! No es para todo el

mundo. Como alternativa, escoge una actividad física que no requiera desplazamientos, como ejercicios con pesas en casa o una caminata por un parque cercano. (Gimnasios, atentos: la conclusión es que deben ofrecer actividades más divertidas e inclusivas para convertirse en *la* opción divertida).

- *Externaliza las tareas rutinarias, como el lavado de ropa:* esta es bastante obvia, pero conozco a muchísimas personas que creían que no se podían permitir hacerlo, hasta que finalmente dieron el paso y desearon haberlo hecho años atrás. Piensa en el tiempo que ahorrarías si te gastaras ese dinero extra, y luego mira por dónde podrías recortar de tu presupuesto para poder hacer frente a este gasto nuevo. Y la ropa es solo el principio. Desde tareas administrativas hasta que alguien haga fila por ti: hay muchas formas creativas de intercambiar dinero por un tiempo que recuperarás en tu calendario.

- *Elimina los pasos angustiosos en el trabajo:* analiza tus procesos en el trabajo para asegurarte de que esas molestas tareas administrativas, o lo que sea, justifiquen el esfuerzo que te exigen. Parece sencillo, pero muchos suponemos que las formas de trabajar que hemos aprendido son las correctas, pero nunca las hemos puesto a prueba. Mi amiga Rosemary es diseñadora UX/UI. Le enseñaron que los *wireframes* —dibujos a base de líneas muy sencillas que representan los elementos y la composición de un producto digital nuevo— eran una condición indispensable, un paso ineludible del proceso de diseño. Pero tras muchos años trabajando en su nicho de mercado, empezó a resultarle angustioso hacerlos, además de parecerle innecesario. Empezó a experimentar para ver qué ocurría si los eliminaba por completo, y se dio cuenta de que no había ninguna diferencia en el resultado final para sus clientes. Hasta nunca, *wireframes*. ¿Qué tarea tediosa eliminarás tú?

- *Tareas domésticas:* ¡comparte la carga con tus hijos! Mi amiga Christine se encargaba de todas las tareas del hogar porque pensaba que sus hijos eran demasiado pequeños para ayudar de verdad en este aspecto. Finalmente decidió darles la oportunidad y descubrió que eran perfectamente capaces de lavar los platos y su propia ropa, dos de las tareas que más detestaba. Teniendo en cuenta la frecuencia con la que he visto que se compartía una infografía muy vistosa llamada «Tareas domésticas para niños de todas las edades»[11] en mis redes sociales, en los últimos años, sospecho que muchos padres subestiman las formas en que sus hijos pueden colaborar con las tareas domésticas. El gráfico, creado por la experta en economía doméstica Toni Anderson, se basa en su propia experiencia como «ama de casa feliz» y recomienda enseñar a los niños a hacer tareas básicas entre los dos y los tres años, por muy insólita que suene la idea.

DEJA DE SOMETERTE A LA NADA

Si durante tu auditoría detectaste que dedicas mucho tiempo a actividades de sumisión, no te condenes: son buenas noticias. El tiempo que dedicas a estas actividades ya lo controlas, y si haces unos pequeños cambios en tu comportamiento, las ventajas serán inmediatas y enormes. Uno de mis ejemplos favoritos viene de la autora de *Creative Trespassing*,[12] Tania Katan. Hace unos años trabajó para un CEO muy extrovertido que animaba a los empleados a que lo hicieran todo juntos; su enfoque era: «Comamos juntos. Hagámoslo todo juntos. Vayamos al baño juntos», bromeaba Tania al contarme la historia. Ese estilo no encajaba con el de Tania, quien necesitaba pasar cierto tiempo alejada de sus compañeros y de la oficina a diario para rendir bien. Así que, en lugar de someterse a la cultura social establecida, empezó a salir a dar un paseo sola en el descanso para comer. Caminaba sin rumbo, o se acercaba a una cafetería para encontrarse con algún amigo. Su plan era disfrutar de la soledad y tener espacio para poder pensar, pero entonces otros compañeros empezaron a acercársele para preguntarle si se podían escapar con ella. «Sin pretenderlo, empecé una revolución con los paseos», dijo. (Más adelante, cuando conoció a su esposa, que es artista visual y catedrática, y que dirige el Museum of Walking, su pasión compartida por caminar fue un punto de conexión).

Tania vivió en carne propia cómo a veces sometemos nuestra vida social a la presión cultural. Hablaremos más sobre cómo ser más intencionados en nuestras vidas sociales en el capítulo 7.

Por ahora dirijamos la atención a la actividad sumisa más ubicua, común y despilfarradora de todas: el consumo sin sentido de redes sociales, noticias y contenido de entretenimiento.

Hazme un favor: toma tu celular y busca la función que te dice cuánto tiempo lo utilizas en promedio al día. *¿Qué es ese ruido como de vacío que oigo de fondo?* Es la *Nada* absorbiendo todas esas preciosas horas del día que le dedicas.

Las observaciones recientes de Nielsen[13] indican que actualmente pasamos casi la mitad del día conectados a los medios y a los contenidos. Que nadie me malinterprete: ver tu programa de televisión favorito o una película puede entrar tranquilamente en el cuadrante Agradable (especialmente si compartes la experiencia con amigos o allegados). Sin embargo, muchos años de investigaciones sobre el consumo de medios de comunicación nos dicen que ver la televisión con el piloto automático puesto se correlaciona con la infelicidad,[14] y que las personas que no pasan todo su tiempo sentadas frente a una pantalla en general tienden a ser más felices.[15]

Las redes sociales, que nos llegan muy convenientemente a través de un útil dispositivo que llevamos a todas partes, han llevado este problema de consumo mucho más lejos. A estas alturas, todos conocemos los estudios que demuestran los efectos nocivos de pasar demasiado tiempo en las redes sociales; por ejemplo, reducir el tiempo dedicado a esta actividad a 30 minutos al día mejoró rápida y significativamente los síntomas de depresión y la sensación de soledad entre un grupo de alumnos universitarios.[16] Sabemos que las empresas de redes sociales, como las de comida chatarra, han hecho de convertirnos en adictos una ciencia casi exacta. Lo sabemos y aun así sacamos el celular en cuanto tenemos un momento libre, ya sean dos minutos o dos horas. Además, incluso identificamos o defendemos nuestro uso de las redes sociales como algo «divertido» o «relajante», a pesar de que la ciencia es tajante al decir que, pasado cierto punto, es todo lo contrario.

Entonces, ¿por qué lo percibimos de esta forma? La respuesta corta es que, cuando nos encontramos en una valencia neutra o negativa —o, dicho de otra forma, cuando no nos estamos divirtiendo—, las redes sociales suelen ser la forma más fácil de evadirnos de esa incomodidad. Además, nos gustan las novedades y las interacciones sociales, y la recompensa anticipatoria de la dopamina nos hace caer en el error cognitivo de pensar que las redes sociales nos proporcionan ambas. Y, así, caemos en la *Nada*. Como cualquier otra práctica sumisa habitual, su impacto en los recuerdos de experiencias equivale, precisamente, a nada. Perdemos ese tiempo para siempre. Y eso ocurre porque nuestros cerebros son eficientes; solemos codificar las actividades rutinarias que pasan sin pena ni gloria como un único recuerdo. Si tuvieras 200 copias de algo, ¿sería eficiente conservar 199 de ellas? Los acontecimientos habituales se codifican en la memoria como una única experiencia. Piensa en un recorrido que hicieras habitualmente en el pasado. ¿Recuerdas las cincuenta veces que fuiste al mismo sitio, o recuerdas esa «única» ruta que utilizabas para llegar, y eres capaz de recordar que la seguías siempre de la misma forma?

Teniendo en cuenta todo esto, ¿cómo nos salvamos de las garras de la sumisión, ya sea en forma de las redes sociales o de otras actividades que parecen nuestras amigas sin serlo? A diferencia de los alcohólicos, no podemos tirar el licor por el drenaje. No hay muchas personas dispuestas a dejar de usar el celular. Conozco a una mujer que se compró una caja fuerte con combinación y le pidió a su marido que guardara su celular en ella durante varias horas al día. (Funcionó, pero solo hasta que empezó a negarse a dárselo). Yo mismo utilizo aplicaciones como BlockSite que no me permiten acceder a páginas web que identifiqué como aquellas que me quitan más tiempo. La respuesta nos lleva a la siguiente fase de nuestro trabajo con el modelo PLAY.

EXPANDE TU ARCHIVO DE LA DIVERSIÓN

Como ya vimos, reducir las actividades sumisas que se han convertido en habituales no es fácil, y a veces necesitamos que nos ayuden. Una ayuda proviene de la ciencia del comportamiento, la cual nos dice que cuando tratamos de abandonar un hábito poco saludable, tenemos muchos más probabilidades de lograrlo si lo sustituimos por otra cosa. Por ejemplo, los fumadores a quienes se les recomienda que masquen chicle en los momentos en que habrían fumado un cigarrillo presentan un índice de éxito más elevado que los fumadores a quienes no se les anima a adoptar una actividad de reemplazo.[17]

Y aquí es donde entra el archivo de la diversión. El archivo de la diversión te ofrece un amplio menú de actividades que ya pensaste y aprobaste como pertenecientes a los dos cuadrantes superiores del modelo PLAY. En lugar de tener que pensar deliberadamente en los momentos en que necesitas una alternativa, podrás ojear tu lista y escoger algo divertido. Es como meter la mano en el bolsillo para sacar un chicle. Con esa lista en la mano, te será más fácil pasar a la acción en lugar de volver a caer en los hábitos de siempre.

Los tres pasos principales para crear tu archivo de la diversión

Primer paso: lluvia de ideas
Empieza decidiendo cuál es la mejor forma para documentar y conservar tu lista (por ejemplo, con papel y pluma, un documento de Word, en Google Docs, Evernote, etcétera). A continuación, haz una lluvia de ideas de cosas que hayas hecho en el pasado y en el presente que te aporten (o hayan aportado) placer y disfrute. Todo vale, desde pequeños placeres (jugar con tu perro) hasta otros más elaborados (hacer un viaje con tu perro).

Repite el ejercicio con la vista puesta en el futuro. ¿Qué cosas podrían aportar placer y disfrute a tu yo del futuro? ¿Qué no has hecho nunca pero te gustaría probar? Un ejemplo para mi yo futuro es viajar al espacio. Ya formé reunir el depósito para formar parte de un vuelo de Virgin Galactic.

A algunas personas les gusta establecer un límite de tiempo para este ejercicio, mientras que a otras les gusta dedicarle algunos días o semanas. Hazlo como mejor te parezca.

Segundo paso: estructúralo

Habrá quien diga que abordar la diversión de una forma tan metódica, hasta el punto de crear una lista premeditada, es caer en una contradicción porque hace que pensar en la diversión resulte más una carga que una recompensa. Personalmente, discrepo, y te digo la razón: crear una lista organizada de opciones nos da, por un lado, libertad para elegir y, por otro, nos proporciona un mecanismo para guiar nuestras elecciones. La ciencia apunta a que las probabilidades de obtener un resultado divertido aumentan cuando somos capaces de reducir la carga mental que supone tener que pensar constantemente en opciones nuevas. Y en el mundo del deseo humano, la necesidad de autonomía y la necesidad de tener estructuras son un dúo dinámico.[18] La mayoría quiere tener ambas.

Como una ventaja extra, estructurar nuestra lista genera aún más ideas interesantes para divertirnos. Un estudio llevado a cabo por el doctor Eric Rietzschel y sus colegas apunta a que algunos nos volvemos más creativos cuando nos dan una estructura, porque el orden alivia parte de la carga cognitiva que supone tener que sacar ideas de la nada. En cuanto veamos patrones de cosas que nos divierten, es posible que nos resulte más fácil dar con otras ideas parecidas (por ejemplo: «Me encanta ir a conciertos, ¿qué grupos se me están olvidando y me gustaría mucho ver en vivo?»). Además, podemos dedicar esa energía mental que no estamos utilizando para tomar decisiones y pasar a la acción. Cuando actuamos de una forma sistemática e intencionada, nos concentramos más en lo que importa: *¡pasarla bien!*

La pregunta que debemos plantearnos es ¿cuánto debemos estructurar nuestro archivo de la diversión? La buena noticia es que no mucho. Solo hay dos elementos que me parecen esenciales:

1. Una clasificación de categorías que signifique algo para ti (por ejemplo, el tipo de actividad, la dificultad, el momento del año, etcétera).
2. Una «lista corta» (para ver mi lista corta actual, ve a <https://share.michaelrucker.com/fun-list>).

Tercer paso: la lista corta

El último paso para terminar tu archivo de la diversión es, probablemente, el más difícil: a partir de la lista larga que generaste, escoge **las opciones factibles que más te gusten, entre ocho y quince**, que serán a las que recurras en los próximos meses. Todas las actividades que entren en la lista corta deben ser viables (por ejemplo, me divertiría poder hacer otro Ironman, pero ya no está a mi alcance porque me operaron de la cadera).

Hacer una lluvia de ideas y una lista muy larga de opciones fue un punto de partida importante, pero tener cientos de ideas a la mano no es una fórmula efectiva. Hay demasiado de algo bueno, o como se dice en jerga científica, un *exceso de opciones*.

Para ilustrar el problema del exceso de opciones, imagina que es viernes por la noche, que estás en casa y que decidiste ver una película. ¿Preferirías empezar la noche escogiéndola de una lista de mil, o de una lista de diez? Si respondiste diez, predijiste de forma intuitiva lo que determinó un estudio que se interesó por esa misma cuestión: los usuarios de computadora que intentaban escoger qué película ver tomaban mejores decisiones y disfrutaban más con su elección cuando disponían de una lista corta de películas.[19] Con una lista de mil películas, bien podrías quedarte dormido horas después, sin haber visto ninguna todavía, inmerso en la tarea de ver sus respectivos adelantos y deliberar.

El exceso de opciones hace que resulte difícil priorizar, algo que, en algunos casos, nos lleva a no tomar ninguna decisión. *¿Y eso por qué?* ¿Recuerdas que decíamos que se nos da muy bien comparar? Cuando le damos ideas para divertirnos, nuestro cerebro valora cada opción en función de la siguiente, tratando de predecir cuál será la más agradable. Y no es eso lo que queremos lograr con nuestro archivo de la diversión.

Si te estás preguntando cómo llegué a elaborar una lista de entre 8 y 15 ideas, eso también lo saqué de la ciencia. En un estudio en el que los participantes escogían entre grupos de 6, 12 o 24 cosas, la actividad cerebral observada con resonancias magnéticas mostró que la lista de 12 conducía al grado de satisfacción más elevado. Los científicos concluyeron que es probable que el cerebro rinda mejor cuando se le dan entre 8 y 15 opciones.[20]

Si la diversión te llama a ser rebelde y terminas con una lista de 17 ideas, adelante. Que tu lista incluya varias opciones que tengan el potencial de llevarte al cuadrante de la Vida es más importante que cualquier cifra exacta. Si ves que te cuesta identificar cuál sería una experiencia suprema o intensa futura, presta atención al apartado siguiente.

CINCO PUERTAS DE ENTRADA A UNA EXPERIENCIA SUPREMA

El *Diccionario de Psicología* de la Asociación Estadounidense de Psicología define una experiencia suprema como «un momento de maravilla, éxtasis o profundización súbita que consiste en una unidad potente que trasciende el espacio, el tiempo y a uno mismo», una forma maravillosa de describir la magnitud del cuadrante de la Vida.[21] Cuando me puse a buscar lo que podríamos llamar «puertas de entrada» a este tipo de experiencias, me sorprendió hallar algunas de las respuestas en un lugar que conocí bien de niño: los videojuegos. Por definición, los juegos garantizan una mezcla única de placer y desafíos, riesgo y recompensa que define el cuadrante de la Vida; sin embargo, a diferencia de lo que ocurre con la diversión del mundo real, la emoción solo dura el tiempo que está encendido el aparato. Pero ¿y si aprovecháramos esos supuestos de diseño subyacentes para hacer la vida real más divertida?

Según su currículum, Alexandre Mandryka se dedica a desarrollar videojuegos; para ser más concretos, ha desarrollado 24 juegos que han vendido más de 50 millones de copias. Pero a mí me gusta considerarlo uno de los mayores expertos del mundo en la creación de las condiciones óptimas para vivir una experiencia suprema. Curiosamente, las ideas de Mandryka sobre cómo crear un juego emocionante sirven de plantilla para crear una experiencia suprema extraordinaria. Aplica algunas o todas estas ideas para expandir tu horizonte mientras vas desarrollando tu archivo de la diversión. Notarás rápidamente que no hace falta subir el Everest para tener una vida más excitante.

1. Subir de nivel

Mandryka dice que, en los videojuegos, la máxima diversión se consigue alternando periodos en los que aumentas tus desafíos y periodos en los que disfrutas de tu pericia. Dicho de otra forma, es más emocionante pasar de una zona de tensión a una más cómoda que estar todo el rato en cualquiera de las dos. Pongamos un ejemplo de la vida real: piensa en la primera vez que anduviste en bicicleta. Andar con llantitas es sumamente emocionante... hasta que deja de serlo. Entonces hay que quitar esas llantitas, y pasamos un miedo terrible durante un tiempo hasta que —¡vaya!— aprendemos a mantener el equilibrio y disfrutamos un nuevo aumento de alegría. Cuando nos acostumbramos a esta nueva situación, empezamos a experimentar con la velocidad, la aceleración, la distancia y quizá incluso las acrobacias. Modificamos la dificultad de la ruta para desarrollar nuestra pericia o buscamos paisajes desconocidos para variar.

Curiosamente, el equilibrio entre la dificultad y la habilidad es una parte muy importante de la aplaudida teoría del flujo de Mihály Csíkszentmihályi, la cual describe el estado inmersivo, casi hipnótico, en el que entran los artistas, músicos y otras personas que poseen grandes dones cuando alcanzaron el nivel máximo de dominio tras miles de horas practicando su oficio. No cabe duda de que el estado de flujo es un tipo de experiencia suprema, pero puede exigir una inversión considerable. En cambio, las experiencias divertidas del cuadrante de la Vida están, afortunadamente, al alcance de casi todos, y solo requieren equilibrar la dificultad con la destreza. La emoción de «subir de nivel» puede aparecer en cualquier altura.

Mandryka también cree que desafiar a los jugadores para que suban de nivel los protege de vivir «una tarea agradable pero aburrida que hace que te sientas vacío». En otras palabras, el placer vinculado a una experiencia de aprendizaje nos aísla de la *Nada*. «Al tipo de juego que proporciona placer y que se puede jugar sin esfuerzo y, por lo tanto, sin límite, lo llamo adictivo. Es el tipo de entretenimiento que engaña a tu cuerpo y a tu cerebro para que te concentres en algo brillante que no significa nada y que busques la próxima dosis de dopamina», escribió Mandryka en su blog.[22]

2. Aprendizaje + autodeterminación

Aprender es divertido... cuando elegimos hacerlo de forma voluntaria. Quizá hayas leído algo sobre un directivo de Francia cuyo equipo, pensando que sería divertido, lo sorprendió con una experiencia al más puro estilo de *Top Gun* en un avión de combate francés. Si para algunos las fiestas de cumpleaños sorpresa son la peor de sus pesadillas, ¿cómo crees que fueron las acrobacias aéreas sorpresa? Antes del vuelo, midieron el ritmo cardiaco de este directivo con un reloj, y vieron que tenía taquicardia. Ya en el aire, a 1 400 km/h y a casi 800 m de altura, le entró pánico y presionó el botón de expulsión. Fuera cual fuera su interés en el combate aéreo, creo que todos estaremos de acuerdo en que es el tipo de experiencia que uno quiere poder *elegir* hacer, y que no se debería imponer a nadie. Una cosa son las experiencias intensas y otra, las traumáticas. (El hombre se lanzó en paracaídas y aterrizó sano y salvo en tierra, pero el avión quedó destrozado).[23]

La ciencia parece confirmar lo que el instinto nos dice que es cierto. Tanto el aprendizaje como la diversión salen beneficiados si van acompañados de la autodeterminación. Es menos probable que tengas una experiencia extraordinaria (no del tipo que hace que salgas disparado por el techo de un avión) si estás viviendo la idea de una emoción fuerte placentera *de otro*. Un estudio a pequeña escala sobre las características de un laboratorio de diseño para actividades extraescolares —donde los niños y su profesor construían, diseñaban y jugaban con distintas herramientas— observó que los niños se divertían más cuando podían hacerse responsables de sus proyectos y tomar decisiones sobre ellos. Al analizar las interacciones que se daban en este laboratorio creativo, los autores concibieron una fórmula sencilla para representar la diversión: autodeterminación + aprendizaje.[24]

3. Incertidumbre

Mandryka relacionó con mucho acierto la autodeterminación con otra puerta de acceso hacia la diversión: «La diversión es la exploración deseada de la incertidumbre», escribió. Los humanos nos sentimos atraídos por la incertidumbre; nos gustan los nervios anticipatorios de no saber qué pasará a continuación. Cuando leemos un libro, ¿acaso no nos gusta más si incluye giros inesperados?

Alan Dix, director de The Computational Foundry en la Universidad de Swansea, observó que añadir un elemento sorpresa puede hacer que incluso una actividad aburrida resulte divertida. Por ejemplo, esperar a que hierva la tetera puede ser algo bastante prosaico, pero si un pajarito sale de ella y canta cuando alcanza el punto de ebullición, la actividad adquiere un punto extravagante. En su documento de posición, Dix apunta a que el experimento puede parecer una tontería, pero que su objetivo era estudiar la diversión, no parecer «buena onda».[25] Nadie confundiría jamás el truco de la tetera con una experiencia suprema, pero, aplicada a actividades más significativas, la incertidumbre puede proporcionarnos el empujón necesario para entrar en el cuadrante de la Vida. (Hablaremos más de ello cuando lleguemos a la variabilidad hedónica en el capítulo 3).

4. Intensidad de la emoción

Los mejores diseñadores de videojuegos saben que los juegos de inmersión no necesitan gráficos elaborados para que los jugadores se diviertan. Normalmente, parten de emociones e instintos humanos fundamentales y nos ofrecen cierto misterio y magia; nuestros cerebros están diseñados para responder a estos elementos porque hemos pasado miles de años tratando de dotar al mundo de sentido a través de historias.

No creo que sea necesario presentar estudios que relacionen la emoción con las experiencias supremas. Enamorarse, casarse, tener un hijo y otros hitos vinculados a las relaciones personales suelen ocupar posiciones elevadas en toda lista. Dedicar tiempo a cuidar y construir relaciones íntimas —que seguramente serán fuentes de emociones positivas intensas— es una puerta de acceso importante que, además, está al alcance de casi todos. Ahora bien, la intensidad emocional no es exclusiva de las relaciones. Intenta pensar en tu vida en términos creativos. Si ves que tus días son planos, pregúntate: ¿cómo puedo añadir más acción y suspenso a mi historia? ¿Hacia qué clímax importante puedo empezar a acercarme este mes (o año)? Si tu vida carece de un objetivo dramático, está en tus manos inventarte uno.

5. Correr riesgos y tantear el límite

Las emociones físicas no son para todos, pero algunos las consideran un camino certero hacia la diversión. Stephen Lyng es un pionero de la parte de la sociología que estudia los riesgos voluntarios, a los que él llama *edgework* o experiencias que tantean el límite. Lyng sugiere que muchas personas están dispuestas a llevar a cabo actividades que conllevan el riesgo de sufrir daños físicos y exigen capacidades especiales porque proporcionan una experiencia única y, por ende, satisfactoria.[26] Las experiencias intensas suelen sacarnos de las actividades limitadas y mercantilizadas que llevamos a cabo en la vida cotidiana, lo que las sitúa en un espacio que va más allá del estatus profesional, la eficiencia y el salario, tal como observó George Ritzer en su libro *El encanto de un mundo desencantado*.[27] Maslow también contaba la sensación de sentirse poco motivado por las «necesidades y deseos de tipo ordinario» entre las facetas de las experiencias suprema.[28] Por ejemplo, un estudio centrado en los usuarios de BMX (personas que utilizan la bicicleta para hacer acrobacias peligrosas) llevado a cabo por Shane Scott y Mark Austin de la Universidad de Louisville descubrió que la diversión no solo estaba asociada con la emoción física,[29] ya que los participantes describían su gusto por el riesgo como una forma de evadirse de las limitaciones de la sociedad. La diversión que obtienen al subirse a sus bicis es, en cierto modo, su forma de rechazar la racionalización y la mercantilización de la vida cotidiana.

Pero, naturalmente, correr riesgos tiene sus desventajas. Me sorprendió mucho el video que compartió Sky Brown, una profesional de la patineta que es tan famosa por su juventud como por las acrobacias que hace en las competencias, después de una devastadora caída en 2020.[30] No consiguió aterrizar en la *half-pipe* después de un salto y salió disparada por el aire antes de chocar contra el suelo y perder el conocimiento. Un helicóptero la trasladó al hospital. En el video sale hablando con un hilo de voz desde la cama del hospital, con un ojo morado, y dice que normalmente no comparte sus accidentes porque prefiere que la gente vea la parte divertida de lo que hace. Pero después de la que fue su peor caída, quería que sus seguidores supieran que «No pasa nada por caerse de vez en cuando [...]. Quiero que todo el mundo sepa que, hagamos lo que hagamos, lo haremos con amor y alegría». Para cualquiera que se adentre en las actividades límite, la clave está en evaluar tanto el riesgo como la recompensa. Hay que entender lo que está en juego y escoger actividades en las que el riesgo real sea menor que el riesgo percibido; por ejemplo, si no eres un escalador con la experiencia necesaria, claro que puedes escalar, pero quizá no optes por la modalidad libre. ¿Todavía quieres más? En *El hombre autorrealizado. Hacia una psicología del Ser*,[31] Maslow identificó dieciséis aspectos de las experiencias supremas. A partir de su trabajo elaboré una lista de algunas ideas hacia las que podrías dirigir la energía de tu cuadrante de la Vida. Busca actividades que:

- Te ayuden a deshacerte de tus inhibiciones.
- Te hagan sentir en armonía con el entorno.
- Te den una sensación de plenitud.
- Propicien la expresión artística y la creatividad libre.
- Te hagan sentir poderoso y/o único.

Ahora que ya hablamos de las puertas de entrada al cuadrante de la Vida, pongamos algunas contenciones: ¿cuáles son los posibles obstáculos y límites de la diversión?

Adicción, dependencia y obsesión

En mi trabajo diario estoy rodeado de fanáticos del ejercicio físico. Ahora que sabes que hice el Ironman dos veces, quizá sospeches que yo también fui uno de ellos. En el negocio de los gimnasios decimos lo siguiente de los que hacen ejercicio de forma obsesiva: «O corren para llegar a algún sitio o para escapar de otro». Imagina a alguien que se pasa quince horas a la semana en un gimnasio y que no lo hace para pagar las cuentas. Habrá quien diga que está muy comprometido, pero en realidad ese es el umbral que Mark Anshel, estudioso del comportamiento deportivo, define como *adicción al ejercicio*.[32] Muchos expertos coinciden en que la *dependencia* del ejercicio —que en sí mismo es una forma saludable de divertirse— puede presentar un problema de comportamiento importante para algunas personas (por ejemplo: «Toda mi vida gira alrededor de a correr»). El exceso de diversión, donde se pierde el autocontrol y la autonomía, le da mala reputación a esta. David J. Linden, el profesor de Neurociencia y autor del libro *La brújula del placer* del que ya hablamos en el capítulo 1,[33] afirma que el cerebro no es capaz de diferenciar entre vicio y virtud. Al consumir heroína o practicar sexo esporádico se activan los mismos circuitos cerebrales que al llevar a cabo actos virtuosos como meditar o hacer un regalo. Esto también podría ayudar a explicar por qué la diversión, que en esencia es algo bueno, puede volverse nociva si se practica en exceso. Las experiencias repetidas provocan cambios a largo plazo en nuestras estructuras neuronales, un proceso que se conoce como plasticidad neuronal. Los recuerdos quedan almacenados en el cerebro, y de ahí que Linden plantee que las adicciones pueden ser una forma de aprendizaje. Ciertas actividades liberan sustancias neuroquímicas de bienestar como las endorfinas (por ejemplo, los corredores experimentan un aumento al correr). La sensación de euforia que nos genera una actividad agradable es muy potente, de forma que la buscamos una y otra vez, y en ocasiones podemos llegar a silenciar lo que el sentido común nos dice que es bueno para nosotros. Para determinar si alguna de tus pasiones te está llevando a una obsesión poco sana, prueba a aplicar el «modelo dualista de la pasión» de Robert J. Vallerand.[34] Este psicólogo canadiense distingue entre las pasiones armoniosas (saludables) y las pasiones obsesivas (dañinas). Los estudios que han puesto en práctica el modelo de Vallerand muestran que la pasión armoniosa, definida como una fuerte inclinación por llevar a cabo una actividad de forma intencionada y voluntaria, genera emociones positivas y mejora la satisfacción vital. Las pasiones obsesivas, en cambio, no nos enriquecen. Cuando dejamos de hacerlas, nos sentimos vacíos. Por ejemplo, supongamos que pasaste el fin de semana jugando golf a pesar de que tenías unas obligaciones compartidas con tu pareja que ya habían acordado de antemano (y que no has atendido). Al terminar, en lugar de satisfecho, te sientes avergonzado o culpable. Puede que también experimentes:

- Sensación de abstinencia, parecida a la de las adicciones: «Si no hago ejercicio, estoy irritable».
- Una actitud rígida: «Tengo que hacerlo, aunque me perjudique a mí o a otros».
- Ceguera ante el riesgo: «Voy a darlo todo». En el estudio de Vallerand, un grupo de ciclistas apasionados hasta la obsesión siguieron practicando su actividad incluso cuando había nieve y temperaturas bajo cero. Los experimentos de Vallerand arrojan que la pasión obsesiva también está presente en comportamientos adictivos, como en la tendencia patológica al juego que te puede llevar a perderlo todo.[35]

Cuando el autocontrol y la autorregulación desaparecen y la actividad se apodera de uno, sale a la luz el lado oscuro de la diversión, ya que la búsqueda del placer empieza a generar dolor.

Depresión clínica

Si padeces depresión o algún otro tipo de enfermedad mental, te pido por favor que no te cargues con el peso adicional de tratar de divertirte para superarlo. Es lamentable que todavía haya muchos que no reciben la ayuda que necesitan por culpa del estigma que se asocia con pedir ayuda. Tanto si su causa es la neuroquímica como unas vivencias traumáticas, la mejor forma de tratar algunas enfermedades de salud mental es con la ayuda de un profesional, de medicación, o de ambos.

Por ejemplo, no se puede salir de una depresión que se resiste al tratamiento a base de desearlo. Intentarlo puede resultar mortal. Cuando tenía veintipocos años, me ingresaron en el hospital porque tenía un virus que provocó complicaciones neurológicas y psicológicas que no habría podido gestionar por mí mismo. Aceptar ayuda me sacó de un pozo muy negro y me permitió superar con éxito los últimos tres años de universidad. También he tomado S-adenosil metionina para mejorar mi estado de ánimo en varios periodos de mucho estrés. Si necesitas ayuda, no hay nada de vergonzoso en pedirla. En cuanto recibas el apoyo que necesitas, la diversión seguirá ahí, esperándote.

Sobrecarga de trabajo y falta de sueño

Es así de sencillo: la vida no tiene nada de divertida si no duermes lo suficiente. La privación de sueño es un riesgo para la salud pública cada vez más extendido. Según los estudios sobre la fisiología del sueño y del rendimiento cognitivo llevados a cabo por la National Sleep Foundation, los adultos deben dormir entre siete y nueve horas cada noche.[36] Si dormimos menos horas durante varios días seguidos, empezamos a desarrollar un déficit de sueño, lo que hace que a nuestros cerebros les cueste más funcionar correctamente.[37]

Además, trabajamos demasiado. El doctor Charles A. Czeisler, catedrático de Medicina del Sueño en la Facultad de Medicina de la Universidad de Harvard, indica que deberíamos disfrutar de 11 horas consecutivas de actividades ajenas al trabajo dentro de cada ciclo de 24 horas. Y, además, deberíamos tener al menos un día libre de cualquier actividad laboral a la semana —lo óptimo sería que fueran dos—, lo que nos ayudará a evitar algunos de los malos hábitos de higiene del sueño que suelen llevar al déficit de sueño. El doctor Czeisler también cree que no deberíamos trabajar más de 60 horas a la semana.[38]

Si, como más del tercio de adultos de Estados Unidos, duermes menos de seis horas por la noche,[39] cargarte de actividades nuevas no te ayudará, por muy divertidas que sean. Ninguna actividad es tan reparadora como el sueño, y la diversión se convertirá en otro fuego que apagar. La falta de tiempo y el exceso de trabajo, de los que ya hablé antes, están íntimamente relacionados.

Confundir la diversión con la excitación

Deja que tus propias necesidades y deseos, y no la definición de otros de lo que es la diversión, guíen tus hábitos. La doctora Iris Mauss, directora del Laboratorio de Emoción y de Regulación de las Emociones de Berkeley, ha hecho grandes aportaciones al estudio científico de la felicidad. Cuando hablé con ella, señaló que en las culturas estadounidense y occidental se tiende a asociar la «diversión» con las actividades positivas excitantes (es decir, energéticas). «Creo que como cultura hemos dejado demasiado de lado lo que Jeanne Tsai [profesora asociada de Psicología de Stanford] llama *emociones positivas de baja activación* o *de baja excitación*, como la calma, la paz, la serenidad». Leer tranquilamente un libro, meditar y la jardinería son actividades de baja excitación que algunos no clasificarán como *divertidas*, pero que pueden serlo. También proporcionan equilibrio y renovación, algo de los que muchos tanto carecemos.

Optimización excesiva

Cuando conozco a personas a quienes les gusta mi trabajo, especialmente jóvenes y orientados a la tecnología, muchos me dicen lo bien que se les da sacar algunos minutos para divertirse entre el frenético ritmo de sus vidas laborales. «Trabajo como una bestia, así que le saco todo el jugo a cada minuto», me dijo un joven emprendedor. «Cuando voy al baño, me meto en Tinder y organizo algunas citas». Las personas que dicen este tipo de cosas suelen formar parte de una subcultura que se centra en optimizarse constantemente y buscar trucos para todo. Muchos de ellos me dicen que me equivoco al decir que no deberían trabajar 80 horas a la semana, porque en realidad se la pasan bien trabajando. Y puede que sea cierto; pero, aun así, en ciertos momentos, mientras viven en esa burbuja, dan prioridad a una ventana muy limitada de experiencias en detrimento del gran abanico que la vida tiene que ofrecer. Puede que su habilidad para organizar citas en el baño y encajar la diversión en unas unidades de tiempo cada vez más pequeñas haga que se sientan realizados, pero a casi todos nos llega el momento en que debemos restar cosas de nuestro horario. El objetivo último es la intencionalidad, no la hiperoptimización del uso del tiempo.

Ser más intencional

Mi esperanza es que cuando termines de leer este capítulo hayas podido profundizar sobre la naturaleza finita del tiempo y las abundantes oportunidades que te ofrece tu tiempo. Al contrario de lo que dice el tópico, cada momento *no* cuenta; una vida divertida y feliz solo puede acomodar una cierta cantidad de tedio o incluso adversidad.

Pero hasta que no aceptemos de una vez por todas que el tiempo es un recurso finito y escaso —aunque raramente sabemos cómo de escaso exactamente, por suerte y por desgracia—, seguiremos derrochándolo y sin invertirlo en las actividades que nos proporcionan una combinación de diversión.

Las personas que conozco que más tiempo pasan en el cuadrante de la Vida lo hacen de una forma implacablemente intencionada. Son personas ocupadas, y por eso programan su diversión. A menudo caemos en el error de pensar que los «momentos mágicos» no se pueden planear. Aunque es cierto que es casi imposible orquestar esos momentos mágicos, sí hace falta comprometerse a hacerles un hueco. Hacerlo de una forma efectiva requiere algo de planificación y disciplina.

Yo me di cuenta de lo importante que puede llegar a ser este compromiso cuando perdí a mi hermano mucho antes de lo que jamás había imaginado. Solo tenía cuarenta y un años. La muerte de un ser querido nunca es fácil, y yo no estaba preparado emocionalmente para ello. Hay algo que me ha ayudado mientras me he abierto paso por mi duelo durante los últimos años, y es saborear el hecho de que creamos muchos recuerdos felices en nuestra vida de adultos, a pesar de que no vivíamos en el mismo estado la mayor parte del tiempo. Mi hermano y yo teníamos una larga tradición de compartir experiencias de nuestras respectivas listas de cosas que hacer antes de morir. Fuimos al Oktoberfest en Múnich y al club de comedia The Second City en Chicago. Cuando él vivía en Indiana, fuimos al Dark Lord Day —un festival de cervezas artesanales al son de la música de un montón de grupos de *heavy metal*—, que Brian había descubierto mientras buscaba una aventura para hacer juntos. (A él le encantaba la cerveza artesanal; a mí, el *heavy metal*. Era la combinación perfecta).

Un mes antes de que falleciera, compartimos nuestro último viaje juntos. En ese momento yo tenía dos trabajos y estaba inmerso en un relanzamiento empresarial muy estresante. Cuando fui a Nueva York por trabajo, supe de inmediato que sacaría tiempo para ver a mi hermano, que en aquel momento vivía en Princeton, Nueva Jersey, aunque hacerlo implicara no poder cumplir con ciertas exigencias profesionales. Planeamos ir al parque de atracciones Six Flags Great Adventure de Jackson, Nueva Jersey. Si te gustan las montañas rusas, puede que sepas que este parque en particular es donde se encuentra la Kingda Ka, la montaña rusa más alta del mundo y la segunda más rápida. Era una opción muy sencilla porque era relativamente fácil de organizar. Y, aun así, para mí implicaría un viaje de ida y vuelta de ocho horas, y mentiría si dijera que no hubo momentos en los que murmuré para mis adentros pensando que era molesto.

Pero en cuanto llegamos al parque ese día, dejé atrás todas esas preocupaciones. Estábamos contentos de estar juntos y llenos de emoción combinada con un poquito de aprensión. Hacía diez años que habíamos intentado subirnos a algunas montañas rusas del Six Flags de California y nos llevamos una gran desilusión. Mi hermano, que era corpulento, era un poquito más grande de lo permitido por los mecanismos de seguridad de la mayoría de las atracciones. Ahora, en Nueva Jersey, mientras nos acercábamos a la montaña rusa, los dos empezamos a ponernos cada vez más nerviosos. *¿Nos dejarían subir al Kingda Ka?*

Cuando llegó nuestro turno, corrimos a nuestros asientos. Los dos sabíamos qué queríamos oír: el clic del cinturón del arnés. Sin clic, no había montaña rusa. Observé nervioso mientras mi hermano se metía en el asiento, pero en lo más profundo de mi ser, sabía que todo iría bien. Con todo el esfuerzo del que fue capaz y respirando hondo, metió pecho y, con un poco de ayuda de los empleados del parque, ¡oímos el clic!

Pocos instantes después de ese sonido, nos pusimos en marcha. Fue maravilloso. Cumplió todas nuestras expectativas. *¡Fue tan divertido!* Durante el resto del día, no hablamos de otra cosa. Aunque ese día nos negaron el acceso a otras atracciones, no nos importó. ¡Habíamos conquistado a la bestia! Al día siguiente, mi hermano me llevó al aeropuerto, y antes de dejarme allí, nos dimos un festín para celebrar la victoria. Durante esa comida, conversamos como niños, repasando cada minuto de la experiencia. Es uno de los muchos re-

Kingda Ka, Jackson, Nueva Jersey, 14/5/2016

cuerdos bonitos que guardo de los momentos que compartí con mi hermano).

Si lo de programar la diversión no te convence, te prometo una cosa: en esa casilla del calendario que tan rígida parece hay mucho espacio para la espontaneidad y la sorpresa. A veces hay que «insistir en la diversión», por muy contradictorio que suene, y hacer un hueco para que surja lo inesperado, lo exaltado, lo extraordinario. (A veces programas algo muy prometedor que resulta ser tan divertido como un saco de piedras. Y, cuando pasa, hay que volver a intentarlo).

Es imposible tener un control absoluto del futuro. Siempre podemos contar con que la vida nos sorprenderá, y eso no es malo, aunque a veces pueda doler. Lo único que podemos hacer es aprovechar de la mejor manera el tiempo del que disponemos.

CARRUSEL DE LA DIVERSIÓN: MARK SUTHERLAND, CREADOR DE *ABBY'S LIST: A DOGUMENTARY*

¿Has oído hablar alguna vez sobre un perro con una lista de cosas que hacer antes de morir? Esta lista les cambió la vida a Mark Sutherland y a su *whippet* (galgo inglés), Abby. Cuando Abby cumplió trece años, Mark vio que su fiel amiga estaba empezando a bajar el ritmo. Estaba débil y tenía artritis, a veces cojeaba, y los veterinarios le advirtieron de la posibilidad del cáncer. Mark empezó a sentirse como si estuvieran en el tiempo extra; ya había perdido a dos *whippets* de la misma edad.

En ese momento, por primera vez en muchos años, Mark no tenía empleo. «Se me ocurrió que podíamos hacer un viaje en coche», explica.

Mark empezó a hacer una lista de cosas que hacer antes de morir en nombre de Abby: hacer pipí junto a una secuoya (el árbol más alto del mundo); pedir servicio a la habitación en Las Vegas; subirse a la atracción It's a Small World en Disneyland. Con el tiempo, la lista fue incluyendo cada vez más «primeras veces»: hacer nuevos amigos (delfines), correr por la nieve, ir de campamento.

Mark metió sus cosas en la cajuela y se lanzaron a la carretera. El plan era empezar en las playas del sur de California, atravesar el país durante un par de semanas, y terminar con Abby metiendo las patitas en el Atlántico. Cuando Mark y Abby estaban acampando en la isla de Little Haystack en Canadá, ocurrió algo totalmente inesperado: la salud de Abby mejoró. Dejó de cojear y empezó a subir por las rocas a toda velocidad. «Estaba empezando a correr y a sonreír. Vi cómo envejecía a la inversa», dice Mark.

Entonces tiró a la basura su plan original; seguiría viajando durante todo el tiempo posible. Esas tres semanas se convirtieron en tres años. La calidad de vida de Abby resistió hasta que enfermó de cáncer. Pero en las semanas previas a su muerte volvió a mejorar. Por fin lograron llegar al Atlántico, destino original que Mark había imaginado, pero que había dejado a un lado cuando el viaje empezó a cobrar vida propia.

Durante esos tres años grabó más de cien horas de video que se convirtieron en un documental. Mark dice: «Al final, uno de los temas centrales del documental termina siendo: *levántate del sillón y vive la vida*. Eso no significa que no podamos hacer cosas importantes, sino que también podemos tomar decisiones conscientes para disfrutar de lo que hacemos por el camino».

Saborea cada momento

> Mucha gente cree que porque hagas ejercicio, levantes pesas, comas bien y hagas todo lo que te dicen para vivir una vida larga, quizá lo logren. Pero ¿por qué algunos miden la vida según los años vividos y no por su calidad?
>
> GABRIEL IGLESIAS

Con la ayuda del modelo PLAY, ya te deshiciste de algunas actividades que te sobraban y añadiste algunas agradables a tu vida diaria. En este capítulo adoptaremos un enfoque más alquímico, y para ello utilizaremos una serie de herramientas que reuní y que te pueden ayudar a *transformar* tu vida cotidiana para que contenga más alegría y satisfacción.

El sistema SAVOR,* construido a partir de evidencias científicas y empíricas, se compone de cinco elementos:

- **S**ugestionarse
- **A**grupación de actividades
- **V**ariables hedónicas
- **O**pciones
- **R**ememoración

* El autor usa el acrónimo SAVOR, que significa «saborear». *(N. de la T)..*

La mejor forma de presentarte el sistema SAVOR es enseñándote el poder transformador que tiene ponerlo en práctica, aunque sea solo algunas de sus herramientas. Un par de años antes de que la diversión me salvara la vida, las prácticas de mi doctorado me llevaron a ayudar a una importante red de hospitales de California después de que uno de sus médicos se quitara la vida. Su muerte sacó a relucir que muchos médicos de la red estaban sufriendo a causa de las enormes presiones de su trabajo. Aunque el síndrome del agotamiento laboral nos puede afectar a todos, es habitual que se estudie entre personal sanitario porque este tipo de empleos ofrecen a los investigadores oportunidades muy útiles para examinar los estresores interpersonales. En estos estudios se observa que un perfil siempre se sitúa entre los más afectados: el del médico. Aunque el suicidio sorprendió terriblemente a la organización, los datos recopilados de los médicos de toda la red apuntaban a que se estaba fraguando una crisis de mayor dimensión.[1]

Cuando llegué, el director médico de la red hospitalaria se mostró abierto a las ideas novedosas y muy motivado para ponerlas en práctica. El creciente corpus de literatura médica sobre el desarrollo de la resiliencia mediante técnicas de la psicología positiva lo inspiraba especialmente. ¿Podrían usarse estas estrategias para mejorar el bienestar de los médicos? El director médico esperaba que, si lográbamos entrenar a los médicos para que fueran más resilientes, podríamos protegerlos del síndrome del agotamiento laboral.

Tras algunas reuniones preliminares con el director médico, decidimos que yo me uniría al Comité de Bienestar del grupo hospitalario, un comité formado, además de por el propio director y yo mismo, por más de una decena de médicos, cada uno de los cuales representaba a los distintos grupos dentro del sistema hospitalario. Ayudar a cualquier grupo de personas a desarrollar resiliencia no es sencillo, y este entorno sería aún más complejo que la mayoría. Cuando me puse a revisar las propuestas del grupo hospitalario, vi que la mayoría resultarían de difícil implementación a causa de unas normas sociales muy arraigadas. Todas incluían algún componente que sacaría a los médicos de su puesto de trabajo e integraría una forma u otra de aprendizaje externo. El tiempo es un recurso muy escaso en este entorno, y por eso el riesgo de que este tipo de experimentación no funcionara —o peor todavía, de que agotara aún más a los médicos— pesaba más que cualquier posible beneficio.

Si el comité no podía indicarnos el camino a seguir, quizá los médicos que estaban en riesgo sí podrían. Empecé a reunirme individualmente con ellos, y desde el primer momento surgió un hilo conductor: todos anteponían el trabajo a todo lo demás.

Graduarse de Medicina exige un esfuerzo titánico. Los estudiantes de Medicina deben abandonar todos sus intereses personales y adoptar una mentalidad abnegada centrada en llevar a cabo su compromiso hasta el final y por encima de todas las cosas, incluido su bienestar personal. Para muchos estudiantes de Medicina, esto significa abandonar cualquier cosa que no se alinee con este compromiso, incluso algo tan simple como tomarse una noche libre para ver una película. Para sobrevivir a la Facultad de Medicina, los futuros médicos arrancan de raíz todos los elementos de sus vidas que no contribuyen de una forma directa y visible a su éxito, entre ellos las experiencias vitales y el autocuidado.

Aunque no hayas estudiado Medicina, es muy probable que todo esto te resulte familiar. Los estudiantes de Medicina solo representan una de las manifestaciones más extremas de lo que hoy se ha convertido en una mentalidad casi universal entre los aspirantes a tener una carrera profesional. Convencidos de que el éxito y el sentido de la vida derivan principalmente del trabajo remunerado, anteponemos la trayectoria profesional y sacamos a la fuerza todos los demás aspectos de nuestra vida para darle cabida.

Al hablar con los médicos en situación de riesgo, la mayoría de los cuales ya hacía mucho que habían terminado sus estudios, me di cuenta de que esta reprogramación de prioridades —alejándolas de sus propias necesidades para favorecer las necesidades del trabajo— no se resolvía sola. A medida que un médico va madurando como profesional, su decidida pasión por ser médico se va disipando al tiempo que resurgen otras necesidades vitales. Conforme se acomodaban en sus carreras, el atractivo de ser «solo» médico perdía brillo. Poco a poco se daban cuenta de que la convicción preexistente de que la perseverancia y la pasión bastarían para alimentarles el ánimo era falsa. Inevitablemente y con gran dolor tenían que enfrentarse a la realidad de todo lo que habían sacrificado en nombre de su trabajo, y eso los inquietaba por dentro. La profesión médica está entre las más admirables, útiles e importantes que existen, pero incluso los que más se entregan a su vocación necesitan tener vida fuera del trabajo. Sin ella, las oportunidades de aprender y acumular el tipo de experiencias vitales que nos enriquecen aportándonos conocimiento y sabiduría resultan inalcanzables.

A medida que mi trabajo avanzaba, establecí vínculos personales con algunos médicos del comité. Una médica en particular se mostró abierta a explorar ideas pioneras. La llamaré Antonia.* Antonia se unió al Comité de Bienestar porque ella misma había sufrido el síndrome del agotamiento laboral. El suicidio que recientemente había ocurrido en la red hospitalaria la había conmocionado, y por eso quería hacer todo lo posible por ayudar a mejorar el bienestar de otros médicos. También estaba desconcertada ante el hecho de que, durante sus años trabajando en el hospital, su vida personal hubiera ido desapareciendo poco a poco. Decidimos trabajar juntos para ver qué pequeños cambios podría empezar a implementar para sentirse más realizada y presente. Pero, aunque esos cambios la emocionaban, no sabía por dónde empezar. Le sugerí que pensara en cómo era su vida antes de estudiar Medicina, o cuando era pequeña. «¿Qué hacías con tu tiempo? ¿Qué te hacía sonreír?», le pregunté. Casi de inmediato, dijo: «Dibujar», y en el mismo segundo le restó importancia, como si fuera un pasatiempo tonto. Nunca había sido una

---

* Respeto enormemente a los médicos con los que trabajé durante mi trabajo de campo en el Comité de Bienestar. La confidencialidad era un componente innegociable del contrato de prácticas con este grupo hospitalario. Por eso, aunque Antonia representa a una persona real, le cambié el nombre y mezclé nuestras experiencias con otros elementos de la comisión para crear una amalgama de información que garantice su anonimato.

«artista de verdad». Juntos, practicamos la **sugestión o modifica-ción del relato** —la cual consiste en reajustar la perspectiva a través de la cual asignamos los valores y las prioridades— de forma que reconociera que dibujar era algo muy importante para su bienestar. Y es que dibujar había sido una fuente de placer clave para Antonia, pero con el tiempo había pasado a ser menos prioritario, hasta el punto de desaparecer entre las obligaciones de la Facultad de Medi-cina. Lejos de ser un pasatiempo superfluo, como había llegado a considerarlo, la falta de creatividad y experimentación en su vida había contribuido notablemente a que terminara agotándose. Al prin-cipio le costó reconectar con una pasión que hacía tanto que había perdido, pero no dejamos de intentarlo. Repasamos su horario en bus-ca de momentos del día que se prestaran a ofrecer unos minutos de desahogo creativo. Se dio cuenta de que podía **agrupar** las dos activi-dades: el dibujo con el rato que dedicaba a atender a los pacientes por la tarde. Empezó a dibujar historietas que satirizaban las situaciones difíciles que tenía que gestionar. Observó que hacerlo le servía para aliviar el estrés y acercarse a su lado más artístico y emocional. A partir de aquella primera victoria, exploró otras **opciones**, como participar en actividades de las que sus hijos disfrutaban. En cuanto logramos que tomara impulso, su «archivo de la diversión» empezó a ser bas-tante extenso. En lugar de dejar que se convirtiera en un cajón de sastre estremecedor y poco realista, redujimos las opciones a las que más le gustaban y nos centramos en hacer que se cumplieran. Por ejemplo, Antonia llevaba un diario de gratitud, pero afinamos la práctica para que pusiera énfasis en registrar y **recordar** sus momen-tos más maravillosos.

Que nadie me malinterprete, no tuve demasiada suerte trabajando con estos médicos. Muchos se burlaban de la diversión al considerarla una distracción trivial de su importante labor. Sin embargo, tanto An-tonia como algunos otros que también estuvieron abiertos a ella em-pezaron a verla como un tónico reparador y, con el tiempo, como una droga segura y legal que mejoraba su desempeño. Lo cierto es que los médicos que disfrutan de la vida son mejores en lo suyo.

Después de terminar mi periodo en el Comité de Bienestar, de vez en cuando quedaba para tomar un café con Antonia para ver cómo iba avanzando. Me gustaba ver las sonrisas nuevas que acompañaban a la agencia renovada que había encontrado. Había sacado su pasatiempo de la jornada laboral y estaba haciendo una página web en la que exploraba la relación entre el arte y el bienestar. Con la diversión, tanto ella como yo habíamos encontrado una medicación nueva contra el síndrome del agotamiento laboral. Me sentía como un científico cuyo medicamento experimental acababa de pasar un ensayo clínico con éxito.

Mientras leas el apartado siguiente, pregúntate esto: ¿qué historias invisibles sobre mí mismo y mi vida afectan negativamente a mi capacidad de divertirme? ¿Estos relatos siguen siendo útiles o, como en el caso de la mentalidad previa de Antonia, son reliquias que hay que cuestionar? ¿Cómo puedo evitar que estos relatos me impidan avanzar?

SUGESTIONARSE O MODIFICACIÓN DEL RELATO

Este concepto lo aprendí del libro *Redirect* [*Redirección*] del doctor Timothy Wilson. En su libro, Wilson explora el poder que tienen nuestras creencias para dar forma a la realidad subjetiva. Tal como explica Wilson, las personas tienen la capacidad de «modificar sus historias personales de una forma que conduce a cambios sostenidos en cuanto al comportamiento y el bienestar».[2] Modificar el relato nos ayuda a corregir la actitud errónea de que la diversión es una tontería y una pérdida de tiempo.

El estilo de vida que llevamos, regido por estar «siempre activos», trae consigo unas normas sociales muy potentes que actúan como inhibidores cuando se trata de dar valor a la diversión y, por consiguiente, de divertirnos. Modificar el relato es el primer paso que debemos dar para romper con estos inhibidores. De hecho, con reconocer su existencia y comprometernos a vivir de un modo más alegre ya tenemos media batalla ganada. Con la práctica, la modificación del relato también puede ayudar a convertir las circunstancias más mundanas en oportunidades de pasar un buen rato, y para ello basta con que nos impongamos el mandato de disfrutar de la diversión como un acto de autocuidado radical.

Para empezar el proceso, lo primero que debes hacer es examinar cualquier prejuicio que aún tengas sobre la diversión. Más concretamente, debes recordarte que pasarlo bien no está peleado con ser un adulto totalmente funcional. (Si aún no lo tienes claro, sigue leyendo: a lo largo del libro iré desgranando esta idea). La diversión no es algo «adicional», sino un componente crucial del bienestar personal. Redirigir tu relato personal es el primer paso para recuperar el poder y soltar un guion que ya no te sirve. La diversión tiene que estar entretejida con tu identidad.

Generar pensamientos agradables a placer requiere práctica, así que sé paciente contigo mismo. Lo cierto es que, para muchas personas, el sencillo acto de tratar de no centrarnos en las preocupaciones puede resultar agotador. En un experimento llevado a cabo por Wilson y sus colegas de la Universidad de Virginia, cuando a los participantes se les dio la opción de elegir entre pasar quince minutos pensando o recibir una descarga eléctrica, dos tercios de los hombres y una cuarta parte de las mujeres optaron por la descarga.[3] Otros estudios llevados a cabo por Sarah Alahmadi y sus colegas, también de la Universidad de Virginia, indicaron que cuando no prestamos atención no damos prioridad a los pensamientos agradables, probablemente porque tendemos a subestimar lo placenteros y benéficos que pueden ser dichos pensamientos. Este grupo de investigación concluyó que, si no se es consciente de ello, uno puede llegar a no dar prioridad jamás al placer.[4] La mayoría nos esforzamos mucho durante toda la vida para alcanzar un objetivo final u otro —logros, premios, dinero— sin darnos cuenta de que, cuando alcancemos esas metas, no seremos verdaderamente capaces de disfrutar de ellas.

Ahora bien, cuando disponemos de los desencadenantes adecuados —del tipo que nos recuerdan que no pasa nada por relajarnos y perdernos en nuestros pensamientos y disfrutar del momento—, lo entendemos. En un estudio, los investigadores dieron a dos grupos de personas una «guía de pensamiento» para fomentar que pensaran sobre cosas que les gustaban. Después de elaborar una lista de los temas que los hacían sentir bien, los investigadores pidieron a los participantes que reflexionaran sobre ellos durante unos minutos. En los días siguientes a esta introducción, el grupo experimental fue recibiendo recordatorios sobre esos temas, mientras que el grupo de control, no. A los participantes que recibieron los recordatorios les resultaba más fácil concentrarse en los temas agradables, se distraían menos, y disfrutaban más de la actividad que el grupo de control.[5] En el próximo capítulo aprenderemos a sacarle el máximo provecho a esta capacidad.

Dado que parece que estamos predispuestos a evitar pensar en la diversión, incorporar una serie de recordatorios sencillos a nuestra vida puede ayudarnos a traer al frente de nuestra consciencia esos pensamientos de los que disfrutamos. Con un poco de ayuda (o «redirección»), puedes incluso llegar a recontextualizar los momentos más mundanos de la vida —como quedarte atrapado un buen rato en un embotellamiento, esperar a que hierva el agua— de forma que sean oportunidades para pensar en lo que más placer te aporta. Durante los pequeños momentos de calma, es clave evitar el FOMO (*fear of missing out*: miedo a perderte algo) que nos transmiten las redes sociales y encontrar formas de recrearnos en nuestros mejores recuerdos. Puedes empezar a hacerlo ahora mismo de varias formas, desde revisando el archivo de la diversión que creaste en el capítulo anterior hasta poniéndote recordatorios intermitentes en el calendario sobre recuerdos agradables del pasado (es como si fuera la función de Facebook que nos recuerda qué hicimos tal día de tal año, solo que con este método tienes un control absoluto sobre lo que quieres recordar).

Modificar el relato correctamente también te puede ayudar a desarrollar la mentalidad de crecimiento, un concepto introducido por la investigadora Carol Dweck en su libro *Mindset*.[6] Dweck observó que las personas que adoptan la mentalidad de crecimiento tienen el sentido de la agencia más acentuado. Se ven como conductores de sus propias vidas y se creen capaces de ejercer una influencia positiva cuando se trata de mejorarse a sí mismos y sus circunstancias. Cuando se carece de esta mentalidad, las personas consideran que sus habilidades son atributos fijos y que no tienen ningún tipo de control sobre sus vidas.

Para adoptar la mentalidad del crecimiento, debes reinterpretar los acontecimientos negativos de forma que fomenten alguna mejora. Por ejemplo, si alguien te rechaza o cometes un error, elige pensar: «Me encantan los retos; la próxima vez practicaré más y me divertiré todavía más en el camino».

En cambio, si tienes una mentalidad fija, es posible que interpretes cualquier contratiempo como si fuera la última palabra: «Vaya problema. Será que se me da fatal hacer esto. Al menos no tendré que volver a hacerlo nunca más».

Si este tipo de recontextualización no te resulta sencillo, empieza dando pequeños pasos: di que el fin de semana que viene tendrás unas vacaciones. Así de sencillo, basta con que establezcas la intención. Se ha demostrado que este pequeño cambio de mentalidad tiene un efecto positivo[7] al proporcionar algunos de los beneficios psicológicos que aporta irse de vacaciones de verdad. En cuanto veas por ti mismo el beneficio palpable de un pequeño cambio de mentalidad, te sentirás empoderado para probar con otros mayores.

A medida que vayas practicando la sugestión o modificación del relato, empezarás a encontrar oportunidades para divertirte donde nunca las habías visto. Por ejemplo, puedes hacer que el descanso para la comida sea una «pausa» de verdad y aprovechar para hacer algo divertido, como salir con un viejo amigo para comer. Con un poco de suerte, puede incluso que encuentres a tu alma gemela, como ya vimos (en el capítulo anterior) que le ocurrió a Tania Katan. Como mínimo, empezarás a redescubrir tu apetito por la diversión en cuanto veas su impacto en tu estado de ánimo.[8]

EL CARRUSEL DE LA DIVERSIÓN: BILL MURRAY

Naturalmente, Bill Murray es una estrella con muchos éxitos de taquilla de Hollywood —*Los locos del golf* y *Los cazafantasmas*, por mencionar solo un par— y de tantas otras películas independientes en la segunda etapa de su carrera, pero en las últimas décadas se ha convertido en algo más que un famoso. Podría decirse que es una especie de héroe popular moderno. Existen decenas de historias que cuentan que, a diario, personas comunes invitan a Murray a que vaya a divertirse con ellos, y que se quedan atónitos cuando les dice que sí. Está esa vez en que, en la ciudad de Nueva York, aceptó la invitación de unos desconocidos a ir al karaoke con ellos, y se quedó toda la noche invitando tragos y cantando. O esa otra vez en que se coló en la sesión fotográfica de una boda, para el deleite de los novios. O ese día que fue a una fiesta de estudiantes de Antropología en Escocia y se quedó a lavar los platos. Estas historias ya convertidas en leyenda —muchas de las cuales fueron confirmadas por Tommy Avallone en un documental titulado *The Bill Murray Stories: Life Lessons Learned from a Mythical Man [Bill Murray: consejos para la vida]*— nos hablan de su admirable rechazo a elevarse por encima de los demás y de sus ganas de sumarse a cualquier aventura que se le presente.[9]

Murray, cuya carrera empezó en el Second City de Chicago antes de pasar a *Saturday Night Live*, siempre ha escrito su propio guion en lo que respecta a su carrera. Es bien sabido que no tiene representante y que filtra las ofertas escuchando su buzón de voz personal, el cual consulta cuando le apetece. El éxito de taquilla que fue *Los cazafantasmas* lo catapultó a un estrellato hasta entonces desconocido, pero él lo vivió como un punto bajo de su carrera porque coincidió con el fracaso de un proyecto que le apasionaba; así que se retiró durante cuatro años para estudiar Historia y Filosofía en la Universidad de la Sorbona de París. Cuando Charlie Rose le preguntó en 2014 qué no tenía y anhelaba, Murray no dijo que un Óscar. Habló de su deseo de estar más presente: «Me gustaría mucho ver cuánto tiempo podría permanecer justo aquí, verdaderamente, totalmente vivo en el momento», dijo. Cuando Jimmy Kimmel lo llamó para felicitarlo por su cumpleaños setenta, dijo: «Sigo pensando que me juzgarían como a un menor si me metiera en un problema muy grande». Respondió a esa llamada con su teléfono de Snoopy.

AGRUPACIÓN DE ACTIVIDADES

Tras auditar cómo usas el tiempo en el último capítulo, ahora ya tienes muy claro que, en una semana cualquiera, no puedes hacerlo todo. No tengo el poder mágico de añadirle horas al día, pero sí puedo ayudarte a lograr algo similar gracias a la agrupación de actividades.

En cierto modo, agrupar actividades es un tipo de magia, porque suma horas de diversión a las semanas sin tener que añadir horas. Es un proceso que consiste en examinar la forma en que utilizas el tiempo y en ir incorporando, con buen criterio, otros elementos positivos a esos momentos que, de lo contrario, estarías desaprovechando. Naturalmente, hay algunas actividades de base —dormir, meditar, dedicar tiempo al pensamiento desestructurado— que podrían verse afectadas negativamente por esta práctica. Pero si se hace con cuidado, agrupar actividades puede transformar muchos de los momentos más mundanos o difíciles en experiencias más agradables. Recuerda, por ejemplo, cómo Antonia incorporó la práctica del dibujo a los turnos vespertinos en los que tenía cuidado de pacientes.

El ejercicio sencillo de agrupar actividades incrementa las oportunidades de pasarlo bien durante cualquier semana. La agrupación de actividades puede encajar perfectamente en cualquier cuadrante del modelo PLAY. Por ejemplo, puedes pasártela el doble de bien si combinas dos actividades del cuadrante Agradable (por ejemplo, disfrutar de un espectáculo de comedia y conversar con un amigo), o una actividad agotadora (como limpiar en casa) con una actividad agradable (como escuchar tu pódcast o audiolibro favoritos).

Otro enfoque consiste en agrupar actividades de forma sucesiva para recompensarte por haber hecho algo que quieres hacer pero que no te resulta agradable. Los científicos que estudian el comportamiento hace mucho entendieron que las actividades agradables son una motivación muy potente para llevar a cabo otras menos agradables. En la década de 1920, Curt Paul Richter, del Hospital Johns Hopkins, observó que las ratas aumentan su actividad física cuando están hambrientas y esperan recibir comida.[10] David Premack profundizó en este fenómeno y estableció la Teoría Relativa del Refuerzo, más conocida como el Principio de Premack: «Cualquier respuesta A reforzará otra respuesta B únicamente si la probabilidad de A es superior que la de B».[11] Dicho en términos más sencillos, cuando hacemos que algo divertido *dependa* de hacer algo que no es tan divertido, será más probable que hagamos la cosa más engorrosa.

Si eres padre, ya sabrás que este tipo de agrupación funciona, porque seguramente habrás forzado a tu hijo a que haga algo importante con la promesa de una actividad de recompensa después. «Si ordenas tu habitación, luego iremos por un helado». La ciencia ha comprobado que puedes aplicar esta misma estrategia fácilmente para llevar a cabo esas tareas que son tan esenciales como agotadoras. Si la diversión es una herramienta de motivación tan fantástica, ¿por qué no usarla?

Con una salvedad: al emplear este método, el tiro puede salirnos por la culata si una experiencia pierde emoción en lugar de complementar a la otra. Hay que pensar bien y ser realistas sobre qué actividades se agruparán bien. Por ejemplo, escuchar un audiolibro de tu autor favorito mientras paseas al perro puede parecer una buena idea, hasta que un día te quedas tan absorto en lo que estás escuchando que te das cuenta demasiado tarde de que tu perro se está comiendo los restos de un bote de basura. (Esto le pasó a una amiga mía. Incluso cuando su perro no estaba ocupado dándose un festín con lo que encontraba por la calle, se distraía demasiado. También se dio cuenta de que no le gustaba tanto escuchar novelas como leerlas). Otro ejemplo peligroso lo encontramos en la agrupación de tareas intelectuales rigurosas (como hacer la declaración de la renta) mientras intentas ver un capítulo de tu serie favorita con tu persona favorita. En esta situación la tarea seguramente terminará siendo angustiosa, y la diversión al pasar un rato con un amigo o tu pareja desaparecerá. Es importante ser consciente de que esta táctica tiene sus límites, y que usarla sin cuidado puede resultar nocivo.

A base de práctica, agrupar actividades ha generado un impacto tremendo en mi propia vida. Como podrás imaginar, pasar de ser un deportista que hacía Ironman a no poder volver a correr en serio nunca más a los cuarenta y cinco años no fue una transición sencilla. Para mí, correr siempre había sido una especie de terapia, de forma que cuando el médico me dijo que tenía la cabeza del fémur apoyada en la pelvis y que de correr ni hablar, quedé destrozado. Ahora que no podía seguir haciendo ejercicio al nivel al que estaba acostumbrado, engordé bastante y desarrollé hiperglucemia, que no es el aspecto que mejor cuadra con alguien cuyo empleo se basa, en parte, en ser un defensor de la salud.

Como me dijeron que mi única opción para mantenerme activo era que me hicieran un reemplazo de cadera, opté por someterme a la operación. En las primeras semanas posteriores a la cirugía me costó

Carrera Moonlight, Davis, California, 12/7/2014

bastante seguirles el ritmo a mis revoltosos hijos. La recuperación le pasó una factura especialmente elevada a la relación con mi hija. Hasta entonces, nuestro vínculo siempre se había basado en hacer juntos actividades físicas de algún tipo. La fisioterapia inicial era tan inevitable como angustiosa, y yo quería volver a divertirme con mi hija cuanto antes. Para mí, la solución fue agrupar actividades.

Mi hija empezaba a interesarse por el baile, así que en lugar de pasarme unas interminables y monótonas horas sintiéndome solo en las sesiones de fisioterapia, encontré a un profesor de baile que era capaz de crear pasos que serían apropiados para mí desde el punto de vista médico y lo suficientemente divertidos como para que mi hija y yo no nos aburriéramos. La actividad consistía en un ritual de baile semanal en el cuadrante de la Vida que me permitía reconectar con mi hija, recuperar la salud, situarnos en un buen punto de partida hacia el dominio del baile y, lo mejor de todo, pasárnosla de maravilla juntos.

VARIABLES HEDÓNICAS

Estaba increíble. ¿Y sabes por qué? Porque esperaste por cinco meses. Si te estás muriendo de hambre y alguien te lanza una galleta salada, te pondrás en plan: «Por Dios, es la mejor galleta salada que me he comido en mi vida. Pero era de las normales ¿no? Ah, ¿era de las típicas? De verdad, estaba deliciosa. Pero no creo que fuera de las típicas. Era de las de marca buena, ¿verdad? ¿Cómo que no? Dios, era la mejor galleta que había comido en la vida».

Eddie Murphy, *Crudo*

Los estudios demuestran que cuando estamos privados de algo agradable, disfrutamos más intensamente cuando volvemos a probarlo. Puede ser algo tan sencillo como darse un respiro de una actividad que nos gusta o hacer cualquier otro cambio en nuestra rutina. Esto ocurre porque la variabilidad interrumpe la adaptación hedónica, es decir, la tendencia del cerebro a «definir» el nivel de disfrute. Como vimos en el capítulo 1, todos tenemos un punto de referencia de la felicidad. La adaptación hedónica es lo que nos devuelve a ese punto al margen de las circunstancias externas. Recuerda que tu cerebro no quiere que te sientas bien todo el tiempo, porque la razón de ser de la felicidad es incentivar los comportamientos positivos. Consigues lo que quieres, te sientes bien, y esa sensación placentera desaparece. Forma parte de la caminadora hedónica.

Leif D. Nelson, de la Universidad de California en San Diego, y Tom Meyvis, de la Universidad de Nueva York, observaron que introducir una pausa inesperada en una experiencia positiva —como podría ser un masaje— hace que la experiencia resulte más placentera. Y al contrario ocurre lo mismo. Cuando haces una pausa de una actividad que no te gusta, consigues que sea aún menos agradable. Al reiniciar el proceso de adaptación después de la pausa, te vuelves a dar cuenta de los estímulos a los que ya te habías acostumbrado. Por ejemplo, si estás intentando trabajar a pesar del ruido de unas obras, al final dejarás de oír el ruido y te concentrarás en tu tarea; hasta que hagas una pausa, porque volverás a recordar la distracción, lo que hará que la experiencia sea todavía más desagradable.[12]

Nelson y Meyvis observaron que la valencia asociada con la experiencia no suponía ninguna diferencia; tanto las experiencias positivas como las negativas aumentaban de intensidad tras una pausa. Teniendo esto en cuenta, deberías tomar el hábito de eliminar las pausas durante las actividades angustiosas e introducirlas, junto con otras variaciones, en las agradables.

Por ejemplo, en un estudio sobre el consumo de chocolate, las personas que se abstuvieron de comerlo durante una semana disfrutaron más de él cuando volvieron a consumirlo, en comparación con un grupo al que se le había dicho que comiera tanto como fuera posible y con otro al que se le dijo que consumiera la cantidad a la que estuvieran acostumbrados.[13] Dejar algo que te parece divertido durante un tiempo a veces puede convertirse en una forma efectiva de pasársela todavía mejor más adelante.

Naturalmente, es posible que no todo el mundo quiera privarse de cosas buenas para disfrutar más de ellas en el futuro, tal como indicó el considerable número de abandonos entre el grupo que no podía consumir chocolate.

Otra forma de extraer más diversión de una actividad consiste en introducir incertidumbre. En otro experimento dirigido por Timothy Wilson, él y sus colegas dieron regalos a los participantes del estudio. A un grupo se le dijo quién les había hecho el regalo y por qué, mientras que al otro se lo dejó con la incógnita. A estos últimos, el buen humor les duró más.[14] La variabilidad hedónica está muy relacionada con las incógnitas, la curiosidad y el misterio. Los artistas y los magos se apoyan en estas herramientas porque son muy efectivas a la hora de elevar una experiencia. De hecho, un poco de variación puede hacer que nos dé la sensación de que la diversión dura más. Cuando la vida se vuelve rutinaria, percibimos que el tiempo pasa más rápido. La variedad —darse un respiro de la rutina— ralentiza el paso percibido del tiempo. En realidad, basta con prestar mucha atención a lo que estás haciendo, fijándote mucho en algo que sueles hacer de forma automática, para estirar la percepción del tiempo.

La razón por la que hacer cualquier cosa nueva obliga a nuestro cerebro a ir más lento es que no ha desarrollado los atajos mentales (a veces llamados *heurística*) necesarios para procesar la información nueva que le entra. Piensa en cuando manejamos: cuando estabas sacando la licencia, manejar era una experiencia sensorial abrumadora. Te costaba estar pendiente de los coches que tenías enfrente y de los tres espejos, recordar las normas de circulación y hacer funcionar el coche con las manos y los pies. Tu cerebro trabajaba a toda velocidad, y tú acababas agotado al final de cada clase. Sin embargo, a medida que fuiste ganando práctica, tu cerebro entendió en qué fragmentos de información debía centrarse —la luz de freno del coche que tienes adelante, por ejemplo— y qué fragmentos de información podía ignorar. Con el tiempo, la mayor parte del proceso de manejar se volvió automática e inconsciente. Ahora, cuando manejas hasta el trabajo casi no te das ni cuenta, y la mayor parte de tu atención consciente está puesta en el día que te espera. Si añadieras alguna variación —por ejemplo, si te pones un par de guantes bien gruesos y unas gafas de sol oscuras—, te aseguro que la próxima vez que manejaras al trabajo lo harías con una sensación de atención y conciencia presente que no has experimentado desde que tienes la licencia. (Pero, por favor, no lo intentes).

No solemos recordar las experiencias rutinarias; por ejemplo, ¿recuerdas qué pasó exactamente durante el trayecto hacia el trabajo de hace dos semanas? Por eso las percibimos como si pasaran mucho más rápido. Las doctoras Dinah Avni-Babad e Ilana Ritov, de la Universidad Hebrea de Jerusalén, llevaron a cabo seis experimentos sobre la influencia de la rutina en la estimación temporal de los participantes. En los seis estudios, estimaron que la duración de una actividad rutinaria era inferior que una actividad no rutinaria que duraba lo mismo.[15]

Cuando llenas tu vida de experiencias divertidas y novedosas y nutres a tu cerebro con un montón de información nueva —aprender, viajar, conocer a gente nueva, hacer actividades nuevas— y miras atrás, te sentirás más satisfecho. El neurocientífico David Eagleman describe el tiempo como algo elástico que se puede estirar cuando nuestros cerebros están totalmente encendidos. Un experimento que Eagleman llevó a cabo con Chess Stetson y Matthew P. Fiesta demostró que el tiempo pasa más despacio cuando codificamos un recuerdo como una experiencia rica e intensa (que es lo que suele ocurrir cuando haces algo nuevo o emocionante). En su estudio, los participantes se abalanzaron en caída libre desde una altura de treinta y un metros antes de aterrizar en una red de seguridad. Cuando les preguntaron cuánto creían que había durado la caída, las estimaciones fueron un 36% más elevadas de las que hicieron cuando fueron otros los que saltaron la misma distancia. Los autores concluyeron que «una codificación más rica del recuerdo puede hacer que un recuerdo que destaque parezca, retrospectivamente, haber durado más».[16]

Las variables hedónicas también tienen un inconveniente. No se trata solo de estirar el tiempo; también tiene que ver con que tu satisfacción aumente o disminuya al compararte con los demás. ¿Recuerdas esa sensación de euforia que sentiste la última vez que te ascendieron? Tal como avanzaba en el capítulo 1, lo más probable es que tu emoción se fuera disipando a medida que te asentabas en tu nuevo puesto. Al principio te gustó el placer de verte recompensado por tu esfuerzo, de obtener una subida salarial y de estar mejorando tu estatus social. Entonces, la cosa fue perdiendo gracia y ese anhelo conocido de querer algo más volvió a mostrar la cabeza. Te adaptaste a las preocupaciones profesionales y económicas propias de tu nuevo estatus social. A pesar de que tu situación había mejorado, las preocupaciones que habías tenido antes del ascenso volvieron como un búmeran a tu conciencia. ¿Qué pasó? La evolución lo quiso así: tus expectativas se reinician de forma que se equiparen con las de tu nuevo grupo de iguales, quienes tienen sus logros, sus artefactos, su estatus. Ese aumento de satisfacción inicial se disipó, y de nuevo te subiste a la caminadora hedónica.

En *El fin de la historia y el último hombre*, el politólogo Francis Fukuyama planteaba que los humanos desean ciertas cosas «no por sí mismos, sino porque otros seres humanos las desean».[17] La mayoría tratamos de seguirle el paso a fulanito, en un sentido o en otro, pero el fulanito de carne y hueso con el que nos comparamos tiende a cambiar a medida que nuestro estatus va evolucionando. A menos que hagas un esfuerzo deliberado por romper con este ciclo, nunca dejarás de luchar por seguir subiendo escalafones.

Son muchos los estudios que confirman que nuestra felicidad subjetiva se ve afectada no solo por cuánto tenemos (los niveles absolutos de salario y posición), sino por cómo nos comparamos con los demás (niveles relativos de salario y posición). Este fenómeno se conoce como «posicionalidad». En defensa de la humanidad diré que la mayoría nos sentimos más felices si percibimos que tenemos un poquito más que el resto (aquellos con quienes nos comparamos), mientras que tener mucho más no parece surtir el mismo efecto.[18]

Por desgracia, en este caso, la variabilidad forma parte de la trampa. La recompensa de tener *solo un poco más* siempre está a nuestro alcance si nos esforzamos un poco más. Y por eso, nuestra vieja caminadora nunca se para; esto es, *a menos que* mantengamos de forma intencionada nuestro punto de partida constante, de acuerdo con nuestros deseos personales e intrínsecos. Cuando nos adueñamos de nuestra propia definición del éxito, la presión de las influencias externas se mitiga, y fulanito tiene menos poder sobre nosotros. Entonces podemos redirigir nuestra energía hacia cosas que de verdad nos aportan el tipo de felicidad que nos hace sentir satisfechos.

Hay quienes encuentran otra forma de solucionar la posicionalidad: se colocan en la cima de la montaña. Para ello, dejan su hogar y se mudan a un país en el que su divisa nativa vale más, donde las políticas les dan más libertad y otros bohemios de mentalidad afín les aportan una sensación de pertenencia.[19]

Por ejemplo, abundan los casos de personas occidentales que se aprovechan de la economía posicional en lugares como Goa, Bali y Tailandia. Algunos consideran que esta estrategia no es la más ética, mientras que otros afirman que este tipo de maniobras hacen que los países en vías de desarrollo prosperen. En cualquier caso, nadie puede negar que, cuando tus expectativas están equilibradas, aprovecharse de la economía posicional mejora el rendimiento de tus recursos y aumenta las oportunidades de divertirte.

Para beneficiarse de la economía posicional no hace falta irse a otro país. Si investigas un poco, no suele costar encontrar estas ventajas bastante cerca de casa. Mudarse a una zona en la que los gastos del día a día son más bajos tiene un efecto positivo prácticamente inmediato porque libera los recursos para dedicarlos a cosas más divertidas que pagar el alquiler o la hipoteca, lo que mejora la calidad de vida y las opciones a tu alcance. A esto se le conoce como «migración por estilo de vida», y es exactamente lo que hicimos mi mujer y yo cuando salimos apresurados del Área de la Bahía para aprovechar los precios inferiores de las Carolinas.

La doctora Michaela Benson y su colega, la doctora Karen O'Reilly, definen la migración por estilo de vida como la «movilidad espacial de personas relativamente acomodadas de todas las edades, quienes se mudan a tiempo parcial o completo a lugares de relevancia porque, por varias razones, ofrecen el potencial de mejorar su calidad de vida».[20] En la literatura académica, este fenómeno no se conoce solo como migración por estilo de vida, sino que es una estrategia con mil nombres: migración internacional por retiro, migración por búsqueda de comodidades, turismo residencial y neorruralismo (internacional). Independientemente del nombre que le dé la ciencia, lo que todas las personas que siguen estas estrategias tienen en común es que varían su posición para mejorar su acceso al placer. Y aunque no hay duda de que la riqueza abre muchas puertas, las personas que cuentan con unos medios más modestos también tienen opciones a su alcance. Por ejemplo, pueden mudarse más lejos del centro o a una zona en la que no hay muchos trabajadores, lo que hace subir los salarios.

Una pequeña advertencia: El simple hecho de mudarte no te garantiza que te vayas a divertir más. Si decides aprovechar la economía posicional, asegúrate de planearlo bien. Las cosas se pueden ir en picada si dejamos que nuestro punto de partida sucumba ante la adaptabilidad. El ingrediente secreto para divertirse más consiste en manipular las variables de la experiencia al tiempo que mantenemos estáticas nuestras expectativas. También es importante no dejar que la imaginación se dispare demasiado e idealizar lo que podría ofrecernos un destino concreto.[21] Por ejemplo, podrías mudarte a la Francia rural por la imagen que tienes de la zona, con su paisaje tranquilo, sus viñedos, sus pueblecitos llenos de color, pero que, al llegar, no cumpla con tus expectativas y te genere un arrepentimiento inevitable. Si investigas bien y tienes unas expectativas realistas, es casi seguro que te divertirás más.

OPCIONES

Cuando se tiene acceso a opciones mejores, se elige mejor. Ya que tu objetivo es divertirte más, veamos ahora cómo puedes aumentar tus opciones de pasarla bien. Cualquiera que esté dispuesto a esforzarse un poco tendrá un montón de oportunidades para divertirse a lo grande.

Tal como vimos con el trabajo que hice con Antonia, ser más consciente de las opciones viables de divertirse es un paso muy importante del proceso. El único límite de las oportunidades es el de tu imaginación, y a veces solo necesitamos hacer una lluvia de ideas y ponernos creativos. Esto parte del trabajo que ya hiciste al crear tu archivo de la diversión.

Una forma muy práctica de buscar ideas para tener más opciones de divertirnos es seguir una práctica del *coaching* conocida como la *técnica de las cinco opciones*. Tal como su nombre indica, consiste en obligarte a pensar en cinco opciones nuevas de diversión —es decir, actividades que no haces actualmente—, factibles y realistas, que podrás hacer en las próximas semanas o meses. Estas ideas pueden incluir ir al cine con un viejo amigo, hacer un curso sobre algo interesante, retomar un pasatiempo que tienes olvidado, etcétera. Si ves que te atoras y no puedes llegar a cinco, puedes hacerte las siguientes preguntas:

- ¿Qué actividades de mi pasado me conectan con la diversión y la alegría?
- ¿Qué cosas divertidas hacen mis amigos y me gustaría probar?
- ¿Qué cosas divertidas puedo combinar con las cosas que ya hago?

Cuando tengas al menos cinco, identifica una opción que puedas probar inmediatamente. Si te cuesta quedarte solo con una, visualiza cómo te haría sentir cada una después de haberla hecho. Utiliza los sentimientos que te despierta cada actividad para calibrar qué opción tiene más sentido probar primero. Cuando hayas elegido una opción, haz el camino a la inversa para identificar y poner en práctica los pasos necesarios para hacer realidad esta nueva oportunidad de divertirte.

La creatividad es otra forma fantástica de abrirte la puerta a oportunidades de pasarla bien. Los eventos privados y las experiencias VIP son divertidas por muchas razones, y una de las más evidentes es que son exclusivas. Pero lo cierto es que suele ser más fácil acceder a ellas de lo que piensas; solo hay que encontrar la llave de la puerta trasera. Una de mis formas favoritas de poder acceder a una actividad que de otro modo estaría fuera de mi alcance es encontrar una forma de contribuir, y por eso casi siempre busco la manera de presentarme como voluntario. He usado esta estrategia con éxito no solo para asistir a congresos que no me puedo permitir, sino también para codearme con famosos en eventos de categoría.

En mis tiempos de estudiante, a finales de los noventa, tuve la gran suerte de poder recorrer Europa con la mochila a cuestas un verano. Durante el viaje me enteré de que se iba a celebrar un evento cuya temática era «el cine contra el sida» en el Festival de Cine de Cannes, en Francia. Se trataba de una fiesta a la que había que ser invitado, y estaba destinada a la élite del cine internacional. Era imposible que pudiera entrar por la puerta principal... así que fui por la de atrás. ¿Cómo? Preguntando «¿En qué puedo ayudar?». El precio de admisión para un don nadie como yo terminó siendo pasar el día haciendo bolsas de regalo para los famosos con un montón de gente divertidísima y maravillosa. Y, entonces, los porteros me dejaron entrar.

La ceremonia incluía una subasta solidaria. Elizabeth Taylor quería atraer la atención hacia un objeto concreto de la subasta y había pedido que un joven la ayudara a subir al escenario. Dado que yo

Sexta gala anual del Cine contra el sida,
Cannes, Francia, 20/5/1999

cumplía con los requisitos, los organizadores me preguntaron a mí, el voluntario de antes, si no me importaría ocuparme de ello. Acepté, naturalmente, sin saber que aquello me llevaría a disfrutar de mi minuto de fama. Al día siguiente, aún saboreando las mieles de una noche fabulosa, salí del alojamiento que compartía con otros estudiantes muertos de hambre como yo y, para mi sorpresa, me vi junto a Liz en la portada del *Nice-Matin*, uno de los periódicos más populares de Francia. Todo esto fue una opción a mi alcance porque me inventé una forma de acceder a una noche llena de diversión. Tú también puedes crear el hábito de ampliar tu abanico de opciones si usas trucos para viajar y divertirte. El truco del viaje consiste en el estratégico arte de utilizar los puntos de la tarjeta de crédito para acelerar el ritmo al que acumulas ventajas, como por ejemplo con vuelos gratis. Cuando mi mujer y yo empezamos a usar este truco, los dos estábamos un poco intimidados, pero a los pocos meses ya nos arrepentíamos de no haberlo hecho antes. Una vez que empezamos a hacerlo bien, las ventajas se acumularon más rápidamente de lo que habríamos imaginado jamás. Antes la información fiable sobre trucos para viajar no era fácil de encontrar, pero ahora las estrategias más novedosas están a una búsqueda en Google de distancia.

Lo que algunos no saben es que muchas de las ventajas que ofrecen las tarjetas de crédito en sus programas de fidelidad también se pueden utilizar para conseguir más opciones de vivir experiencias divertidas: hablo de oportunidades como espectáculos de entretenimiento exclusivos para miembros, visitas guiadas privadas, cenas en restaurantes de cocineros famosos. Hoy en día, las oportunidades que brindan estas ventajas son tan amplias que yo ya me refiero a la práctica de acumular puntos como trucos para divertirse (ya que no solo tiene que ver con viajar). Basta con un esfuerzo mínimo para disfrutar de unas oportunidades casi infinitas. Los trucos para divertirse no son un concepto tan conocido como los trucos para viajar, porque muchas tarjetas se asocian con empresas de viajes. Además, la información sobre las ventajas en forma de experiencias que ofrecen los planes de las tarjetas suele estar muy escondida entre todas las demás características de la tarjeta. Para desenterrar todas estas posibilidades, llama a la empresa de tu tarjeta de crédito y pregunta dónde puedes encontrar las opciones de ventajas en forma de experiencias. Personalmente, el truco para divertirme que más me gusta es el que me permite acceder a experiencias vip en conciertos. Viajé con los puntos a ver a My Morning Jacket durante su gira One Big Holiday. Si los conciertos no son lo tuyo, de seguro encontrarás toda una serie de opciones que encajen con tus preferencias y tus gustos. Ahora que ya sabes dónde buscar, ya estás en el camino correcto para divertirte más. (Para ver una lista de las tarjetas de crédito que ofrecen ventajas en forma de experiencia [en Estados Unidos], visita <https://share. michaelrucker.com/rewards>).

Rememoración

Rememorar es una muy buena forma de bajarse de la caminadora hedónica. El psicólogo Nico Frijda lo expresó de maravilla: «La adaptación a la satisfacción se puede contrarrestar siendo siempre consciente de lo afortunadas que son las propias circunstancias».[22]

Los beneficios de la gratitud son bien conocidos. Rememorar los momentos agradables desde el agradecimiento es una forma de gratitud maravillosa, ya que activa un tipo de agradecimiento conocido como gratitud disposicional. La gratitud disposicional se caracteriza por (1) valorar a los demás, (2) valorar los placeres sencillos, y (3) la sensación de abundancia.

Cuando estableces una rutina de rememoración en la que das las gracias por las experiencias pasadas, recuerdas constantemente que la diversión es abundante. Al ejercitar esta forma de rememoración se mitigan los sentimientos de arrepentimiento y privación porque aprendes de una forma concreta a valorar las experiencias placenteras de la vida. El hábito de dar valor al placer presente en tu vida aumenta de forma natural la sensación general de gratitud y, al mismo tiempo, magnifica los efectos positivos de la diversión.

La ciencia se ha mostrado reticente ante algunos métodos para valorar la gratitud. Por ejemplo, Sonja Lyubomirsky, del Departamento de Psicología de la Universidad de California en Riverside, observó junto a su equipo que las personas que escribían en un diario de gratitud una vez por semana obtenían beneficios, pero que cuando se aumentaba la frecuencia a tres días, esos beneficios se esfumaban.[23] Uno de los peligros de llevar un diario de gratitud es que a algunos puede costarles encontrar razones por las que dar las gracias, en cuyo caso el ejercicio puede tener un efecto nocivo porque les recuerda que, tal como están las cosas, no se sienten realizados con sus vidas. Ello puede conducirnos a pensar de forma obsesiva en la distancia que nos separa de la felicidad. Aun así, la mayoría de los expertos coinciden en que el acto general de la gratitud —es decir, sentirse agradecido y expresarlo— afecta muy positivamente a nuestro bienestar.[24] Lo que diferencia a la rememoración desde la gratitud de la gratitud común y corriente —la práctica estándar de buscar cosas por las que sentirse agradecido— es que está orientada a la acción, ya que participamos activamente con las cosas por las que nos sentimos agradecidos. Celebramos nuestros logros y nos recreamos en la diligencia que poseemos para crear algo de lo que sentirnos agradecidos.

Si se practica, el sistema SAVOR puede transformar cualquier vida ordinaria en una vida excepcional. Cuestiona tus suposiciones (¡y las mías!). Si algo no te funciona, descártalo. Ve añadiendo cosas a medida que encuentres otras que sí te funcionan. Haz tuyo el sistema. Si ya pusiste algunas de estas ideas en práctica, disfruta del alivio de saber que ya estás separándote de la presión de tener que seguir ciertas normas sociales. Ya te estás beneficiando de todas estas formas nuevas de incorporar alegría, sorpresa y ocio a tu vida y en las vidas de tus allegados.

¡Pero todavía tenemos para rato! Es el momento de pasar al siguiente nivel y crear un ciclo de retroalimentación que te ayude a sostener una espiral positiva perpetua que te eleve y te permita crecer sin parar.

CAPÍTULO

4

Disfrutar *después* del momento

Pensar en el pasado me trae muchos recuerdos.

STEVEN WRIGHT

En los últimos tiempos, la forma en que la sociedad responde principalmente a las presiones de una vida llena de ruido y de demasiadas cosas que hacer consiste en poner énfasis en que hay que disfrutar del momento. *Quédate en el aquí y el ahora.* Es cierto que ser conscientes nos puede ayudar a sacarle más jugo al presente, y que reconocer su valioso poder, al estilo de Eckhart Tolle, Spencer Johnson y todos los que los precedieron, es una medida correctiva importante y un complemento maravilloso de la diversión. Estar presente también ayuda a formar recuerdos; simplificándolo, garantiza que no nos perdamos los detalles más emocionantes. Pero no hay que olvidar que contamos con otro recurso, del que se habla menos, para llevar más allá nuestra diversión: el disfrute *después* del momento. Puede que los seguidores del *aquí y ahora* no estén de acuerdo, pero si no prestas atención a cómo saboreas los recuerdos divertidos al rememorar, estarás desaprovechando parte de la alegría de la vida: la diversión de ayer, del año pasado, de hace una década.

El propósito de este capítulo es ayudarte a aprovechar el máximo la erre de SAVOR —rememoración— al extender el poder de la diversión más allá del momento en el que ocurre. Hay muchos libros y artículos de internet que diseccionan el arte de la conciencia plena, la cual consiste en sacarle todo el jugo a cada momento, en el momento. La rememoración, tal como yo la defino, es (casi) lo contrario: es una herramienta útil para *después del momento*. Quiero que puedas exprimir al máximo tus recuerdos, tanto los positivos como los negativos, para que contribuyan tanto como sea posible a tu bienestar incluso cuando ya hayan pasado años desde esa experiencia divertida.

He aquí cuatro estrategias, con sus propias tácticas, para ayudarte a conseguirlo:

1. **Viajar en el tiempo.** Los momentos más intensos de la vida pasan rápido, son escasos y solo ocurren de vez en cuando. Rememorarlos nos ayuda a darles continuidad fuera del corto periodo de tiempo que ocupan.

2. **Filtrar.** Es importante poner énfasis en los buenos recuerdos mientras se repasan los malos para beneficiarnos de ellos. Sí, incluso los malos recuerdos pueden contribuir al bienestar.

3. **Estímulos.** Igual que has aprendido a programar los momentos de diversión, también puedes asignarte momentos para rememorar, ayudándote de la tecnología.

4. **Retroalimentación.** A medida que vayas desarrollando tu hábito de la diversión y probando cosas nuevas, irás aprendiendo mucho sobre qué te emociona de verdad y qué cosas seguramente no volverás a hacer; pero para eso hay que prestar atención. Tomarse un tiempo para evaluar las experiencias *después de hacerlas* cierra el ciclo del sistema SAVOR de forma que cada vez se te irá dando mejor seleccionar las actividades que es más probable que te aporten felicidad.

Primera estrategia: viajar en el tiempo. Lleva el pasado contigo

Los momentos más importantes y divertidos de la vida a menudo solo duran unas horas. Si tienes presente esta certeza, te asegurarás de hacer el esfuerzo de retener los recuerdos más importantes. Aunque no es el tema central de este capítulo, ser consciente de la temporalidad en el momento puede ayudar: se trata de recordarte lo rápido que pasan las cosas para disfrutarlas mientras duran. Por ejemplo, hay muchas personas que casi no recuerdan el día de su boda. El mejor consejo que me dieron en este sentido fue que me preguntara constantemente cómo me sentía ese día, que fuera consciente de mis sentimientos y emociones entre todo el maravilloso caos. Que me diera tiempo para sacar fotografías mentales. Gracias a este consejo, incluso con unas cuantas copas de más, recuerdo esa preciosa noche porque me tomé el tiempo de recrearme en la celebración poco después de que terminara, plasmando en mi memoria algunos de mis momentos favoritos. Pero hay que tener cuidado, porque de recordarte a ti mismo lo rápido que pasan las cosas a obsesionarte con ello y darle un aspecto negativo a la experiencia hay un paso.

Pero insisto: el objetivo es disfrutar de las experiencias intensas en el momento y recrearse en su recuerdo una vez ya pasaron. Aunque todas las tácticas que planteo en este capítulo pueden ayudar a revivir estos momentos, mi favorita cuando se trata de bodas, vacaciones y otras experiencias que solo pasan una vez en la vida es la que llamo «el cofre del tesoro». Yo tengo uno y, sinceramente, pesa un quintal. Tu cofre del tesoro puede servir para guardar objetos tangibles o, si andas corto de espacio, documentos digitales (o una combinación de ambos). Sea como sea, tiene que estar lleno de objetos que te hagan viajar en el tiempo. Entre ellos puede haber boletos de tren usados, folletos de lugares que has visitado, imanes de nevera, fotografías, *souvenirs*, textos. Pero igual que pasa con la forma de divertirte, está en tu mano decidir cuál es la mejor forma de rememorar tus recuerdos divertidos. En lugar de darte unas instrucciones concretas, preparé una especie de kit con ideas que van muy bien para conservar recuerdos. Diviértete un rato escogiendo las que más te gusten:

- Crea un frasco de vacaciones. Cuando vayas a algún sitio divertido, recopila algunos objetos por el camino (como piedras, conchas, tela, papel, postales, dibujos). Mételos todos en un frasco de vidrio y úsalo para decorar una estantería.
- En lugar de llevar un diario, escribe relatos cortos o anécdotas que describan tus momentos favoritos y guárdalos en una carpeta, y ve añadiendo más con el tiempo. Como a Antonia, a mi hija le gusta dibujar, así que adaptó esta táctica al dibujo.
- Cualquier tipo de álbum de fotos temático. Los álbumes de la boda están muy bien, pero cualquier acontecimiento relevante puede merecer también su propio álbum. Hoy día existen tantas opciones económicas de impresión que no hace falta preocuparse por si el álbum se estropea un poco de tanto usarlo. Siempre puedes volver a imprimir las fotografías. Para los momentos más importantes de todos, puedes hacer una copia más cara que se quede en la estantería y hacer otra más barata, apta para niños de dedos pegajosos.
- Los álbumes de recortes tienen su propio arte. Yo nunca he hecho uno, pero es evidente que hay un montón de gente muy creativa que se divierte mucho con esta forma de rememoración. Con una búsqueda rápida en Google bastará para que recopiles ideas fantásticas y pongas manos a la obra.
- Si hay algo que te emociona de verdad, acércate a los objetos propios de la actividad creando un museo personal. Mi padre se ha rodeado de discos de *jazz* y varias tubas que le recuerdan la afición que le gusta practicar. El empresario y coleccionista Jeremy Fissell, a quien te presentaré más adelante, tiene todo un almacén lleno de radiograbadora *laptops* que le encanta restaurar.

EL CARRUSEL DE LA DIVERSIÓN: DAVID SPADE
Y CHRIS FARLEY

Los cambios y las pérdidas forman parte de la vida, pero las reliquias pueden sernos de gran ayuda para conectar con las personas y los momentos importantes del pasado. En 2015, con ocasión del vigésimo aniversario del estreno de *Tommy Boy*, David Spade compartió en Facebook que en su despacho tiene colgado un póster promocional firmado por Chris Farley, su mejor amigo y coprotagonista de la película, quien falleció en 1997 a los treinta y tres años. Estos dos cómicos habían intercambiado pósteres firmados en broma, pero décadas después, esa lámina es un inesperado y conmovedor recordatorio de la increíble amistad que los unió. Spade dijo que, si piensa demasiado en ello, se pone a llorar. «Igual que ahora. Como diría Chris: "¡Qué tontería!"».[1]

SEGUNDA ESTRATEGIA: FILTRAR EL PASADO PARA MEJORAR EL FUTURO

En casa nos encanta la película *Intensa-Mente*. Por si no la conoces, es una película de animación que se desarrolla principalmente en la mente de una niña llamada Riley. Está dirigida a un público infantil, pero como es de Pixar, los guionistas consultaron a dos expertos en el estudio de la psicología para crear una historia que no solo divierte a personas de todas las edades, sino que también es una exploración sagaz de la psicología de la formación de recuerdos y de nuestras emociones. A medida que avanza el argumento, conocemos a las representaciones de cinco de las emociones de Riley: Alegría, Tristeza, Desagrado, Miedo e Ira. Alegría (para quien prestó su voz la actriz Amy Poehler) narra la historia. Alegría hace todo lo que puede para asegurarse de que los recuerdos de Riley estén repletos de diversión, y lo hace por una buena razón: las experiencias en las que nos centramos son la espina dorsal de quiénes somos, en qué nos convertimos y cómo percibimos el mundo que nos rodea.

Saborear los recuerdos que vamos creando con nuestro nuevo hábito de la diversión trae consigo un montón de beneficios psicológicos. La doctora Barbara Fredrickson, y otros que han seguido sus pasos,[2] han planteado toda una serie de argumentos muy convincentes sobre los beneficios adaptativos a largo plazo de expandir y documentar nuestras emociones positivas.[3] Un equipo de investigadores del MIT observó que activar los recuerdos positivos puede ayudar a moderar la depresión.[4] Según parece, los recuerdos divertidos son más que anécdotas agradables que contar en una fiesta. Nos ayudan a construir recursos intelectuales, sociales y psicológicos duraderos. Cuando la vida no es precisamente divertida, ofrecen fortaleza emocional. Así, cuando cultivamos la diversión y extendemos el beneficio de este hábito a través de la práctica de la rememoración deliberada, aumentamos nuestras posibilidades de tener un futuro mejor.

Llevar un diario es una forma sumamente eficiente y efectiva de almacenar recuerdos y procesar las experiencias, ya que al hacerlo sintetizamos los acontecimientos y las actividades formando un relato coherente. Nos da el poder de hacer nuestras las historias de nuestra vida. En las páginas de un diario podemos filtrar, podar, celebrar y lamentarnos como mejor nos convenga.

Si crees que llevar un diario será una herramienta útil para tu sistema SAVOR, aquí tienes algunas sugerencias de cosas que puedes anotar con el objetivo de mejorar la práctica de este sistema:

Elementos esenciales

- Tanto si escribes haciendo listas como si prefieres los relatos más descriptivos, trata de incluir algunos detalles memorables sobre la experiencia en cuestión. *¿Por qué* te resultó divertida? *¿Cómo* te sentiste? *¿Con quién* estabas? *¿Dónde* y *cuándo* fue? Si no te gusta escribir, marcar un número de palabras o una duración determinada hará que aún te apetezca menos llevar un diario. Sin embargo, aunque prefieras ser breve, es importante que incluyas los detalles necesarios para que puedas recordar ese día cuando leas ese fragmento más adelante. Yo me di cuenta de que, cuando pequé de ser demasiado breve, al volver a esa entrada más adelante, no desencadena ningún recuerdo de lo que viví. No cometas el mismo error. Y si resulta que te gusta escribir, ¡no te detengas! Es otra gran forma de pasar un buen rato.

- Si puedes, añade a tus escritos algo que ancle ese momento y que te recuerde cómo ha sido (una foto, la letra de una canción o un video si utilizas un diario digital). Al incluir un artículo de este tipo, el recuerdo existirá tanto en tu mente subjetiva como en una forma tangible en la realidad objetiva. Disponer de este tipo de ancla mejora la memoria y nos ayuda a asegurarnos de que recordaremos la vivencia en el futuro.

Estos elementos básicos son suficientes, pero si quieres ir más allá, puedes tomar prestados otros de la ciencia del saboreo. A mí me ha influido especialmente el libro de Fred Bryant y Joseph Veroff *Savoring: A New Model of Positive Experience* [*Saborear: Un modelo nuevo de experiencias positivas*],[5] en el cual se habla de cómo procesamos las experiencias positivas. Este libro, aunque tiene una factura académica, está repleto de consejos útiles para saborear mejor las experiencias, entre los cuales está la rememoración. Adapté algunos de mis favoritos que se pueden aplicar a la práctica de llevar un diario y los incluí en la lista siguiente, pero si te apetece hacer una lectura más intelectual, te recomiendo encarecidamente que leas el libro.

Dale un toque especial a tu diario

- Incluye elementos de la experiencia que tengan una relación específica con cómo te sentiste. Esta es una de las pocas veces que en este libro te animaré a que te dejes llevar un poco por el ego. ¿El recuerdo pertenece al cuadrante de la Vida? Si es así,

¿por qué? ¿Qué tiene ese recuerdo que te emociona? ¿Qué parte de la vivencia propició un sentimiento de pertenencia? ¿Y qué parte te hizo sentir orgulloso? ¿En qué sentido te hizo crecer?

- Cuando se usa correctamente, la gratitud es una herramienta muy potente. Si te apetece, puedes documentar los elementos del recuerdo que te hacen sentir agradecido. ¿Das gracias por algo que condujo a ese recuerdo? ¿Hay algún elemento del propio recuerdo por el que te sientas agradecido? ¿Sientes gratitud por las amistades que aparecen? ¿Das las gracias porque el recuerdo te conecta con algo más grande? ¿Por la sensación de asombro y maravilla que desencadenó esa vivencia, por ejemplo?

- Fija el recuerdo con una herramienta sacada de la conciencia plena y que se llama *agudización sensorial-perceptiva*. Cuando describas tu recuerdo, trata de incluir elementos sensoriales que te llamaran la atención. ¿Cómo estaba la comida? ¿Cómo era la acústica en el teatro durante el concierto? ¿Cómo olía el aire otoñal durante la excursión? ¿Cómo era el papalote que hacían volar mientras paseaban de la mano por el parque? ¿Cómo fue tocarla por fin, después de no haberla visto durante todo el semestre?

- Si te sale de forma natural, intenta expresar comportamientos físicos mientras escribes. Las expresiones físicas propias de la alegría le dan a tu cerebro piezas adicionales que demuestran la naturaleza positiva del recuerdo, lo que puede reforzar mucho la práctica de la rememoración. Intenta reír en voz alta mientras documentas un recuerdo divertido y fíjate en si te resulta útil.

- Antes de que termines de escribir, habla de la posibilidad de que una vivencia similar ocurra en el futuro. Podemos ampliar nuestra capacidad de saborear un recuerdo si prevemos que algo similar volverá a ocurrir (y si durante el proceso haces planes en serio para repetirlo, aún mejor). La excitación que se siente al pensar que algo bueno ocurrirá en el futuro es una técnica de saboreo efectiva.

- Cuando hayas terminado de documentar tu recuerdo, intenta compartir la narración con alguien externo, de una forma u otra. Puedes enseñar lo que has escrito a las personas que forman parte del recuerdo o con otras personas a las que creas que les gustará leerlo; también puedes compartirlo de otra forma, ya sea explicándolo verbalmente de una forma u otra o publicando una versión de la entrada en las redes sociales y etiquetando a los aludidos.

- Reconoce los elementos que no te gustaron. Para hacerlo, menciona algún momento difícil que atravesaras durante la experiencia (pensamientos, emociones) y cómo los gestionaste; de esta forma, quizá lograrás convertir algo poco agradable en algo positivo si dicha transformación ocurre de forma natural y auténtica mientras lo cuentas de nuevo. Al incluir las cosas que no te gustaron (incluso, tal vez, en una entrada aparte), estarás ofreciendo un contexto que te permitirá apreciar todavía más los buenos momentos, y además te estarás proporcionando una información muy valiosa a ti mismo que te ayudará a decidir qué cosas será mejor no hacer en un futuro.

No todo es diversión

Aunque te estoy recomendando que incrementes tus experiencias divertidas y les des más espacio en tu memoria, lo importante es que no ignores ni reprimas recuerdos que no fueron tan divertidos y que no trates de ser positivo todo el tiempo. En este sentido, *Intensa-Mente* vuelve a darnos una lección maravillosa: cuando Alegría trata de evitar que Tristeza almacene sus recuerdos, la mente de Riley (y la película) entran en crisis, y todo se viene abajo. Hasta que Riley no toma conciencia de su propia tristeza, no puede seguir avanzando y creando más recuerdos divertidos. Esto encaja muy bien con las observaciones de los psicólogos Brett Ford, Phoebe Lam, Oliver John e Iris Mauss, las cuales demuestran que la aceptación de las emociones y los pensamientos (tanto positivos como negativos) es indicadora de una buena salud mental.[6]

Ya hablé de mi admiración por el trabajo de Barbara Fredrickson sobre el valor de dar énfasis a lo positivo. Al principio, su trabajo en este campo se centró únicamente en las emociones positivas; no obstante, a medida que investigaba no tardó en darse cuenta de que las emociones negativas son igual de importantes, siempre que no predominen. Hay quienes llegan incluso a decir que, si solo nos centramos en lo positivo, podemos terminar siendo distantes y dispersos. El doctor Kevin Rathunde plantea que en las actividades creativas debe existir un diálogo entre lo positivo y lo negativo, y que para lograr el mejor resultado hay que tratar de integrar tanto lo bueno como lo malo.[7] Algunos psicólogos (como el doctor Dan Siegel) recomiendan la técnica de «nombrarlo para controlarlo»; hay estudios que demuestran que, si ponemos nombre a nuestros sentimientos negativos (por ejemplo: estoy enojado, tengo miedo), su potencia se reduce porque al hacerlo integramos los lados izquierdo y derecho del cerebro y disminuye la respuesta de la amígdala y otras regiones del sistema límbico.[8] Esta técnica puede ser especialmente útil para ayudar a los niños a que se calmen cuando se sienten alterados o inseguros.

Te recomiendo que, elijas el método que elijas para recordar, rindas homenaje a algunas emociones y pensamientos negativos que te ayuden a valorar los buenos. Deja que te dé algunos ejemplos personales:

- Utilizo una herramienta en el calendario que hace más eficiente el proceso de enviar tarjetas navideñas. No he eliminado a los seres queridos que fallecieron de la lista de envío, sino que, cada año, desmarco manualmente las casillas de estos amigos y familiares, una por una. Hacerlo me da pie a recordar los buenos momentos que pasé con cada uno de ellos y a tenerlos presentes durante esta época.

- Antes miraba la cicatriz de 15 cm que la operación me dejó en el muslo como recordatorio de que nunca podré volver a disfrutar de una carrera larga. Pero entonces puse en práctica la estrategia de la sugestión o modificación del relato para darle un propósito renovado a esa cicatriz. Ahora, cuando dejo que este artefacto capture mi atención, utilizo su simbolismo para recordar todos mis logros deportivos. Y también para pensar en lo agradecido que estoy de que la cirugía me haya devuelto la movilidad para crear nuevos recuerdos felices junto a mis hijos. A veces me sirve incluso para recordarme que ya es hora de poner en el calendario alguna actividad física y divertida que compartir con ellos (ya que es posible que en algún momento necesite un retoque que me reduzca todavía más la movilidad).

- Llevo un diario y en él escribo principalmente sobre cosas divertidas. Aun así, cuando algo destaca por ser todo lo contrario, también lo escribo. No suelo releer esos fragmentos, pero mientras los escribo me resulta catártico sacarme esos momentos dolorosos de la cabeza y trasladarlos al papel. Además, si algún día mis hijos encuentran mis diarios, quiero que sepan que mi vida no fue solo diversión; que todos pasamos por momentos que exigen fortaleza mental, pero que incluso durante los momentos más oscuros, debemos estar seguros de que algún día volveremos a divertirnos.

Una última cosa para tener en cuenta: Los expertos advierten que llevar un diario puede perder sus beneficios si no se hace por las razones adecuadas; por ejemplo, si no exploramos nuestras experiencias para aprender de ellas, o si nos centramos demasiado en nosotros mismos.[9] A pesar de que hay muchas personas y productos que animan a escribir todos los días, no he logrado encontrar ninguna prueba creíble de que dicha frecuencia sea necesaria para que llevar un diario surta efecto y, por el contrario, sí he encontrado muchas evidencias anecdóticas de que hacerlo todos los días por fuerza puede provocar la sensación de que es una obligación, lo que no es precisamente divertido. Esta obligación también implica pensar más y hacer menos. La doctora Tasha Eurich, psicóloga organizacional y autora del *Bestseller Insight* [*Conocimiento interno*], me lo explicó de esta manera: «Al escribir en el diario todos los días se cae en una especie de egocentrismo o en un ciclo de autocompasión. Un enfoque más adecuado sería, por ejemplo, tomar distancia en un momento importante —por ejemplo, cuando estás tomando una decisión o necesitas entender una situación importante— y utilizar el diario como una metodología más basada en los acontecimientos y no como una práctica habitual». Encuentra un hueco en tu día a día y experimenta con las distintas formas que hay de llevar un diario. Si ves que te cuesta generar el hábito, quizá puedes empezar con la tercera estrategia.

TERCERA ESTRATEGIA: ESTÍMULOS (HAY UNA APLICACIÓN QUE TE AYUDARÁ)

Muchas personas utilizan programas para mejorar la productividad que los ayudan a crear recordatorios para cumplir con las obligaciones profesionales del día a día. Lo cierto es que a veces estos sistemas pueden hacerte sentir que eres el servidor de un amo de lo más cruel. Ya sea porque hay días en los que parece que reservaste cada hora para dos cosas distintas, o en los que ocupas toda la jornada laboral para intentar terminar algo, pero resulta que tu jefe te puso una reunión a las ocho de la mañana que hace andar de un lado a otro el día entero, es fácil llegar a sentir que estos sistemas les absorben toda la vida a los días.

La razón por la que estos sistemas son tan poderosos se debe, en parte, al hecho de que cuando aparece un recordatorio o una cita en el calendario, hay algo que hace que prestarle atención resulte innegociable. Como por arte de magia (aunque, en realidad, la ciencia lo explica), si tenemos algo apuntado en el calendario, hay muchas posibilidades de que ocurra. La buena noticia es que esta magia se puede usar con la misma facilidad para hacer nuestras vidas más divertidas. Una táctica sencilla para empezar desde ya es poner la diversión en el calendario. Como se nos ha condicionado para que consideremos que nuestros calendarios digitales son importantes, enseguida verás que resulta igual de fácil dar prioridad a cosas ajenas al trabajo si están apuntadas en el calendario. Y, como por arte de magia, ese encuentro con un viejo amigo también será innegociable.

Como ya aprendimos que rememorar y saborear el pasado puede mejorar nuestro bienestar, programar estímulos a lo largo del día para disfrutar de un breve estallido de rememoración puede ser una estrategia efectiva. La próxima vez que organices tu agenda semanal, trata de incluir momentos en los que recordar; por ejemplo, toma tiempo para ver fotos antiguas, para llamar o escribir a los amigos y decirles que te estás acordando de un buen momento que pasaron juntos o, sencillamente, para pararte un momento a saborear algo divertido que hiciste el fin de semana.

Los científicos han estudiado algunas herramientas digitales que ayudan a rememorar. Por ejemplo, para fomentar su práctica diaria, un grupo de investigadores de la Universidad Cornell diseñaron y probaron un sistema llamado Pensieve que envía desencadenantes de recuerdos a sus suscriptores, ya sean fotografías de momentos pasados que compartieron en las redes sociales o estímulos textuales que los invitan a escribir sobre vivencias previas (por ejemplo: ¿recuerdas el mejor concierto al que has ido? ¿A quién viste, y con quién?). Descubrieron que a los usuarios les gustaba recibir estos recordatorios espontáneos, además de tener la oportunidad de escribir sobre sus recuerdos.[10]

En una dimensión más comercial, las funciones de Facebook para publicar el resumen del año (*Year in Review*) y un video de recuerdos (*Look back*) también nos animan a recordar vivencias pasadas. Existe también una aplicación llamada Timehop (<https://share.michaelru cker.com/timehop>) que recopila fotos y publicaciones antiguas de las redes sociales y te las va enviando para que conectes con el pasado. El «problema» de algunas de estas aplicaciones es que no eres tú quien decide qué recuerdos incluir en tu biografía personal. Por eso, Lisa

Thomas y Pam Briggs, del Departamento de Psicología de la Universidad de Northumbria, en el Reino Unido, sugieren utilizar algo como My Social Book (<https://share.michaelrucker.com/mysocialbook>) como alternativa. Esta página web te permite transformar el contenido de tus redes sociales en un libro tangible que puedes guardar para rememorar cuando quieras. Thomas y Briggs observaron que los álbumes de recortes también eran una buena forma de compartir tus momentos con otros (pareja, familiares, amigos); por ejemplo, después de que los participantes del estudio hicieron sus álbumes, tenían pensado enseñárselos a terceros para comentarlos. En cambio, consumir contenido en redes sociales no suele ser un comportamiento prosocial. Thomas y Briggs también destacaron los beneficios de la rememoración para personas de todas las edades (ya que se ha asociado con una práctica de personas mayores).[11] Por ejemplo, mi mujer y yo hemos pasado buenos momentos cuando revivimos con nuestros hijos el día de nuestra boda viendo el álbum de fotos y videos de la celebración. Los animamos a que curioseen y nos hagan preguntas sobre cómo fue, y a que pregunten por los amigos y familiares a los que no reconocen. Es habitual que rememorar haciendo este tipo de cosas me lleve a contactar con algún viejo amigo (ver las fotos me da un empujoncito muy bienvenido para hacerlo).

CUARTA ESTRATEGIA: ALIMENTA EL CICLO DEL SISTEMA SAVOR

Cuando te formas para ser psicólogo, sales de la universidad con varias herramientas de cambio que en el oficio se llaman intervenciones. El propósito de una intervención es entrar en un dominio, ya sea la vida de alguien o el entorno de una organización, e intervenir. Eso no es exactamente lo que estamos tratando de hacer con el sistema SAVOR, ya que no está pensado para ser un instrumento afilado en el que se parte de un problema (por ejemplo, sentirse infeliz) y se llega a una solución (por ejemplo, ¡ya soy feliz!). Como hemos visto, este tipo de intervenciones no siempre salen bien.

Por eso es mejor que trates de adaptar este sistema a tu vida como si fuera un sistema de circuito cerrado en el que los recuerdos de haber incrementado tu diversión a través del sistema SAVOR sirvan para retroalimentarlo. Durante el tiempo que te reserves para rememorar, utiliza tus recuerdos como si fueran datos que alimentan y refinan cómo emplearás tu tiempo a partir de ahora.

Cuando utilizamos los recuerdos como recurso para retroalimentarnos, debemos ir con cuidado. Dicho claramente: es lo último en lo que debes centrarte cuando estás ejerciendo el acto de divertirte. En una entrevista que le hice a la doctora Jordan Etkin, de la Universidad Duke, ella lo expresó así: «Uno de los rasgos de estar inmerso en la situación es que pierdes la noción del tiempo, y no estás pensando en los aspectos performativos o cuantitativos de tu comportamiento. Por ejemplo, me genera mucho escepticismo oír que alguien trata de medir su felicidad. Dirigir la atención y forzar la introspección sobre si eres o no eres feliz seguramente hará que lo seas menos porque, para empezar, estás cuestionando si lo eres, y en segundo lugar, porque parar un momento a hacerte la mera pregunta seguramente te sacará de una experiencia muy feliz de la que podrías haber estado disfrutando».[12] De lo que se trata es de que, cuando surja la oportunidad de reflexionar, reserves un poco de tiempo al final para determinar qué te gustó hacer y qué (si es que hay algo) te gustaría hacer menos. Ve poniendo este tipo de retroalimentación a tu servicio para sesgar tus acciones con la intención de pasarlo mejor, y como una forma de guiarte hacia nuevas oportunidades en las que será más probable que disfrutes.

A grandes rasgos, existen dos tipos principales de retroalimentación: la negativa y la positiva.[13] Al repasar los artefactos y los escritos que hemos obtenido o generado con nuestro hábito de la diversión, vemos que cada uno nos dice algo sobre las acciones que implementamos y si nos han aportado una valencia positiva o negativa. La idea es que uses tus recuerdos como una forma de desarrollar un instinto más afinado sobre las cosas a las que te sientes más vinculado o que más te inspiran, y que lo utilices para que te guíe en el futuro. No estoy diciendo que no puedas abstraerte de ti mismo para buscar inspiración sobre nuevas formas de divertirte; todo lo contrario, la novedad, la curiosidad y el descubrimiento son unos ingredientes maravillosos de la diversión. Lo que estoy diciendo es que es tan frecuente que nuestro subconsciente esté empañado por toda una serie de ideas inauténticas que no nos pertenecen —y que nos llegan a través de la publicidad, de las redes sociales, de fulanito—, que es fácil que perdamos de vista lo que nos divierte de verdad y tengamos que encontrar el camino de vuelta.

Cuando practicamos el tipo de reflexión del que hablamos antes en este capítulo, sin caer en el egocentrismo —desde la sinceridad, buscando pistas de lo que de verdad nos emociona, nos ilusiona y nos conecta con algo externo— es cuando el motor de la diversión se enciende de veras. En el próximo capítulo hablaremos del valor oculto de producir el hábito de la diversión que estamos desarrollando en la carretera, con destino a nuevas y refrescantes experiencias dignas de llenar un álbum.

La gran evasión

> ¿Para qué te vas? Para poder volver. Para poder ver el lugar del que vienes con unos ojos renovados, y más colores. Y aquí, los demás también te ven de otra forma. Volver al punto de partida no es lo mismo que no haberse ido.
>
> TERRY PRATCHETT

Es muy habitual que, al hablar de evadirnos, se haga en términos negativos, como cuando alguien dice: «Tiene una obsesión enfermiza con esa caminadora, debe de estar huyendo de algo». O «va de festival en festival porque no es capaz de lidiar con el mundo real». La evasión se considera una distracción inmadura. En lugar de atreverte a cambiar los cimientos de tu vida —dice este relato—, te evades en busca del placer e ignoras la realidad.

Pero lo cierto es que algunos tipos de evasión —y de vías de escape— no son distracciones en absoluto, sino portales que nos llevan a un estado sumamente potente capaz de mejorar todos los aspectos de nuestras vidas. Estos momentos pueden suponer un cambio de perspectiva radical que te permite escapar *hacia* una realidad «mejor» de la que dejaste atrás. Desde esta perspectiva, la evasión es la cima de una diversión benéfica.

Deja que te explique a qué me refiero. Piensa en la que puede que sea la forma más extrema de evasión conocida por los humanos: los viajes espaciales. Los astronautas se salen literalmente de la atmósfera, esa fina capa que hace posible la vida y todos sus placeres y desgracias. Cuando pensamos en los viajes espaciales, damos por sentado que sirven para mirar afuera: son travesías de descubrimiento científico, y en sus inicios fueron una carrera de competencia. Pero, una vez tras otra, los astronautas han regresado a la Tierra reflexionando sobre una experiencia muy distinta. Algunos se dan cuenta de que algunos de los momentos más intensos que han vivido no son los que dedicaron a mirar al infinito, sino los que pasaron observando su planeta natal flotando en el espacio. Muchos se pasan horas y horas observando la Tierra, una experiencia que les resulta asombrosa y trascendental. La fascinación por viajar al espacio es tan intrigante que algunas de las personas más ricas del mundo están invirtiendo sus recursos en hacerlo posible. (Si no sería mejor dedicar esos recursos a resolver los problemas que tenemos en este planeta es una discusión que da para otro libro).

El autor y amante del espacio Frank White llamó a esta experiencia el Efecto Perspectiva en la década de los ochenta, y ahora existe un instituto entero dedicado a su potencial. (Puede que en algún momento yo mismo dijera que era una experiencia que no se podía comprar con dinero..., solo que, en 2021, los multimillonarios se regalaron la posibilidad de viajar al espacio, y Jeff Bezos y Richard Branson salieron de la atmósfera terrestre, aunque brevemente, a fin de prepararse para una nueva era de viajes espaciales comerciales).

El astronauta canadiense Chris Hadfield, del que hablaremos más adelante, lo describió de esta forma: «Estás flotando, ingrávido, en una ventana donde ves un continente entero en el tiempo que tardas en tomarte un café. Donde vas de Los Ángeles a Nueva York en nueve minutos, y ves toda esa historia y cultura y clima y geografía y geología, justo debajo de ti. Y ves el amanecer o atardecer cada 45 minutos. Ves el mundo tal como es en realidad. Tiene el mismo efecto en ti como persona que el sentimiento del privilegio, hay una especie de sensación de veneración, de asombro, que lo empapa todo [...]. Sientes que eres tremendamente afortunado por estar ahí, por ver cómo ocurre todo esto. Y esa sensación de asombro, y de privilegio, y de claridad sobre el mundo, poco a poco te cambia la perspectiva [...]. No tiene que ver con viajar al espacio. Es más como cuando sientes que hay algo mucho más grande que tú, mucho más profundo que tú —e inmemorial—, que adquiere una especie de importancia natural que hace que te sientas diminuto».[1] Hadfield afirma que cambia tu experiencia como ser humano, ya que te permite ver más allá de prejuicios y barreras artificiales.

Lo que describe Hadfield parece ser la encarnación del triplete experiencial de lo que el doctor Frode Stenseng, que ha estudiado tanto los beneficios como los posibles peligros de la evasión, describiría como *autoexpansión*, el tipo «bueno» de evasión.[2] Cuando entras en un estado de evasión, tal como explica Stenseng, primero te sumerges por completo en lo que estás haciendo, es decir, en el *ahora*. En segundo lugar, puede que te disocies temporalmente, lo que, en una situación positiva, puede hacer que te sientas liberado de tu identidad y alcances lo que podríamos llamar la *plenitud*. Y, finalmente, durante unos pocos y bellísimos momentos, dejas de juzgarte a ti mismo; tal como lo describe Hadfield, pasas a sentir veneración por «algo mucho más grande que tú». Si eres de los que tiene la mente siempre ocupada haciendo autocrítica, conocerás bien el gran alivio que supone esta experiencia.

La mayoría no iremos nunca al espacio (aunque reconozco que, gracias a la carrera en la que Virgin Galactic y SpaceX están envueltos para comercializar los viajes espaciales, la posibilidad encabeza mi lista de la diversión personal). Sin embargo, tal como apunta Hadfield, todos podemos —y debemos— experimentar momentos de evasión de esta clase. Estos momentos tienen un profundo efecto positivo en tu mente mientras duran. Nos permiten estar totalmente presentes, liberados de esa «mente dispersa» (a la que los profesionales de la mente plena llaman «cerebro de mono») y que Matthew Killingsworth y Daniel Gilbert, de la Universidad de Harvard, han relacionado con la infelicidad.[3] Flotamos sobre el contexto y las críticas, incapaces de meter la experiencia en cuestión en un contenedor conocido.

Los beneficios de trascender lo ordinario no solo se sienten en el momento. Se suele describir la evasión (y, en términos más generales, la diversión) como una especie de curita que se pone sobre problemas no resueltos, pero la evasión que entra en juego al alcanzar el punto álgido de la diversión —el estado de asombro y maravilla del que hablaba Hadfield— es todo lo contrario. Es una forma de resolver lo que está por resolver, y de protegernos de «ir jalando» en la vida.

Cuando nos divertimos, somos capaces de poner cierta distancia emocional, o evadirnos, de nuestra existencia cotidiana. Y con esta distancia creamos espacio, un espacio que sirve para la reflexión y la síntesis futura y nos prepara para grandes cambios. Con la distancia logramos ver que la «realidad» es mucho más flexible de lo que podríamos haber imaginado. No me refiero a que empezamos a creer que podemos caminar sobre ascuas; si ese es el resultado, estaríamos hablando de un tipo muy nocivo de evasión. Pero huir de la realidad nos permite, por ejemplo, diseñar una alternativa a una jornada laboral de 70 horas semanales, o analizar ciertos valores que hemos asumido de forma inconsciente. Cuando disponemos de tiempo y espacio para ampliar el horizonte de nuestras experiencias, la creatividad entra por montones. Evadirnos también es un bálsamo contra el agotamiento de la monotonía. Volvemos renovados, con una sensación nueva de agencia, con la fuerza y la inspiración necesarias para vivir cada vez más deliberadamente.

Hasta ahora me he centrado en formas de desarrollar el hábito de la diversión dentro de los parámetros de la vida cotidiana. Ahora que has visto por ti mismo cómo la diversión puede conducir a enriquecer tu vida en lo más profundo, en este capítulo hablaremos de cómo la evasión nos puede ayudar a alcanzar unos niveles de diversión aún más elevados, lo que nos ayudará a ver el día a día con la claridad que solo la distancia es capaz de proporcionar. Toma este capítulo como tu primer curso avanzado en diversión.

GANA ESPACIO SIN SALIR DE LA TIERRA

Siguiendo los pasos de los astronautas, un truco rápido para crear distancia psicológica es poner distancia real de por medio. Escapa del entorno que conoces para poder verlo desde otro lugar. Cuando cambiamos de perspectiva, aumentamos nuestro sentido de la agencia y podemos distinguir mejor qué es inmutable (muy poco) y qué es negociable (todo lo demás). También descubrimos qué es innegociable para nosotros, como un pez que desconoce que necesita el agua para vivir hasta que se encuentra aleteando en la cubierta de un barco.

El consejo para poner esto en práctica debería ser de una simpleza asombrosa: tómate unas vacaciones largas, preferiblemente varias veces al año. Pero no. Para empezar, al menos en Estados Unidos, la gente está demasiado ocupada trabajando como para irse de vacaciones, y demasiado ocupada gastando el dinero que ganan en cosas como el alquiler y el seguro médico. Los trabajadores estadounidenses alcanzaron un número récord de días de vacaciones no disfrutados en 2018 —768 millones de días—, un aumento del 9% respecto del año anterior, según una encuesta.[4] Las encuestas anuales llevadas a cabo por Expedia sitúan constantemente a Estados Unidos en el último lugar en los estudios sobre la media de días de vacaciones disfrutados.[5] Estados Unidos también compartió con Tailandia el puesto destacado de ser los últimos respecto del promedio de días de vacaciones pagados, con unos míseros 13 días al año en 2020. En muchos lugares del resto del mundo desarrollado, la ley exige un mínimo de cuatro o seis semanas.

Pero supongamos que podemos dar por sentado que tomarás unos días de vacaciones. ¿Podrás evadirte de verdad? No está garantizado. Hablemos de Walt Disney World, al cual muchas familias estadounidenses acaban visitando en un momento u otro. A mí me encanta, y he pasado grandes momentos allí, sobre todo mientras veía a mis hijos vivir su magia, que es totalmente cierta. Los Mousketeers, los Imagineers, las atracciones... Disney es un monumento a la evasión más elevada y la mejor forma de frustrar cualquier intento de evadirte de verdad a la vez. Si sigues al pie de la letra lo que el parque quiere que hagas, emplearás decenas de horas y muchos miles de dólares planeando el horario más agotador del mundo, consistente en hacer fila y comerte unas cenas carísimas con unos niños que preferirían estar en la piscina. Los planes de comidas, las pulseras, el transporte, las reservas..., su diseño es más elaborado que el plan de acción de un ejército en pleno combate terrestre, y si no te andas con cuidado, habrá bajas. Vuelves a casa exhausto y sin dinero, y tus hijos se ponen a llorar cuando ese juguete tan caro que les compraste se rompe la tercera vez que juegan con él.

Disney es solo un ejemplo. Seguro que has tenido unas vacaciones que se extinguieron bajo el peso de un exceso de planificación, gastos y expectativas. Lo más importante que puedo decir sobre unas vacaciones es: asegúrate de incluir algo de tiempo para la renovación y la autonomía, o para hacer lo que te apetezca en ese mismo momento. Asegúrate de tener espacio para respirar, o para pasar tres horas haciendo algo a lo que le habías asignado una, porque resulta que te está encantando.

Y al hilo de este consejo, deja que te dé otro todavía más importante: ¡si trabajas, no son vacaciones! El factor más importante de una escapada auténtica no es el destino, sino el compromiso de disfrutar de tu tiempo libre. Eso significa que no se trabaja, ¡y punto! Nada de revisar el correo electrónico. Trabajar en un jardín precioso no es evadirse. El objetivo principal es ganar distancia psicológica, y si vas a estar preocupado por un problema laboral, bien podrías haberte quedado en la oficina.

¿El destino importa? Enseguida hablaremos del valor de lo que llamo escapadas aventureras, pero, en el sentido más amplio, la respuesta es que no. El destino no importa en absoluto. Muchas personas están tan agotadas a causa del trabajo y su ritmo de vida que todos los años van al mismo sitio porque eso es lo que necesitan para relajarse. Apuestan por vacaciones en *resorts* en la playa donde pueden dejar a los niños en la ludoteca y acostarse en una tumbona frente al mar. La renovación absoluta es importante y vale la pena, y si eso es lo que necesitas, adelante.

Cuando te diga cuál es la forma más rápida de tirar por la borda la distancia emocional que nos ofrecen las vacaciones, aparte del trabajo, no te sorprenderá. Acertaste: la *Nada*. Aquí, las redes sociales vuelven a amenazar con absorber todo lo bueno. Ten presente que, cada vez que abras Instagram, Facebook o la plataforma que utilices, estarás tirando a la basura la distancia psicológica y habrás vuelto a entrar en el perímetro gravitacional de la *Nada*. Compartir los buenos momentos con nuestros amigos y familiares enviando fotos y mensajes es agradable, además de una buena forma de saborear el viaje; pero, hasta donde sé, las fotografías se pueden guardar en el dispositivo que las tomó para enseñarlas más tarde. ¿Recuerdas el consejo de Nir sobre el correo electrónico que consistía en detener la espiral de comunicación antes de que empiece y que vimos en el capítulo 2? Pues lo mismo ocurre cuando publicas una foto de tus vacaciones. Alguien deja un comentario y tú te sientes obligado a contestar. Puede repetirse hasta el infinito, y te aleja de la razón por la que viniste. Al menos espera hasta el final del día, o mejor aún, hasta el final del viaje.

Incluso sacar fotografías o hacer videos puede apartarte de tu rumbo. La escritora Susan Sontag dijo una vez de las cámaras que eran «máquinas que cifran fantasías y crean adicción»,[6] y que las personas las utilizan para aplacar «la ansiedad que sufren los obsesionados por el trabajo por no trabajar cuando están de vacaciones y deberían estar divirtiéndose».[7] Creo que no se equivocaba. Aunque la fotografía de viajes puede ser un elemento de diversión maravilloso (especialmente si lo que te gusta hacer para divertirte es precisamente sacar fotografías), también puede hacer que nos perdamos parte del momento en tiempo real.

A menudo pienso en cuando llevé a mis padres al famoso restaurante French Laundry por su cincuenta aniversario de casados. Hasta el último detalle de la experiencia genera bienestar a través de la evasión de una experiencia culinaria deliciosa: la increíble calidad de los ingredientes y la belleza de la presentación de los alimentos, servidos sobre unos platillos que ayudan a que cada exquisitez sea un momento en sí mismo. La preciosa decoración, con sus manteles de un blanco impecable y unos preciosos ramos de flores frescas. Estar acompaña-do de tus seres queridos o amigos íntimos. Incluso el hecho de que sea tan caro que sepas que seguramente no volverás a ir nunca. Te sientes transportado desde el primer instante.

Una amiga de la familia que nos acompañó esa noche es profesora de alimentación y nutrición, ya retirada. Tomó una foto de su plato para recordarlo antes de dirigir su atención a disfrutar de la comida. Al mismo tiempo, a la izquierda y a la derecha había grupos que estuvie-ron todo el rato con el teléfono en la mano, sacando fotos de los platos desde todos los ángulos. Para cuando se fueron, ya habían compartido toda una galería de artefactos de su visita, pero al hacerlo es posible que no disfrutaran al máximo de la experiencia. Quizá sin darse cuen-ta, habían cambiado una experiencia sensorial completa por el vacío plano de unos píxeles en la pantalla. En el momento en que le asignas a la diversión un objetivo que se sale de tu relación con la experiencia —ya sea sacar la fotografía perfecta o acumular miles de «me gusta»—, habrás arruinado tu conexión con la diversión.

Aquí tienes alguna otra idea que puedes tener en cuenta cuando organices tus escapadas:

No te arruines. Ahorrar durante años para las vacaciones que siempre soñaste significa que tendrás que esperar mucho tiempo; una de las razones más citadas por los estadounidenses como motivo de tener que retrasar sus vacaciones es que no se las pueden permitir. Si te gas-tas mucho dinero, la presión que rodea a una vivencia que debería estar libre de ella es extraordinaria. Planea un viaje que encaje con tu estilo de vida y tu bolsillo. Cada región ofrece sus propias oportunida-des para vivir una aventura, y no hace falta un cambio de huso horario para irte «lejos». Tampoco hace falta que sea algo lujoso, aunque si te lo puedes permitir, no hay nada de malo por dejarse agasajar por un poco de opulencia. Todos somos responsables de nuestra propia di-versión.

Activa la respuesta automática. Si tienes una personalidad del tipo A y estás muy involucrado en tu trabajo, la clave para distanciarte de él con éxito (sin que se te coman los nervios) es una adecuada planificación. Deja un día o medio de margen antes de irte para cerrar cualquier asunto pendiente, o mejor aún, delega en algún compañero para que no se te acumule una montaña de cosas que tendrás que hacer al volver. Pon en marcha planes de contingencia para asegurarte de que cualquier cosa que surja acabará en las manos de alguien responsable y capacitado.

Por último, activa la respuesta automática, y si tu situación lo permite, ¿por qué no le das un toque divertido, para sacarle una sonrisa a todo el que la reciba? Puedes tomar prestada la de Jordan Hirsch, un consultor de estrategias digitales que incorpora su pasión por la comedia de improvisación a su trabajo: «Gracias por tu mensaje. Estoy viajando y hoy no consultaré el correo. Si es una urgencia, respira hondo. Repítelo hasta que te sientas mejor, hayas olvidado por qué me has escrito, o ambos». También puedes dar un paso mayor al alejar correos que no quieres recibir añadiendo esta nota: «Durante mis vacaciones no leeré ningún correo. Por favor, envíame tu mensaje de nuevo a partir del [FECHA]». Arianna Huffington, fundadora de Thrive Global y creadora de tendencias en los medios, creó una aplicación llamada Thrive Away tras recuperarse del síndrome del agotamiento laboral. Esta aplicación no solo enviaba esa respuesta automática, sino que también eliminaba cualquier mensaje que entraba. Ya no está disponible. Me pregunto si será porque no hubo las suficientes personas que tuvieran el valor de usarla.

Encuentra el equilibrio entre la planificación y la espontaneidad. ¿Hay que planear las vacaciones hasta el último minuto, o dejarse llevar por la propia experiencia? Eso depende, hasta cierto punto, de cuánto necesites cierta organización y estés dispuesto a dejar que la diversión siga su propio curso. Sé consciente de tus propias necesidades. Pero te irá bien si sales un poco de tu zona de confort, en un sentido u otro, para que tus vacaciones sean una combinación de intención y espontaneidad. Mi amigo Bryan Wish me contó hace poco la historia de un campamento que hizo con su pareja. Habían planeado pasar un fin de semana rodeados de naturaleza, alejados de la tecnología, para compartir una experiencia llena de significado. Una noche decidieron salir del campamento y buscar un buen sitio para ver el atardecer mientras cenaban. Manejaron en dirección a la montaña, dieron con una bifurcación y tomaron el camino de la derecha. Pero no se encontraron con unas vistas espectaculares, sino con un terreno perfectamente cuidado. Resultó ser una pista de aterrizaje. Salieron del coche para explorar el lugar y vieron a un hombre que trabajaba en su taller de madera. Mientras le preguntaban si podían hacer un pícnic en su terreno, se pusieron a hablar... durante horas. (Imagina por un momento que se hubieran cruzado con el mismo hombre en el metro, o incluso en el restaurante de la esquina. Lo más probable es que no se hubieran puesto a hablar con él, y seguramente ni siquiera se habrían fijado en él porque habrían estado mirando sus respectivos celulares o absortos en su propia conversación).

El hombre se llamaba Ruel y resultó que se acababa de jubilar tras una carrera de treinta años como piloto comercial. Al poco rato, Ruel les estaba enseñando su hangar, donde tenía dos avionetas Piper Cub de los años cuarenta. Los dejó pasmados cuando los invitó a dar una vuelta en avioneta a la mañana siguiente. Bryan dijo que ese vuelo fue una de las mejores experiencias de su vida. Habían salido en busca de un atardecer, pero, en cambio, su novia y él tuvieron el privilegio de admirar las vistas de toda la zona desde el aire, planeando suavemente sobre su propia tienda de campaña. No se parecía en nada a volar en un avión comercial. De hecho, no se parecía en nada a cualquier cosa que hubieran vivido jamás.

Plantéate viajar solo. No caigas en el error de creer que solo se pueden visitar lugares nuevos en grupo. Especialmente si eres una persona introvertida, viajar sin poder disfrutar de un tiempo a solas para relajarte puede hacer que te sientas atrapado. Además, la logística de los viajes en grupo suele ser más complicada, y a veces te distrae de tus aventuras. Melissa, quien en su día fue trabajadora social en la ciudad de Nueva York y valora mucho disponer de tiempo para estar tranquila, viajó dos veces a las islas tropicales de Guadalupe. La primera estuvo bien, pero no fue nada del otro mundo; la segunda fue una de las mejores vacaciones de su vida. La diferencia principal: la primera vez fue con un grupo de conocidos, y la segunda con una amiga íntima. Ir en grupo le generó demasiada presión social, y había muchas discusiones sobre adónde irían y qué harían, de forma que nadie estaba contento del todo.

Esa es una de las mayores ventajas de viajar solo: solo tienes que complacer a una persona. Pero incluso en el caso de viajes en familia o en grupo, con un poco de intención por tu parte, podrás sacar un rato para estar a solas. Valora comentarlo antes de salir para evitar que alguien se sienta herido en el momento.

DA UN PASO MÁS Y BUSCA AVENTURAS

Una vez que hayas desarrollado el hábito de la diversión, seguramente verás que tienes la energía necesaria para hacer algo que no sea repetir las mismas vacaciones en la playa del año pasado. Es cierto que es posible divertirse en todas partes, pero no cabe duda de que viajar a un lugar totalmente desconocido aporta unos beneficios únicos.

Cuando pienso en las experiencias que han tenido un impacto más duradero en mí, enseguida me viene a la cabeza la Antártida, adonde fui en 2005 para correr una maratón. En ese momento estaba terminando la universidad y no me faltaba mucho para casarme. Me quedaban unos 6 000 dólares en la cuenta de ahorros y me los gasté todos en el viaje. (Me alegró descubrir que en el viaje había otros que también tenían más ganas de viajar que dinero y que habían vaciado sus cuentas para ir; enseguida nos hicimos amigos). Cuando desembarcamos y pisamos la Antártida por primera vez, me di cuenta de que miraba a todas partes totalmente asombrado. No se veía otra cosa que hielo azul. Y miles de pingüinos. No había carreteras, ni semáforos, ni nada de nada. Solo una vasta extensión de espacio. Mi cerebro intentaba compararlo sin parar con otras experiencias anteriores, con algún recuerdo, pero no lograba encontrar nada. Al rato, mis pensamientos bajaron el ritmo y acepté que no disponía de ningún contexto previo. Me encontraba en un espacio auténtico de experiencias nuevas. Me dejé llevar por la sensación de asombro y de sobrecogimiento, y noté cómo me desprendía de mi ego.

Las escapadas aventureras aportan algo especial. Es por ello por lo que, en muchas partes del mundo, muchos universitarios se toman un año sabático o dedican al menos el verano que separa la preparatoria de la universidad a visitar tantos países como les permiten sus bolsillos. Vuelven con una comprensión más profunda de cómo su entorno los ha modelado, y empiezan la universidad con la sensación de que las posibilidades son infinitas y una visión del mundo más abierta. En los viajes conocemos gente y nuevas influencias, y experimentamos la maravilla que es adentrarse en lo desconocido.

He tenido muchas experiencias fantásticas viajando, pero ninguna me ha removido tanto las entrañas como el viaje a la Antártida. Y hoy, quince años después, todavía mantengo la amistad con muchas de las personas que conocí allí. En este tipo de viajes creé vínculos tan profundos como los de otras relaciones que he cultivado a lo largo de años. El asombro que compartimos mientras corríamos 42.2 km a través de ese paisaje fue tan profundo que cambió la naturaleza del tiempo. Está el frenetismo del día a día («siento que la vida pasa de largo») que todos conocemos demasiado bien, y luego está el Tiempo de las Aventuras, que se expande mágicamente del mismo modo que muchas personas describen los segundos que preceden a un accidente de coche o de avión como algo «eterno» y que recuerdan con gran detalle, que hace que un único momento se convierta en una experiencia compleja y matizada que no se olvida jamás. En un libro que me encanta, titulado *Here Is Real Magic* [*Esto sí que es magia*], el mago Nate Staniforth cuenta la historia de un viaje a la India que hizo para huir de la monotonía de su carrera tras toparse con un libro sobre la magia que se practicaba allí. Al leer sobre tradiciones como el encantamiento de serpientes, la levitación y los tragafuegos, las descripciones manifestaban «intensidad, urgencia, ferocidad»; nada más alejado del espectáculo rutinario en el que se veía tristemente inmerso como mago itinerante de éxito. Y cuenta que fue así como empezó a fantasear con un «descanso descerebrado e irresponsable de la repetición mecánica de hacer giras por Estados Unidos». Su objetivo era sentirse igual de asombrado que su propio público y, al mismo tiempo, renovar su forma de hacer magia.

Nate defiende la importancia de dejar atrás los mundos seguros y conocidos que nos construimos: «Encojemos nuestro mundo para poder controlarlo. Lo simplificamos para poder entenderlo. Y nos empequeñecemos a nosotros mismos hasta una escala reducida para no salirnos sin querer de este mundo inventado y no ver el peligro —pero tampoco el esplendor— que espera justo al otro lado de la frontera de nuestra seguridad [...]. El peligro es que, con el tiempo, llegamos a considerar esta versión pálida y anémica de la vida como la verdadera. Sentimos el peso del mundo sobre nosotros, pero no su maravilla, y con el tiempo nos resignamos a lo uno y nos olvidamos de lo otro». Aquel viaje fue tan enriquecedor para Nate que no solo mejoró su oficio (sí, sigue haciendo magia), sino que también reforzó la relación con su esposa.

Buscar tragafuegos en un barrio de chozas de la India, correr largas distancias con temperaturas bajo cero en un continente árido... Si esa no es tu idea de la diversión, no dejes que te asuste. Los viajes aventureros no tienen que ser agotadores ni extremos. Hay algunos estudios que apuntan a que los espacios indómitos tienen más probabilidades de fomentar la diversión y de poner a prueba nuestras habilidades, en comparación con los lugares conocidos y «cuidados». Pero yo opino que es mucho más importante que te apartes del camino que *tú* has recorrido miles de veces que hacer unas vacaciones con una Lonely Planet bajo el brazo en un destino exótico. Que no quieras alejarte demasiado de un baño limpio no significa que no estés hecho para el tipo de viajes que entran en el cuadrante de la Vida. Lo único que te hace falta es el valor para hacer algo nuevo y ampliar tu propia zona de confort en lugar de recurrir a lo de siempre.

Tomarse un año sabático

¿Los años sabáticos son lo mismo que unas vacaciones, pero más largos? Tradicionalmente, los años sabáticos se utilizan con más frecuencia en la educación, y suelen ser un periodo largo de tiempo —seis meses o un año— que se dedica a aprender alguna habilidad nueva o a viajar. En otras palabras, un año sabático puede ser una oportunidad para enriquecerte a nivel personal. Hoy hay muchas empresas que tienen políticas de años sabáticos más breves, de entre uno y tres meses, a veces pagados, y que normalmente se pueden disfrutar después de llevar un mínimo de cinco años en la empresa.

Dicho esto, la mayoría de las personas que voy conociendo me dicen que les encantaría tomar un año sabático, o un periodo extenso, pero que su trabajo o su situación lo hacen «imposible». Estoy de acuerdo en que tal vez no sea fácil, pero sé que no es imposible gracias a las personas que conocí y que lo hicieron. Cuando alguien me dice que no se lo puede permitir, le hablo de mis antiguos vecinos, Sharleen y Dan Goldfield, quienes abandonaron sus empleos y viajaron con sus dos hijas (de nueve y catorce años) por Australia, el sureste asiático, China, India, Oriente Medio y África. Sharleen y Dan querían que sus hijas conocieran el mundo que había fuera de sus pequeñas peceras y que aprendieran de diversas culturas y vieran «un mundo por el que vale la pena luchar». Durante los 263 días que pasaron viajando, caminaron por la Gran Muralla china, acamparon en Botsuana y nadaron con tiburones ballena en las Maldivas, por mencionar algunas de sus aventuras. Documentaron 1510 avistamientos de flora y fauna y 780 especies únicas, entre ellas setenta animales en peligro de extinción. Cuando tuvieron que poner fin a sus viajes antes de lo previsto en 2020 por culpa de la pandemia, Dan escribió en su blog: «Aún no puedo creer que se haya acabado, todas las cosas que vivimos y todo lo que crecimos, o cuántas cosas nos quedaban por aprender. Creo que le hemos sacado mucho jugo a la vida, y tengo la esperanza de que ello nos haya hecho mejores».

Dan era profesor de matemáticas y estaba seguro de que encontraría un empleo tras su regreso. A Sharleen, que había dejado un empleo estable en el que llevaba veintidós años, le inquietaban más sus posibilidades laborales al volver, pero creía que la parte positiva del viaje pesaba lo suficiente como para arriesgarse. Dicho y hecho: a pesar de reincorporarse al mercado laboral durante la pandemia, Dan encontró trabajo de profesor en un instituto, y Sharleen aceptó un empleo temporal mientras buscaba algo permanente. Jaye Smith, socia cofundadora de Reboot Partners, una consultoría que ayuda a sus clientes a reiniciar sus carreras y que recomienda tomarse un año sabático, una vez le dijo a la BBC[8] que cuando encuestó a quinientas personas que habían puesto en pausa su carrera profesional entre un mes y dos años, ninguno de ellos se arrepentía de su decisión. También le habían dicho que, en última instancia, lo que hizo fue mejorar sus carreras, porque volvieron con una actitud mejorada.

Muchas personas aprovechan el tiempo que tienen entre un empleo y el siguiente para tomarse un año sabático. Es el caso de mi amigo Brad Wills, de quien ya hablé en el capítulo 2.[9] Tuvo una revelación un día que su hijo de seis años le dijo que había estado coleccionando conchas en la playa para hacer collares. Cuando Brad le preguntó por qué, el niño respondió: «Quiero venderlos para que puedas trabajar menos y pasar más tiempo conmigo». Directo a las entrañas. Si eres padre y alguna vez te has preocupado por la conciliación entre el trabajo y la vida familiar —es decir, si eres padre— se te acabará de partir el corazón en dos. A Brad le pasó. Lo equiparó a un «momento en el que de pronto te ves dando tu último aliento y ves pasar los recuerdos de tu vida ante tus ojos».

Brad decidió dejar su estresante trabajo como jefe de estrategia de una empresa tecnológica en plena expansión y tomarse seis semanas para estar con su familia. Durante ese tiempo hicieron varios viajes pequeños, compartieron muchas cenas y comidas especiales con amigos y familiares y, en general, disfrutaron de su tiempo juntos. Generó más recuerdos agradables en esas semanas que en la década anterior. Cuando empezó esas seis semanas, estaba agotado y distanciado, y al volver se sentía muy unido a su familia y su sentido del propósito y de las posibilidades había aumentado. «Siento que se está encendiendo una llama en mi interior. Algo importante está por venir», escribió en una publicación de LinkedIn.

Un último consejo para cualquiera que esté planeando una escapada, y especialmente si va a ser larga: asegúrate de que el viaje gire en torno a cosas que te ilusionen. Si has creado y puesto en práctica alguna de las ideas de tu archivo de la diversión, ya habrás estado generando un vínculo con tus propios deseos y seguramente ya tengas cierta idea del tipo de experiencias que te catapultarán hasta las estrellas. Aun así, a veces cuesta tomar decisiones sin dejarse influir por los demás. Las ganas de impresionar a otros —ya sea a tu familia, a tus amigos o a tus mil seguidores en Instagram— a veces pueden desplazar cómo te sientes *tú*. Al empresario reconvertido en ponente y autor Derek Sivers se le ocurrió la prueba definitiva para saber si el viaje que planeaste de verdad refleja puramente tus intereses (y los de tus acompañantes).[10] Pregúntate lo siguiente: «¿Querría hacerlo si la condición fuera que no puedo llevar una cámara ni compartir nada sobre el viaje en las redes sociales?».

Para la mayoría, alejarnos de nuestras vidas «normales» durante seis meses o un año será una experiencia que solo pasa una vez, y por eso no termino de estar de acuerdo con el extremismo de Sivers (¡por favor, toma muchas fotos!). Eso sí, vale la pena que seas totalmente franco contigo mismo y con quienes te acompañan para asegurarte de que la aventura que persigues de verdad refleje la forma en que quieres emplear tu tiempo.

ESCAPA HACIA, NO HUYAS DE

Seguramente te habrás dado cuenta de que el estado de evasión que describe el doctor Stenseng se suele alcanzar cuando nos lo estamos pasando bien, sea como sea. Casi siempre que estamos enfrascados en una actividad que nos genera mucho placer estamos absortos, entramos en una realidad nueva y dejamos de evaluarnos con tanta dureza. Podría decirse que la versión más superficial de la evasión es una forma de sobrellevar todo lo demás. Incluso a este nivel, las evasiones pueden ser muy benéficas, ya que nos ayudan a contrarrestar las incomodidades normales que forman parte de la vida. Por ejemplo, te regalas un capricho porque aguantaste como un campeón tu colonoscopia anual, o te tomas un día de vacaciones en el trabajo para quedarte descansando en el sillón porque has estado trabajando demasiado. No olvides que el modelo PLAY sirve para divertirse, no para llenarte la vida de cosas sin ton ni son. Las escapadas que nos devuelven el poder y nos revitalizan suelen darnos la fuerza necesaria para hacer frente al próximo gran reto. Muchos somos propensos a evaluarnos sin parar, lo que genera tensión y, en el peor de los casos, puede conducir a padecer el síndrome del agotamiento laboral, trastornos alimentarios, alcoholismo y depresión. La evasión saludable puede dar tregua a la evaluación constante de nuestro exigente cerebro.

La diversión nos sube el ánimo durante un rato, y por eso buscamos actividades placenteras que nos generen esa sensación. A todos nos viene bien evadirnos de nosotros mismos de vez en cuando con escapadas mentales saludables y temporales. Las palabras clave son *saludables* y *temporales*. Nos sentimos mejor cuando nos reímos con un chiste o cuando hacemos castillos de arena con nuestros hijos o damos un paseo por la montaña. También nos podemos sentir mejor tomándonos unas copas o atiborrándonos de chocolate.

Las actividades placenteras presentan diferencias importantes entre ellas. Mientras que pasar tiempo con la familia, los amigos o en plena naturaleza casi siempre te enriquecerá y te aportará plenitud, beber y comer en exceso seguramente acabará generándote una sensación de vacío (y tal vez alguna enfermedad, por no hablar de los demás efectos secundarios). Sin embargo, podemos clasificar estos dos tipos de actividades como formas de evadirse.

Lo que importa es la motivación, la intención deliberada, con la que decidimos trascender el «mundo real» durante un rato. ¿Adónde nos lleva? ¿Estamos tratando de huir de los problemas presentes y futuros? ¿O queremos vivir algo positivo y propiciar emociones positivas? Stenseng habla de que hay personas orientadas a la promoción y las hay orientadas a la prevención. Ambas entran en un agradable estado de evasión, pero lo hacen desde mentalidades distintas. Mientras que la primera trata de promover su bienestar de una forma saludable y a través de experiencias positivas, la segunda se preocupa más por huir de los problemas y evitar que cualquier sensación incómoda salga a la superficie.[11] Tal como un hombre muy sabio (llamado Ice Cube) dijo una vez: «*Check yourself, before you wreck yourself*» [«Contrólate o acabarás destrozado»].

Una persona orientada a la promoción busca el crecimiento personal; para ella, la evasión complementa a otras actividades importantes de su vida. La ayuda a mejorar, a ganar complejidad, porque estamos hablando de un tipo de evasión que nos abre la mente y nos enriquece. En cambio, alguien orientado a la prevención no tiene muchas posibilidades para crecer como persona cuando se evade. Su objetivo es desviar la atención de las cosas negativas, como pueden ser los recuerdos, las preocupaciones, los obstáculos, las cosas del día a día que generan estrés. Pero cuando bloquean lo que les genera dolor, al mismo tiempo están bloqueando también los estímulos positivos. Este grupo de personas se reprimen a sí mismas. Hasta cierto punto, según Stenseng, es posible que cada uno esté hecho para encajar más o menos en una de estas dos categorías, pero admite que el contexto puede tener algo que ver. En las épocas de caos personal, es más probable que busquemos entretenernos para alejarnos de la angustia y la tristeza (autorrepresión); el deseo de crecer como persona es menos pronunciado cuando no nos sentimos bien y tenemos que protegernos. Además, algunas personas son más propensas a la autorrepresión, la cual puede acentuarse cuando se encuentran en dificultades. En cambio, hay otros que pueden ser más propensos a adoptar una mentalidad más abierta y buscan divertirse con el único propósito de vivir una experiencia positiva.

Para analizar si las formas de evadirte que tienes planeadas o que practicas habitualmente son expansivas o represivas, hazte estas tres preguntas:

1. ¿Cuál es mi motivación para practicar esta actividad?
2. ¿Esta evasión contribuye a mi bienestar a largo plazo?
3. ¿Estoy huyendo de algo, o corriendo hacia algo?

Aquí viene la buena noticia: si hasta ahora has seguido el consejo de este libro, te has estado entrenando para perseguir la diversión de una forma expansiva, no represiva. Has estado leyendo las instrucciones de seguridad, te has puesto el cinturón, y estás listo para despegar hacia el espacio en el que viven las oportunidades de ganar conocimiento y trascender tu propio yo.

EL CARRUSEL DE LA DIVERSIÓN: CHRIS HADFIELD

Sí, Neil Armstrong fue la primera persona en pisar la Luna, pero el astronauta Chris Hadfield pasará a la historia por ser la primera persona que grabó un videoclip en el espacio. También podría reivindicar la hazaña de habérsela pasado como nadie viajando a 400 km de la Tierra.

Hadfield, originario de Canadá, pasó casi seis meses entre 2012 y 2013 a bordo de la Estación Espacial Internacional, y fue su comandante durante los dos últimos meses de la misión. El video que grabó era de un clásico de David Bowie, *Space Oddity*. Este gran éxito, sobre un astronauta que flota en el espacio, se grabó en 1969, el mismo año que Armstrong dio su famoso paseo lunar. Hadfield dijo en el programa de noticias australiano *Lateline* que luego tuvo la oportunidad de hablar con Bowie, quien lo dejó pasmado al decirle que era la versión más conmovedora que jamás se ha hecho de la canción.

Según el estilo de la época, Armstrong llevaba su famosa frase —«Un pequeño paso para el hombre, un gran paso para la humanidad»— escrita desde la Tierra. Sin embargo, Hadfield publicaba constantemente contenido genuino sobre todo tipo de cosas, desde cómo jugar Scrabble en el espacio hasta lo preciosa que se ve la Tierra desde allí hasta qué pasa cuando lloras en un lugar ingrávido. A sus ojos, un terreno de cultivos en Asia Central era «una alucinación monocromática tridimensional en la nieve». La gran zona rural australiana era un cuadro de Jackson Pollock. Hadfield estaba siempre presente a través de cuentas en redes sociales gestionadas por su hijo Evan, quien también lo ayudó a editar el videoclip. Como otros habitantes de la estación espacial, Hadfield también llevó a cabo experimentos, pero el gran regalo que le hizo al mundo fue dejar que lo acompañáramos en un viaje inolvidable.

6

El *Misterio*

Para un alivio rápido, prueba a ir despacio.

LILY TOMLIN

Durante la pandemia de la COVID-19, necesitaba una escapada. Atado a dos trabajos de tiempo completo —el primero consistía en escribir un libro sobre diversión mientras no me divertía mucho, y el segundo era un puesto de responsabilidad en una empresa que necesitaba que los gimnasios estuvieran abiertos para ver beneficios—, era pobre en tiempo y en dinero. Pero como ya vimos, no hace falta tener mucho *dinero* ni *tiempo* para escaparte. Así que desplegué mis propias estrategias y logré darme un cierto respiro pasando un día en un lugar precioso y poco conocido de la zona rural de Carolina del Norte. Es un lugar llamado Well of Mercy y que para definirse a sí mismo no te dice lo que es, sino lo que no es: ni una clínica, ni un centro de convenciones, ni un lugar de encuentro. Es un pequeño escondite retirado de los caminos transitados y que se dedica a cuidar a las personas mediante una hospitalidad respetuosa y su carácter de refugio tranquilo. Aunque quienes lo gestionan son monjas, es un espacio inclusivo abierto a todo el mundo. Como tal, atrae a todo tipo de personas, incluidas las que solo buscan saciar su curiosidad, como yo mismo. Pasé el día en este lugar haciendo cosas de las que disfruto.

Interactué con personas interesantes y exploré las comodidades de la finca, entre ellas unos caminos maravillosos para pasear y un precioso laberinto. Pero, al final, el mejor momento del viaje llegó cuando me puse a charlar con una mujer llamada Jane Motsinger. Jane es la directora de alojamiento de Well, pero también ejerce de guía espiritual para quienes se lo piden.

Jane y yo conectamos cuando mis veinticuatro horas allí ya llegaban a su fin. «¿Por qué viniste a visitarnos?», me preguntó. No suelo contar mis problemas a desconocidos, pero en ese momento tuve ganas de abrirme. Le expliqué que había empezado a padecer de insomnio severo, seguramente a causa de la COVID-19, pero también, en parte, como consecuencia del estrés que me generaba la situación mundial, que a mi madre le acabaran de diagnosticar alzhéimer, y que había perdido una proporción importante de mi salario por la pandemia. Había ido allí a aclararme la mente porque las presiones de la vida también estaban haciendo que me costara trabajar. Le conté que me había comprometido a escribir este libro y que la falta de sueño hacía que me resultara difícil escribir, pero que estaba motivado para seguir adelante. «Suena a que tienes una misión importante entre manos. ¿Qué posee la diversión que es tan importante que tienes que escribir un libro?». Para mí, la respuesta era sencilla.

«Aprender a divertirse más está muy bien —expliqué—, pero si usas la diversión para desarrollar la curiosidad, el poder de la diversión se convierte en algo maravilloso. La felicidad tiene un punto débil clave, y es que es un constructo basado en un egocentrismo subjetivo. También es forzado, si hablamos desde el punto de vista del bienestar subjetivo. Con el tiempo he aprendido que es un puro invento científico. La usamos como instrumento para clasificar nuestra experiencia de la realidad. Y para la mayoría, la experiencia de la vida está hecha de las minucias propias de dónde existimos por casualidad y de los valores que hemos desarrollado, escogidos en parte por el destino cultural al que estamos predispuestos. Evaluar la felicidad propia exige un ejercicio de introspección plagado de preguntas arraigadas en el yo y en la casualidad».

Hablamos un rato, tras el cual Jane me dejó seguir opinando. Se nota que sabe escuchar.

—Con el tiempo he aprendido que, a diferencia de la felicidad, la diversión consiste menos en *pensar* y más en *hacer*. O bien te estás divirtiendo, o no. Cuando veo a las personas con las que trabajo que tienen en cuenta esta distinción y reincorporan actividades de las que disfrutan a sus vidas, me doy cuenta de que es el elixir contra la sensación de sentirse agotado. Es un alivio contar con una protección contra las cosas que los demás creen que deberías estar haciendo. Mientras que la felicidad se centra en clasificar, la diversión se centra más en encajar, es decir, en conectarte con lo que hay ahí fuera. Consiste en que tú y los demás, o tú y el entorno, interactúen de una forma armónica. Mientras que la felicidad es una proposición que gira en torno al yo, he observado que la diversión suele ser una proposición que gira en torno al nosotros.

A continuación le expliqué que mi interpretación de ese *nosotros* no implica necesariamente una relación con otras personas, sino dejar que el placer se derive de algo externo. Hablamos sobre la muerte de mi hermano y sobre el hecho de que a él lo que le divertía era el montañismo —la relación entre él y las maravillas de la naturaleza—, y otros tipos de diversión que adoptan formas distintas. Le dije que creo que, en el mejor de los casos, la diversión tiene el poder de transportarnos a un lugar que va mucho más allá de la valencia, a un lugar donde la ilusión es infinita porque no es alimentada por el yo, sino por la relación que mantienes con otra cosa.

—Me encanta la idea, Mike. Me muero de ganas de leer el libro —dijo—. Me da la sensación de que has dedicado mucho tiempo a pensar en todo esto. ¿Tienes algún problema relacionado con esta tarea?

—Sí —dije—; me está costando ponerle nombre a esa conexión.

—Ah, pues no sé si te servirá, pero una amiga mía la llama simplemente el *Misterio*. Cuando me fui de allí, me sentía mucho mejor.

La pirámide de la diversión

No toda la diversión es igual. Me gusta describir la jerarquía de la diversión como una pirámide. La diversión más básica es **preverbal**; consiste en el juego rudimentario con el que adquirimos las primeras habilidades sociales básicas, desarrollamos límites y mejoramos las habilidades motoras. Si te fijas en unos cachorros jugando en un parque para perros o a dos humanos pequeños en Central Park, es fácil entender que la diversión y el juego son los cimientos de nuestra forma de entender el mundo durante el desarrollo temprano.

Luego está el placer en aras del **valor hedónico**, que la evolución nos ha proporcionado, en parte, para empujarnos a sobrevivir: me refiero al que obtenemos al consumir alimentos muy calóricos (porque en el pasado hubo escasez de alimentos), y al hecho de que el sexo sea agradable, para asegurar nuestra existencia. Además del placer funcional, también buscamos diversión únicamente para divertirnos. Ya hablé con detalle de cómo este nivel de diversión contribuye a nuestro bienestar físico y mental. Pero, como ya dije en el capítulo 1, en esta etapa del placer es cuando muchas personas se bloquean y se bajan de la pirámide. En algún momento de la vida, están demasiado ocupadas haciendo «cosas de adultos» y o bien marginan o bien abandonan las actividades que más les gusta hacer. Reclasifican la diversión como una distracción inmadura de las cosas que «importan de verdad» y consideran erróneamente que la diversión es una evasión irresponsable, o incluso un tren con destino al descalabro.

El siguiente nivel de la diversión es el **enriquecimiento**, y es más profundo y deliberado. Existe un estudio fantástico que pone de manifiesto por qué sentir un placer constante es un paso necesario para mantenerse en este nivel. En un artículo publicado en la revista *Proceedings of the National Academy of Sciences*, un equipo de científicos de Harvard, Stanford y el MIT se centraron en cómo (y por qué) las personas eligen sus actividades cotidianas.[1] Para el estudio se utilizó una muestra de más de 28 000 personas. Les pidieron que descargaran una aplicación de celular gratuita que les pedía que respondieran preguntas sobre su estado de ánimo (¿cómo te sientes en este momento?) y las actividades escogidas (¿qué estás haciendo en este momento?) en momentos aleatorios a lo largo del día. Los investigadores querían saber qué influye en nuestra elección de actividades: ¿es el estado de ánimo, o quizá el día de la semana? Esperaban observar que estamos hechos para buscar actividades que nos hagan sentir bien; es decir, que si nos sentimos mal, buscamos actividades que nos hagan sentir mejor (por ejemplo, comer alimentos que nos reconforten), y que si nos sentimos bien, buscamos actividades que nos hagan sentir aún mejor (como hacer algún deporte). Su hipótesis daba por sentado que las personas buscamos el placer constantemente.

Pero se encontraron con otra cosa. Las elecciones de las actividades reflejaban el llamado «principio de flexibilidad hedónica». Resultó ser cierto que, cuando nos sentimos mal, buscamos el placer para hacernos sentir mejor. La sorpresa vino con lo que ocurre cuando ya nos encontramos en un estado de valencia positiva. En el estudio, aquellos que se sentían bien tenían más probabilidades de optar por llevar a cabo actividades útiles que no reforzaban necesariamente su estado de ánimo. Por ejemplo, podían sacrificar un poco de diversión despreocupada para sentarse a escribir un libro sobre ella. (Aunque igual eso solo me pasa a mí, pero ya me entiendes).

Todo esto apunta a que cuando tenemos el «cupo de diversión» lleno, podemos resistir la atracción de las ganancias a corto plazo (porque las «recompensas» de esta clase ya abundan gracias a una estrategia deliberada) y entregarnos a unos objetivos de enriquecimiento a largo plazo que sustentarán nuestra existencia. Sin embargo, cuando solo tratamos de sobrellevar las circunstancias es más probable que busquemos la evasión sin límites.

Dicho esto, existe un tipo especial de diversión, una diversión de la más alta intensidad, que parece iniciarse ajena a la valencia. Cuando nos adentramos en lo desconocido (el *Misterio*), y tanto si es a través de la curiosidad, de la sorpresa o de un espacio que no se caracteriza por la lógica —un lugar en el que trascendemos lo ordinario—, alcanzamos un tipo de diversión que es el que suele marcarnos más profundamente.

EL MAPA NO ES EL TERRITORIO

En ciencia tenemos una expresión, «el mapa no es el territorio», que usamos para decir que la descripción de una «cosa» nunca es la «cosa» en sí.[2] En este sentido, es importante darse cuenta de que muchas de las «recetas de la felicidad» que rondan por ahí solo te ofrecen un mapa. Cuando la diversión brilla con más fuerza, cuando alimenta nuestro crecimiento, suele ser porque tiramos el mapa a la basura para explorar el territorio. Cuando veo a alguien que no termina de entender esta idea, le explico lo que aprendí de un estudio observacional que llevé a cabo mientras investigaba para este libro. Acudí a tres museos infantiles para observar cómo los niños y los adultos interactúan con distintos espacios de juego basados en la experiencia. Por ejemplo, en el Marbles Kids Museum en Raleigh, Carolina del Norte, hay una sala llena de piezas parecidas a los flotadores de natación y bloques de construcción. Básicamente, en este espacio puedes crear cualquier cosa que se te ocurra. Durante mi visita observé, una y otra vez, cómo los niños entraban corriendo, tomaban distintas piezas y se dejaban llevar. Mientras tanto, sus padres se quedaban ahí, paralizados; esperando un mapa, unas instrucciones que no existen. Preguntaban al vigilante de sala qué se suponía que debían hacer, confundidos al no acabar de ver cuál era el «objetivo» del juego. No obstante, en cuanto lo entendieron, se divertían igual (o más) que los niños. En cuanto la necesidad de un mapa dejaba de agobiarlos, eran libres para explorar todo lo que ofrecía el territorio, y cada descubrimiento era tan único como cada persona.

Cuando la diversión nos conecta a todo lo que está disponible, las posibilidades se vuelven infinitas y, por tanto, nuestra curiosidad aumenta. La diversión nos sumerge en lo desconocido, y cada vez que salimos, somos mejores.

Antes de seguir explorando la diversión como un catalizador para conectar con lo desconocido —con la sabiduría—, si no te acaba de gustar llamarle el *Misterio*, que sepas que no estás solo. Quizá la razón por la que me costó tanto encontrar una etiqueta generalizada para la cúspide de la pirámide de la diversión sea que, en última instancia, es injusto para ti que sea yo quien le ponga nombre. Acudí a los miles de suscriptores de mi boletín informativo para tratar de alcanzar un consenso para ponerle nombre a este fenómeno, y me llevé una sorpresa enorme al ver que no hubo nadie que lo describiera del mismo modo: *Magia, La Zona, Maravilla, Conciencia, El Presente, Buenos Tiempos, Lo Profundo, Control Temporal, La Sorpresa, Ilusión, Mi Lugar Feliz.* Con el propósito de no darte un mapa, te invito (antes de que sigamos avanzando) a que busques tu propio término para designar el punto más álgido de la diversión. Y si prefieres tomar prestado el de Jane, como yo, adelante.

LOS BENEFICIOS DE LA CURIOSIDAD

Alimentar la curiosidad es una de las mejores formas de conectar con el *Misterio*. Una y otra vez, se ha demostrado que cultivar el sentido de la curiosidad aumenta las posibilidades de ilusionarse, asombrarse y aprender. El doctor Todd B. Kashdan, catedrático de Psicología en la Universidad George Mason, cree que las personas que adolecen de aburrimiento crónico pueden carecer del sentido de la curiosidad.[3] Para combatir la monotonía del aburrimiento, Kashdan nos invita a desafiarnos mediante el desarrollo de una relación más profunda con aquello que nos interesa. Kashdan explica que cuando buscamos novedad y, como consecuencia de ello, la diversión y/o los desafíos nos dan sus recompensas, las conexiones neuronales del cerebro salen reforzadas. Practicar la curiosidad aumenta la fortaleza mental, nos hace más inteligentes y mantiene joven el espíritu. Cuando entrevisté al doctor Kashdan en relación con la curiosidad, manifestó: «La curiosidad es una forma de autoexpansión en la que tus recursos, tus filosofías, tu sabiduría, tus perspectivas [...] crecen. Te permite analizar qué ves como oportunidades y qué ves como amenazas. Algunas de las cosas que considerabas amenazas ahora las ves como oportunidades, y en cuanto a las cosas que considerabas oportunidades, ahora empiezas a cuestionarlas, a medida que maduras y valoras otros aspectos de tu identidad».

En cambio, cuando no nos sentimos motivados para buscar el asombro o no tenemos curiosidad por descubrir cosas nuevas, aumentan las posibilidades de que nos deterioremos física y mentalmente.[4] El aburrimiento se ha relacionado con comportamientos disfuncionales, enfermedades mentales e incluso lesiones cerebrales.[5] Está claro que, cuando estimulamos el sentido de la curiosidad, es menos probable que nos aburramos. ¿Cuándo fue la última vez que ejercitaste la curiosidad? Podría tratarse de algo tan sencillo como probar un restaurante nuevo que no sabes si te gustará, o llamar a una amiga solo porque de verdad tienes curiosidad por saber qué anda haciendo. Interesarse por los demás es una forma fantástica de reforzar los vínculos sociales. La curiosidad también está íntimamente relacionada con la creatividad.[6] Así, al cultivar el deseo de practicar actividades nuevas o hacer las cosas de una forma nueva, no solo estás aprendiendo cosas, sino que probablemente estés mejorando tus habilidades creativas.

Una de mis formas favoritas de ejercitar la curiosidad consiste en escoger un lugar al que nunca he ido (pero que parece interesante) y al que haya vuelos rebajados. Aprovecho la oportunidad de ir a un lugar nuevo por poco dinero para darme ese empujoncito y hacer el viaje. Entonces pongo en práctica uno de los consejos que me dio el experto en trucos de viaje Erik Paquet: «Creo que una de las cosas más poderosas que puedes hacer para que un viaje sea más significativo es sacar tiempo para conectar con la gente de allí. No tiene que ser nada demasiado profundo [...] a veces, las personas que están de viaje hacen un gran descubrimiento cuando, aunque sea difícil y frustrante [por las barreras lingüísticas], tratan de establecer un vínculo con la gente de la zona». Según mi experiencia, es imposible encontrar las mejores partes de cualquier ciudad en un mapa. Solo están al alcance de los que sienten una curiosidad real por el territorio.

Sin embargo, es posible que la parte más importante de divertirse por medio de la curiosidad sea que nos ayuda a darnos cuenta de que nuestra habilidad de conectar y aprender del mundo que nos rodea es infinita. Esta práctica nos proporciona los medios de trascender la realidad consensuada en la que vivimos por unos instantes y dejarnos llevar por la fascinación y el asombro, conscientes de lo maravilloso que es aceptar que nunca llegaremos a saberlo todo sobre cualquier cosa, y lo bien que se siente aceptar esta verdad.

Los beneficios de la sorpresa

Para muchos, las sorpresas son emocionantes. Aquí entra en juego otra vez la variabilidad hedónica. Nos emocionamos cuando no sabemos qué pasará a continuación; tratamos de adivinar si la sorpresa que nos espera será agradable o desagradable, y esa tensión..., ese suspenso..., son estimulantes.

Según la ciencia, la sorpresa afecta a un nivel profundo nuestra neurología y nuestra psicología. Nuestra forma de percibir la sorpresa puede ser una de las claves que nos hacen humanos.

Una sorpresa implica recibir un estímulo inesperado que interrumpe nuestros pensamientos y acciones.[7] Altera la coherencia y la predictibilidad propias de nuestro mundo, y esta alteración puede hacer que nos lleve un rato procesar una sorpresa y luego determinar nuestra valencia, es decir, si estamos entusiasmados y cargados de emociones positivas, o disgustados por las emociones negativas. Los doctores Marret Noordewier y Eric van Dijk, de la Facultad de Ciencias Sociales y del Comportamiento de la Universidad Leiden, en los Países Bajos, plantean que debemos distinguir entre nuestra reacción inicial ante la sorpresa y lo que viene después, que no siempre coincide. Por ejemplo, incluso cuando una sorpresa es agradable, nuestra primera reacción puede ser negativa porque a nuestros cerebros no les gusta que se ponga en duda la integridad de nuestra visión del mundo. (Porque a ver, ¿a quién le gusta que el mapa esté mal?). En su artículo, publicado en la revista *Cognition and Emotion*, Noordewier y Van Dijk escriben que «incluso si el estímulo sorprendente es positivo, las personas primero experimentan una breve fase de interrupción y sorpresa, antes de poder apreciar y recibir con agrado la situación en sí».[8] Nuestras reacciones ante la sorpresa son, por tanto, bastante dinámicas, y la reacción inicial no siempre se corresponde con la siguiente.

Necesitamos espacio para darle sentido a la situación antes de poder disfrutar de una sorpresa. La reacción ante una sorpresa presenta una dimensión temporal que apunta a que no siempre disfrutamos de ella automáticamente, sino que requiere un cierto procesamiento y evaluación para generar un conocimiento nuevo, lo cual es interesante en el contexto de la diversión (de la cual se ha dicho, hasta ahora, que ocurre en el momento).

En el capítulo 2, con el ejemplo del pajarito que sale de una tetera cuando hierve, vimos brevemente que el elemento inesperado de una sorpresa nos atrae y aumenta nuestro placer. Esto es así porque el núcleo accumbens —una región del cerebro que está asociada con el placer y la expectativa de la recompensa— reacciona con más intensidad ante los acontecimientos inesperados (como recibir un regalo cuando no es tu cumpleaños, por ejemplo). Un estudio llevado a cabo por un grupo de investigación de la Facultad de Medicina de la Universidad Emory y la Escuela de Medicina de Baylor puso de relieve este fenómeno.

El experimento estuvo dirigido por los investigadores Gregory S. Berns y Read Montague, quienes también son médicos clínicos. Hicieron pruebas a 25 participantes a los que se echó un chorrito de agua o jugo de fruta en la boca siguiendo un patrón que era o bien fijo (cada diez segundos) o impredecible. Durante la actividad, los voluntarios se sometieron a una resonancia magnética funcional para observar su actividad cerebral.

Las observaciones reflejaron que la activación del cerebro era mayor cuando los chorritos eran impredecibles. Cuando los chorros de jugo o agua seguían un patrón variable, surgía una descarga de dopamina. La impredecibilidad del acontecimiento desempeñaba un papel más destacado que si a los participantes les gustaban o no los líquidos.

El equipo concluyó que la naturaleza inesperada de los estímulos activa con fuerza nuestros sistemas de recompensa aún más que la sensación placentera del efecto (el hecho de que nos guste algo).[9] El resultado del estudio tiene cierta lógica desde el punto de vista evolutivo. Nuestro cerebro está hecho para que se active durante un cambio repentino, lo que tiene prioridad ante otros estímulos (como el placer). Cuando nuestros antepasados se topaban con algo sorprendente, tenían que actuar y aprender de ello.

Nuestra atracción por la sorpresa también se observa en otras facetas de la vida. Por ejemplo, los científicos la hallaron en nuestra apreciación por la música. Vincent Cheung, del Instituto Max Planck de Ciencias Cognitivas Humanas y Neurociencias, analizó junto a sus compañeros 80 000 acordes de las listas de éxitos de Estados Unidos. Los mejores, es decir, los que generaban sensaciones placenteras entre los oyentes (lo cual se midió con una resonancia magnética funcional), incluían un buen equilibrio entre la sorpresa y la impredecibilidad.[10] Para los oyentes, eso significaba que sentían una gran cantidad de placer cuando un acontecimiento que se desviaba de sus expectativas iniciales los sorprendía.

Hay estudios que demuestran que las sorpresas también pueden mejorar la creatividad. Por ejemplo, un estudio publicado en el *Personality and Social Pyschology Bulletin* hablaba de un experimento en el que se mostraron distintas imágenes a los participantes y luego se les pidió que se inventaran nombres innovadores para un tipo nuevo de pasta. El grupo al que se le enseñaron fotografías que rompían el molde en algún sentido (por ejemplo, de un esquimal en el desierto) ofrecieron respuestas más originales que las de los participantes que vieron imágenes poco sorprendentes (por ejemplo, de un esquimal en la nieve). Sin embargo, el elemento sorpresa solo inspiró a los que tenían una necesidad baja de estructura. Su pensamiento divergente se benefició de la impredecibilidad de la imagen, de estar condicionados por algo fuera de lo común. En cambio, los que mostraban una elevada necesidad de estructura presentaron una reducción de pensamiento divergente cuando se les mostraron fotografías incongruentes, lo que apunta a que las sorpresas no tienen por qué ayudarnos a todos.[11]

LA PARADOJA DEL SENTIDO

Es evidente que la diversión fomenta la motivación interna y que se puede utilizar como vía para mejorar, como también es el caso del proceso cognitivo de dotar de sentido a las situaciones.[12] Karl E. Weick, uno de los psicólogos sociales más influyentes de Estados Unidos, define esta capacidad de dotar de sentido a las situaciones como un logro constante que implica asignar significado a las experiencias y crear un orden a partir de los acontecimientos a base de dotarlos de sentido.[13]

Dotar al mundo de sentido es una parte necesaria de nuestro desarrollo, y por eso pasamos gran parte de nuestra vida tratando de encontrar significados. El doctor Viktor Frankl, psiquiatra y neurólogo austriaco y superviviente del Holocausto, planteaba en su famoso libro *El hombre en busca de sentido*[14] que la motivación principal de un individuo es descubrir un significado en la vida. Para nosotros, el significado es algo tan importante que nuestras mentes pueden ser muy creativas cuando se trata de inventárselo, desde los pequeños detalles de la vida cotidiana hasta la gran historia de nuestra existencia. Benjamin Hale escribió en su libro *bestseller The Evolution of Bruno Littlemore*[15] [*La evolución de Bruno Littlemore*] que:

> No descubrimos los significados de lo misterioso: los inventamos. Creamos significados porque su ausencia nos aterroriza más que cualquier otra cosa. Más que las serpientes, incluso. Más que una caída, o que la oscuridad. Nos engañamos a nosotros mismos para encontrar significados en todo, cuando en realidad lo único que hacemos es injertar nuestros significados en el universo para tranquilizarnos.

En otras palabras, el problema del significado es que está en nuestra cabeza. Además, crear significado sin parar es agotador. Para recuperarnos, solemos buscar formas de sentirnos mejor (sin tener que preocuparnos constantemente por el *significado* de nuestras acciones). ¿Tan malo sería redirigir deliberadamente parte de nuestra lógica hacia el placer y el disfrute?

Si esta idea te incomoda, debes saber que tus instintos bien pueden ser el resultado de cientos de años de historia intelectual. Henry Sidgwick, uno de los filósofos éticos más influyentes de la época victoriana, no era muy amigo del placer. Creía que, para ser felices, debemos comprometernos con las personas y los proyectos de una forma profunda y significativa, algo que no podremos hacer si somos proclives al placer.[16] En el capítulo 1 ya hablé de la sofocante influencia puritana en la mentalidad estadounidense. Cuando uno trata de demostrar sin descanso que es uno de los elegidos, una tarde de relajación ensimismada, o divertirse por divertirse, es una proposición arriesgada. Puede llegar a ser la prueba de que eres una persona malvada. *¡Santo cielo!*

Gracias a la ciencia, el conocimiento sobre el comportamiento humano ahora está más matizado. Sabemos que divertirse no conduce a rechazar o ignorar la parte más seria de la vida. ¿Recuerdas el principio de la flexibilidad hedónica? Ahora sabemos que, cuando sentimos que la diversión forma parte de la vida, podemos resistirnos al encanto de las ganancias a corto plazo (porque ya gozamos de una abundancia de este tipo de «recompensas» gracias a un diseño deliberado) y nos centramos en objetivos a largo plazo que sustentarán nuestra existencia.

Pero lo cierto es que no hace falta escoger o lo uno o lo otro. Una vida bien aprovechada se construye sobre el delicado equilibrio entre las actividades que aportan sentido (que escogemos de manera racional) y las actividades que generan placer (todo aquello de lo que simplemente disfrutamos en el presente).

La importancia de dar sentido a las cosas viene de lejos, y este libro no pretende cuestionar ni defender si una parte de la vida debería reservarse a la búsqueda de significado. La semilla que me gustaría plantar es que el *Misterio*, la propia trascendencia del ser, puede encerrar la capacidad de divertirnos de verdad; de hallar un conocimiento en un pozo mucho más profundo que cualquier cosa que podamos crear nosotros mismos; de ser capaces de dejarnos llevar por una experiencia, de saborear el momento sin asignarle contexto alguno. El deleite por el deleite.

La doctora Desirée Kozlowski, de la Universidad Southern Cross, en Australia, habla del «hedonismo racional» o del saboreo deliberado de los placeres sencillos. Plantea que, si centras toda tu atención en lo que estás haciendo —ya sea comerte un pastel, jugar con tu hijo, pasear por la playa o disfrutar al máximo de tu tiempo libre—, estarás enriqueciendo tu bienestar. El vínculo entre el bienestar y la diversión parece residir en cómo decidimos activamente vivir la vida.[17] No tiene tanto que ver con el significado que pueda tener algo, sino con si somos capaces de trascender esa necesidad del ego de que las cosas tengan sentido y de clasificar las experiencias, de evaluar si la experiencia en cuestión hace que seamos más felices que el vecino.

Divertirse no significa rechazar las responsabilidades. Todo lo contrario: volvemos con la capacidad de perseguir nuestros objetivos «significativos» con más empeño. De hecho, disfrutar de una diversión deliberada podría ser una de las cosas más responsables que podemos hacer, ya que sacrificamos el hambre de significado y clasificación del ego para, sencillamente, sumergirnos en el maravilloso regalo que es la existencia, que es donde reside la verdadera sabiduría.

La doctora Lisa Feldman Barrett, neurocientífica de prestigio, me lo describió de esta manera: «Cuando me surge la oportunidad de asombrarme o maravillarme ante algo, lo hago. A veces es algo tan sencillo como alzar la vista al cielo y mirar las preciosas nubes o las estrellas. O si estoy cerca del mar, quizá sea observar las olas. Puede incluso ser algo que me encuentro durante mi paseo diario, como cuando veo que una planta, por ejemplo un diente de león, crece entre las grietas de la banqueta, y me dejo llevar por el asombro ante ese gran poder de la naturaleza, que no se deja constreñir por los intentos humanos de contenerla. O si estoy en una reunión por Zoom que se arruina porque se me cae la conexión porque un satélite se movió a no sé dónde, o porque la computadora se queda suspendida, o lo que sea, en esos momentos trato de cultivar la sensación de asombro, porque tengo que recordar que, aunque la conexión con la persona con la que estoy hablando, que está en Bélgica, o en Inglaterra o en China, sea una porquería... Estoy hablando con alguien que está en Inglaterra o en China, o en Bélgica, y le veo la cara, y por muy borrosa que sea la imagen, le estoy viendo la cara. ¿Acaso no es maravilloso? Porque hace apenas diez años no era algo cotidiano que pudiéramos asumir como tal. Hay muchas evidencias que apuntan a que sentir asombro, sentir que somos un punto y que duramos un minuto o dos, le da un respiro al sistema nervioso. Porque si hay otras cosas que son más majestuosas que tú y tú no eres más que un punto, eso significa que tus problemas también lo son. Y durante un minuto, si asumes que tus problemas importan muy poco, le das un respiro a tu sistema nervioso. Y consigues recalibrar y poner las cosas en perspectiva».[18]

En estos momentos de intensidad, la cuestión no es encontrar un significado de inmediato, sino sumergirnos en lo que el momento presente comparte con nosotros. Un estudio dirigido por el profesor Jordi Quoidbach, de la Universidad de Harvard, que también coescribió un estudio sobre la elección de actividades siguiendo el principio de la flexibilidad hedónica, demostró que alcanzamos un afecto más positivo si centramos la atención en el momento presente y nos dejamos llevar por pensamientos obsesivos de manera positiva mientras vivimos momentos positivos. En cambio, cuando estamos distraídos, el afecto positivo se reduce.[19] Cuando logramos trascender la necesidad de entender el mundo físico al sumergirnos en él centrando mucho la atención, estamos Viviendo con mayúsculas.

Poco antes de fallecer, Abraham Maslow, uno de los psicólogos más importantes de nuestra época, corrigió su famosa pirámide de necesidades humanas para incorporar la trascendencia del ser.[20] En su modelo de necesidades revisado, la trascendencia del ser ocupaba la cima de la pirámide al ser el último paso de la motivación, por encima de la autorrealización. Tras estudiar la obra de Maslow y algunos de sus diarios personales privados, el doctor Mark E. Koltko-Rivera, de la Universidad de Nueva York, propuso la siguiente descripción de un individuo que ha alcanzado la trascendencia del ser: «Busca impulsar una causa más allá del ser y sentirse en comunión con lo que está más allá de los límites del ser a través de una experiencia suprema».[21] David Bryce Yaden, de la Universidad de Pensilvania, describe estas experiencias de trascendencia como «estados mentales transitorios marcados por la reducción de la prominencia de uno mismo y el incremento de las sensaciones de conexión».[22] Esta es otra de las muchas cosas que nos regala la diversión: nos sentimos libres y conectados con el mundo que nos rodea, en lugar de pelearnos con lo que tenemos en la cabeza.

En una conversación que tuve con la doctora Susanne Cook-Greuter, experta en el desarrollo maduro del ego y la autorrealización, ella lo expresó como sigue: «La libertad de todo límite no es exclusiva del desarrollo temprano. Será más probable que se desarrolle cualquiera que tenga acceso a la experimentación, a las ideas —e incluso a constructos abstractos—, y que esté dispuesto a jugar con las ideas y los constructos, que alguien que se aferra a las ideas y a los constructos de una forma digamos estática: "El mundo funciona así". En cuanto te abres a decir: "Pues tal vez no. Igual podría haber otro mundo, u otra forma de ver las cosas", tienes más espacio y eso te ayuda a crecer. Parece que nos estamos osificando [...] en relación con nuestras creencias, con lo que hacemos y con lo que vemos. No tenemos interés ni curiosidad por nada. Cuando te abres a cosas nuevas, lo más inesperado puede ocurrir».

EL CARRUSEL DE LA DIVERSIÓN: ADAM YAUCH

Si buscas la prueba de que no hace falta escoger entre tener una vida divertida y una vida llena de significado, solo tienes que fijarte en Adam Yauch (también conocido como MCA), el ya fallecido bajista y bromista de los Beastie Boys, un grupo de música que bien pudo haber sido la broma que mejor funcionó jamás. Un grupo cuyo propósito era «hacernos reír entre nosotros», según reconoció uno de los miembros, Mike D, en *Beastie Boys: el libro*.[23] Vendieron veinte millones de discos solo en Estados Unidos y acumularon siete álbumes de platino entre 1986 y 2004. Yauch era el más ruin de todos, y se hizo famoso por excentricidades como su *alter ego*, Nathanial Hörnblowér, quien llevaba barba postiza, cantaba al estilo yodel y vestía pantalones *lederhosen*. En 1994, Hörnblowér se coló en el escenario de los Music Video Awards de la MTV cuando los Beastie Boys perdieron el premio de Mejor Dirección por *Sabotage* ante REM y su *Everybody Hurts*, para protestar por el «escándalo»; al final de su queja, terminó con la reivindicación absurda de que «todas las ideas de *La guerra de las galaxias*» eran suyas, de Hörnblowér. (Michael Stipe se quedó detrás de él, confundido, jugueteando con el trofeo sin saber dónde meterse).

Al ver a Yauch esa noche, parece casi imposible de imaginar que estuvieran totalmente metido en una búsqueda de significado espiritual. La vida de Yauch cambió tras entrar en contacto con un grupo de refugiados tibetanos, unas personas que habían pasado por unas situaciones terriblemente traumáticas y dolorosas y que, aun así, mantenían la compasión y el sentido del humor. En 1992 empezó a estudiar el budismo, y ya no lo dejaría jamás. Más adelante diría en una entrevista en *Rolling Stone* que «En cierto sentido, la sociedad occidental nos enseña que, si tenemos suficiente dinero, poder y personas atractivas con las que acostarnos, alcanzaremos la felicidad. Eso es lo que cada anuncio, cada revista, cada canción y cada película nos enseña. Y es una falacia».[24] Ese mismo año conoció a Erin Potts en una fiesta en Katmandú, y formaron una amistad que culminó en el primer Concierto por la Libertad del Tíbet en el parque del Golden Gate en San Francisco en 1996, el año en que Yauch se convirtió oficialmente al budismo. A lo largo de cinco años de conciertos anuales —una combinación impecable de diversión y significado— recaudó millones de dólares y logró concienciar a un público internacional sobre la causa (para saber más, visita <https://share.michaelrucker.com/tibetan-freedom-concert>).

En el quinto aniversario de la muerte de Yauch en 2012 a causa del cáncer, Potts escribió en *Medium*: «Los Beastie Boys, y especialmente Yauch, me enseñaron a pasarla bien siempre: a trabajar duro, a correr riesgos, a ayudar a hacer del mundo un lugar mejor, pero siempre divirtiéndote... y quizá llevando un bigote falso o una peluca tipo mullet (a Yauch le ENCANTABA disfrazarse)».[25]

Una invitación inclusiva a *EL MISTERIO*

Cuando alcanzamos una cierta conexión con lo que estamos haciendo o viviendo, estas experiencias fuera de lo común pueden tener una sensación de espiritualidad, ya sea laica o religiosa. Por ejemplo, en un estudio con bailarines de *ballet* retirados se observó que, durante los momentos más intensos de la danza, a menudo tenían sentimientos espirituales y presentaban estados alterados de la conciencia, tales como sensaciones extracorpóreas, una conciencia menor de sí mismos y una sensación de transformación y conexión. Además, como se ha observado también entre deportistas, hablaban de sus sentimientos de amor por el *ballet*. Cuando bailaban, se entregaban a una historia romántica apasionada. Para las personas espirituales, esto podría traducirse en el amor por la Creación, y para las no religiosas, en el amor por la vida.[26] A medida que vayas conectando a un nivel profundo con las actividades que te hacen disfrutar y te conviertas en experto en algo que te divierta de verdad, te invito a que uses este poder para ampliar tu curiosidad, reforzar tu creatividad, sorprenderte y adquirir conocimiento. No tengo ninguna duda de que, al hacerlo, se te abrirán puertas a oportunidades maravillosas que jamás habías imaginado y absorberás la sabiduría que casi siempre acompaña a las oportunidades efímeras de iluminación; desde la conexión sutil que siente un jardinero al observar cómo sus flores florecen a la colosal amistad que surge en una fiesta cualquiera a la que fuiste medio obligado a ir en Katmandú.

Hasta ahora hemos hablado mucho de la diversión, desde estrategias básicas hasta temas más avanzados. Ahora que *El hábito de la diversión* empieza a tomar forma para ti, ha llegado el momento de hablar de lo importante que puede ser que involucres a tus amigos a tu viaje.

CAPÍTULO
7

La amistad es rara

La amistad es una cosa rarísima. Escoges a un humano
que has conocido y dices «Sí, este me gusta», y haces
cosas con él.

BILL MURRAY

Como tantas otras personas, vivo en un lugar en el que no me crie. No
es la ciudad en la que fui a la universidad o donde pasé los años en que
me fui formando como adulto. Cuando me mudé con mi familia a
Summerfield, en Carolina del Norte, sentimos el dolor de dejar a toda
nuestra familia y a muchos viejos amigos en la Costa Oeste, pero teníamos la esperanza de mantener el vínculo. Resultó un poco más difícil
de lo que habíamos previsto, y condujo a una conversación que tuvo
lugar años después de mudarnos a Carolina del Norte: éramos felices,
pero nos sentíamos un poco solos.

Hacer nuevos amigos era un proceso lento, y mantener el contacto
con los amigos de siempre era aún más difícil. A menudo nos pregun-
tábamos: ¿Se acordarán de nosotros nuestros amigos? ¿Hablan de
nosotros ahora que no estamos allí? Entonces, a Anna se le ocurrió
una idea muy original para hacer que se acordaran de nosotros, algo
infalible para que nos tuvieran presentes.

Coincidió con el momento de enviar las tarjetas navideñas. Ayu-
dándonos de un pequeño retoque fotográfico, nuestra familia de cua-

tro enseguida pasó a ser de cinco, ya que Anna aparecía con un peque- ño bebé sorpresa en brazos. Enviamos las tarjetas para que nuestros amigos y familiares cayeran en la trampa, y el plan funcionó. Vaya que funcionó. Al empezar el año nuevo, nuestros celulares empezaron a sonar y a vibrar sin parar con un montón de mensajes procedentes de nuestros amigos para ver cómo estábamos —«¡Felicidades! ¡No te- níamos ni idea!»—, incluso de algunos con los que no hablábamos desde hacía mucho. Nos reímos un montón con ellos cuando les diji- mos a todos que era broma, y hablamos como hacía tiempo que no lo hacíamos.

Ese original contacto fue muy «nuestro», pero lo que habíamos descubierto es cierto para todo el mundo: **vivimos en una época que exige que cuidemos de nuestras vidas sociales de una forma excep- cionalmente deliberada**. Igual que ocurre con la diversión, debemos luchar contra la corriente social mientras nos abrimos camino. Desde los puntos de vista anecdóticos y empíricos, no es sencillo hacer y mantener amistades de adulto, ya que las exigencias familiares y pro- fesionales nos devoran. Un artículo de *The New York Times*, «¿Por qué nos cuesta hacer amigos pasados los treinta?»,[1] fue tan leído y compartido que el periódico lo publicó dos veces. Una persona de las que hablaba el reportero era una mujer de treinta y nueve años que tenía cientos de amigos en Facebook, pero en la ciudad a la que se había mudado hacía poco no tenía los suficientes como para hacer una buena fiesta de cumpleaños. Otro era un psicoterapeuta divorciado que le dio un significado nuevo a lo de ser «el tipo ese» en su clase de salsa: en lugar de intentar ligar con las mujeres, preguntaba a los hom- bres si querían ir a tomar algo. En sus años como hombre casado y padre, había abandonado todas sus otras relaciones.

Algunas personas no tienen suficientes amigos. Otras solo tienen amigos en teoría, porque en la práctica no tienen tiempo de verlos. Tal como bromeó el cómico John Mulaney en *Saturday Night Live:* «Quiero escribir canciones para treintañeros que se titulen "Hoy no puedo, ¿qué tal el miércoles? Ah, que estarás Houston el miércoles, pues entonces nos vemos dentro de seis meses, *no pasa absolutamente nada*"».

En épocas pasadas, la vida diaria era social por naturaleza, porque las personas nos uníamos para sobrevivir. Hoy somos más transitorios que tribales, los paquetes de Amazon se nos acumulan en la puerta y la tecnología nos facilita los medios para mantener amistades (o al menos copias bastante convincentes) a larga distancia. Pero las redes sociales y las comunidades virtuales no nos aportan las tres cosas que los sociólogos nos dicen que son fundamentales para hacer amigos: proximidad, interacciones repetidas y espontáneas y un contexto que nos ayude a relajarnos y a bajar la guardia. Las tendencias culturales han erosionado todavía más las estructuras tradicionales de las comunidades. Por ejemplo, la asistencia a la iglesia en Estados Unidos ha caído en picada en los últimos veinte años, hasta el punto de que ahora solo la mitad de los estadounidenses forman parte de una parroquia.[2] No estoy diciendo que todos debamos guardar el *sabbat*, solo digo que las comunidades que solían propiciar estas instituciones no son fáciles de sustituir.

Y es que, a pesar de que estos vínculos sociales ya no sigan una progresión natural, nuestra naturaleza sigue necesitándolos. Igual que la diversión, las amistades de carne y hueso no son «accesorios opcionales» de la vida. Desde el punto de vista de la salud, son tan importantes como la luz del sol y comer verduras. Un metaanálisis muy citado establecía que la carencia de relaciones sociales era tan nociva como ser alcohólico o fumar quince cigarrillos al día, y el doble de perjudicial que la obesidad.[3] Otros estudios han vinculado la soledad con la inflamación y con un deterioro cognitivo y físico más rápido a medida que envejecemos. Es cierto que hoy en día podemos *sobrevivir* sin amigos, pero, según parece, la vida en un estado solitario será más desagradable, áspera y corta de lo que nos gustaría.

Ya seas extravertido o introvertido, no dejas de ser un animal social. Necesitas tener amigos, y volviendo al tema de este libro, necesitas amigos con los que te puedas divertir. Muchos de los amigos de tu vida diaria seguramente son de la escuela, del trabajo, o si eres padre, de las actividades que haces con tus hijos. Es posible que también tengas amigos muy cercanos con cuyo apoyo puedes contar, pero a quienes no puedes llamar para ir al cine o para ir a cenar porque viven a 3 000 km de distancia. Todas estas relaciones son legítimas, y muchas de ellas son sin duda cruciales, pero dado que nuestro objetivo concreto es desarrollar tu hábito de la diversión, aquí cerraremos un poco el círculo.

Las *amistades divertidas* son las que se organizan alrededor de la diversión deliberada. Si ya estás convencido de que quieres desarrollar tu hábito de la diversión, pasar tiempo con amigos divertidos no te distraerá de tu objetivo. Puedes incorporar un amigo a casi cualquier cosa divertida que tengas en el calendario. Es un gran ejemplo de agrupación de actividades. Además, las relaciones entre las personas que crean vínculos a través de intereses compartidos tienen algo especial, y es que casi nunca tienes la sensación de que el tiempo que pasas con ellas entra en conflicto con otras cosas que te gustaría estar haciendo, porque las están haciendo juntos. Y cuando no pueden hacerlas en ese momento, siempre pueden hablar de cuando las hicieron y de cuándo volverán a hacerlas.

EL CARRUSEL DE LA DIVERSIÓN: LOS *IMPRACTICAL JOCKERS*

Imagina que te diviertes tanto con tus amigos que te trae fama, fortuna y unos fans que te adoran. Esta es la historia de cuatro amigos de Staten Island, Nueva York, que protagonizan el programa de televisión *Impractical Jokers*. Joe Gatto, James Murray, Brian Quinn y Sal Vulcano se conocieron en la preparatoria y crearon una compañía de números cómicos antes de filmar el capítulo piloto con sus iPhones y enviarlo a una cadena de televisión. Se trata de un programa de bromas con cámara oculta, pero a diferencia de otros programas anteriores como *Punk'd*, las bromas (o «retos», como los llaman en el programa) se las hacen entre ellos. Cuando uno no supera un reto, los otros tres lo castigan. Así es como ha llegado Sal Vulcano a tener un tatuaje permanente en la cadera en el que aparece Jaden Smith de adolescente. James Murray ha pasado por varias revisiones de próstata ante la cámara, en una de las cuales apareció la que entonces era su prometida. Joe Gatto ha cruzado el East River de la ciudad de Nueva York sobre un teleférico disfrazado de Capitán Barrigón. Brian Quinn pasó veinticuatro horas esposado a un mimo profesional. Y eso solo por contar algunas de las cosas que han hecho a lo largo de una década de temporadas y cientos de retos.

Es todo divertido, pero el motor real del programa —y lo que hace que sus seguidores sean tan apasionados— es la amistad palpable entre ellos, con la que el público se identifica. El afecto que se tienen hace que las bromas nunca se pasen de la raya, y tienen una química indiscutible muy divertida de ver. Sin su amistad, las bromas provocarían pena ajena en lugar de hacer gracia, tal como demostró un intento de copia que se hizo en el Reino Unido. La BBC emitió su propia versión, en la que aparecían cuatro cómicos en lugar de amigos de toda la vida, pero tuvieron que cancelarla tras algunas temporadas. Una crítica de la página de entretenimiento del Reino Unido *VultureHound* escribió: «La química entre ellos parece muy forzada y artificial, y en ocasiones casi resulta incómoda de ver».[4] Pasado un tiempo, el canal británico de Comedy Central emitió la versión original estadounidense, y el programa pasó a ser un gran éxito.

SÚMATE A LA DIVERSIÓN DE OTRO

Los amigos divertidos son como una hormona del crecimiento para el hábito de divertirse. Tal como lo expresó un estudio sobre el tema: «La diversión divierte más cuando se comparte».[5] Los investigadores observaron a los participantes jugar al Jenga durante quince minutos, solos, con un amigo o con un desconocido. El resultado fue poco sorprendente: jugar al Jenga con un amigo era más divertido. Pero el estudio se pone más interesante cuando piensas por qué ocurre eso exactamente, y la respuesta nos da algunas pistas sobre el tipo de amigos que conviene tener si tu objetivo es añadir una buena dosis de diversión a tu vida.

Una razón por la que los amigos refuerzan la diversión parece ser intrínseca. En otras palabras, la interacción social en sí misma es agradable, y sobre todo porque nos sentimos cómodos y relajados cuando estamos entre amigos. Pero los investigadores también tuvieron en cuenta la posibilidad de que el placer real estaba en ver que el otro se lo pasaba bien jugando al Jenga. Es posible que ya conozcas los fenómenos del contagio emocional y del contagio social, ya sea gracias al libro *El punto clave*, de Malcolm Gladwell,[6] o por el pionero trabajo de Nicholas Christakis y James Fowler,[7] quienes han demostrado que hay problemas de salud, como la obesidad y el tabaquismo, que pueden ser contagiosos. Algunos oradores motivacionales pueden incluso haberte advertido de que te conviertes en la suma de los cinco amigos con los que más tiempo pasas.

Aunque este gastado axioma es sumamente reductivo, es cierto que si tu objetivo es divertirte, debes escoger bien tus amistades. Por no decir que, como ya vimos, es imposible prolongar el tiempo que tenemos en una semana. Los amigos tienen un impacto enorme sobre nuestra forma de actuar y de sentir. Seguramente ya te habrás dado cuenta de que algunas personas te hacen sentir juguetón y enérgico. Que, tras la experiencia que han compartido, eres otro. Verlas y tener una conversación breve puede bastar para subirte el ánimo. En cambio, hay personas cuya mera presencia te deja sin energía. Su estado de ánimo, su lenguaje corporal y los temas de conversación que escogen pueden tener un efecto negativo en tus propias emociones y estado mental. Cuando interactúas con ellas, de pronto empiezas a sentirte triste, tenso o nervioso. Seguramente todos tenemos a unas cuantas personas en mente que tienen este efecto en nosotros.

El contagio emocional, un concepto introducido por la doctora Elaine Hatfield, científica de las relaciones, y sus colegas[8] significa que compartimos nuestras emociones con los demás, consciente e inconscientemente, a través de expresiones verbales y físicas (no verbales), como la expresión facial, la postura y el tono de voz. A sabiendas o no, todos influimos de alguna forma en las emociones de los demás. Las emociones fluyen de una persona a otra, y podemos contagiarnos de malas vibraciones como de un resfriado. Y lo peor es que, a diferencia de los resfriados, que a menudo vienen acompañados de signos de advertencia visibles, cuando nos contagiamos de malas vibraciones, normalmente no nos damos cuenta de manera consciente.

En parte, el contagio emocional es cosa de las neuronas espejo, que se observaron por primera vez al activarse en los cerebros de monos, pero que luego se encontraron también en los humanos. Estas células cerebrales se encuentran en el córtex frontal y son incapaces de distinguir entre las acciones ajenas y las propias. En otras palabras, si ves que alguien siente alegría, parte de tu cerebro vive su estado emocional como si fuera tuyo. Es un efecto muy potente y, para bien o para mal, todos somos susceptibles a él. (Se cree que posiblemente fue el responsable de la evolución del lenguaje moderno, así que seguramente sea, en general, para bien).[9]

Dedicar el tiempo social que pasamos con otros a una actividad divertida puede protegerte de «contagiarte» de los sentimientos de un amigo malhumorado o tóxico. Puede incluso darles la vuelta a sus sentimientos negativos. Ahora bien, pasar tiempo con amigos cuya actitud es positiva tiene una ventaja considerable, y es que, si ellos tienden a divertirse, a ti te pasará lo mismo: si el entorno está predispuesto a la diversión, será probable que los dos se diviertan. Sorprendentemente, esto también puede ocurrir si comparten una actividad con la que uno de los dos nunca se ha divertido. Los investigadores que estudian la motivación intrínseca han observado que «el contagio de la motivación» puede funcionar como un estímulo.[10] En otras palabras, si observas a alguien que está disfrutando con algo, tu disfrute también aumenta. Por ejemplo, incluso si no te gusta andar en bici, si observas repetidamente a un amigo a quien sí le gusta puede desencadenarte un deseo interno y hacer que empieces a sentir como que a ti también te gusta. Un amigo de diversión puede ser la persona perfecta para ayudarte a atravesar el periodo de incomodidad que forma parte de probar una actividad nueva. Dicho esto, mi mujer sigue odiando acampar («¿Por qué pagamos tanto dinero para dormir en la calle?»), así que esto no siempre funciona.

Una vez, en el campamento...

No es que te esté obligando a tener más amigos. Una vida social sana adoptará distintas formas en función de la personalidad y el momento vital de cada uno. Aquí, el objetivo es hacer coincidir algunos de tus planes divertidos con personas a quienes también les interesen. Descarta (durante un momento) todas esas relaciones adultas en las que lo único que hacen es hablar de la cantidad de cosas que los unen, y piensa en la amistad como lo hacen los niños. A ellos solo les importa una cosa: ¿quieres jugar conmigo? Nosotros somos adultos con criterio y selectivos en cuanto a las actividades que queremos hacer, de forma que de lo que se trata es de encontrar amigos que ya compartan tus intereses.

Sé de primera mano lo que ocurre cuando haces amigos a lo loco en lugar de deliberadamente. Hace años, cuando vivía en Alameda, California, pasé muchos cumpleaños de niños en un lugar llamado Pump It Up, un almacén enorme en el que había castillos inflables y que se convirtió en uno de los lugares favoritos de los padres de la zona para celebrar los cumpleaños de sus hijos. No es que el lugar tuviera nada de malo, pero cada vez que tenía que ir, me encontraba cuestionando toda mi existencia. La novedad de ver a mi hijo saltando de un pedazo de plástico a otro fue desapareciendo a base de ir una y otra vez, y la conversación con muchos de los demás padres y madres nunca pasó de ser insustancial y forzada (de ahí que la considerara una actividad de sumisión).

Como pensaba que la falta de fluidez en la conversación se debía a que estábamos «de guardia» o porque no se me da bien hablar por hablar, finalmente quedé con algunos de esos padres para tomar una copa. Pensé que, en un contexto relajado, podrían florecer nuevos vínculos. *Pero de eso, nada.* De hecho, la cosa se puso muy incómoda porque resultó que dos de los padres defendían ideologías políticas opuestas. *In vino, veritas.* Aparte de nuestros hijos, no parecíamos tener mucho en común.

Cuando nos mudamos a Summerfield, en Carolina del Norte, volví a hacer amigos por conveniencia. Probé algunos espacios de trabajo compartidos. Muchos de los cohabitantes de los distintos centros eran más jóvenes que yo —mucho más jóvenes que yo— y, en general, mis primeros intentos de hacer amigos fueron inútiles.

Al final, mi mujer acudió en mi ayuda. Sabe que algunos de mis mejores amigos divertidos siempre son lo que llamo «hermanos de conciertos». Tipos que comparten mi amor por la música en vivo. Desde que nos mudamos a Summerfield, había ido a algunos conciertos solo, pero no los había disfrutado demasiado. Entonces, Anna se enteró de que a uno de sus compañeros de trabajo le gustaba ir a conciertos, así que nos organizó una cita a ciegas. Hasta ahora, hemos ido a dos conciertos juntos. Es muy simpático, pero sinceramente, lo que más me gusta de la relación es que nos la pasamos bien participando de un interés común. Conectamos a través de la música, y la experiencia es más agradable ahora que es compartida.

Eso no quiere decir que no se puedan encontrar amigos divertidos entre las personas que conoces a través de los hijos y el trabajo. Tras mudarse a una ciudad nueva, mi amiga Meredith se quejaba de que las únicas personas con las que hablaba fuera del trabajo eran las mamás de los otros niños en los partidos de sus hijos, pero cuando le pregunté de nuevo pasado un año, me dijo que al final había llegado a conocer a algunas de ellas bastante bien y que se habían hecho amigas de verdad. Si a dos personas les gusta ir a ver los partidos de sus hijos y se meten en el espíritu del equipo, ese punto en común puede ser una base estupenda para forjar una amistad para la diversión. Al fin y al cabo, contiene dos de los tres prerrequisitos de la amistad: proximidad y un contexto relajado. Y aunque las interacciones no son espontáneas, sin duda se repiten.

No debemos infravalorar la importancia de la proximidad y de la repetición. Sé de primera mano que cada vez es más difícil mantener una amistad cuando la única forma de hacerlo es meter con calzador llamadas y Zooms en un calendario ya apretado de por sí. Es mejor que el tiempo para los amigos siga el camino que oponga menos resistencia, y para ello, lo más práctico es unir amistad y diversión.

Apúntate al club

¿Has oído la historia de un grupo de amigos de Spokane, Washington, que mantuvieron vivo un juego de atrapadas durante más de veinte años? Sí, atrapar, ese juego que no puede faltar en ningún patio de escuela. Su partida empezó en la secundaria, y la revivieron en una reunión de antiguos alumnos casi una década más tarde, cuando decidieron hacer una versión a larga distancia cada febrero. Uno de los amigos estaba en primer año de Derecho y redactó el «Contrato de Participación en las atrapadas», donde se establecieron el espíritu y las reglas del juego. Todos lo firmaron, y así empezó el juego a lo largo y ancho del país. En lugar de distanciarse lentamente al terminar la secundaria, se unieron más que nunca: se colaban en las casas, los coches y los trabajos de los demás para atraparse uno u otro. El *Wall Street Journal* habló de su juego, y al final acabó inspirando una película homónima en 2018.[11]

Su historia, tan idiosincrásica como pueda serlo su diversión, arroja luz sobre tres factores de éxito que el resto podemos copiar para mantener nuestras amistades a pesar de nuestras frenéticas vidas. El primero es la regularidad: cada año jugaban al mismo juego y en la misma época. El segundo es la responsabilidad: el contrato de participación que firmaron formaba parte de la broma, pero hizo que su compromiso pareciera real. Y, finalmente, jugaban a un juego juntos, es decir, se divertían.

Si no te sientes tan creativo como ellos, una de las formas más sencillas de cumplir con todos esos factores es apuntarte a un club. Los clubs te introducen en un calendario regular que alguien se ha tomado el tiempo y la molestia de organizar. No solo generan interacción social, sino también un sentido de responsabilidad para con la diversión.

Pueden servirte para hacer nuevas amistades o para animar a algún amigo que ya tengas para que se sume y se vean más.

Antes, cuando me mudaba a una ciudad nueva, me apuntaba a un club para salir a correr y conocer a gente. Así es como hice amigos para toda la vida en Londres y en Manhattan Beach, California (en el último capítulo te hablaré de uno de ellos, Graeme). Hay clubs, ligas o equipos de casi todos los deportes, pero como sé que no todo el mundo es aficionado al sudor, pondré un ejemplo que no está relacionado con el deporte. Michelle es una escritora independiente de éxito que vive en una ciudad grande de Estados Unidos y quería incorporar más diversión a su vida. Cuando reflexionó sobre con qué había disfrutado en el pasado, se acordó del coro de la iglesia al que perteneció de pequeña. Le encantaba cantar, y más concretamente, le encantaba cantar acompañada. Así que empezó a preguntar por ahí, y pronto tuvo una lista con una buena cantidad de posibles coros a los que apuntarse. Terminó optando por uno que ofrecía conciertos benéficos por toda la ciudad, lo que le permitía alcanzar su segundo objetivo: encontrar más formas de contribuir a la sociedad. Ya han pasado algunos años y sigue formando parte del coro. Se ven todos los sábados. Con el tiempo, algunos de sus compañeros se convirtieron en sus mejores amigos.

También puedes crear algo por tu cuenta, pero hazte un favor: no te compliques demasiado. Mi amigo Nir, del que ya te hablé en el capítulo 2, organiza un evento mensual al que llama Kibbutz, que en hebreo significa «encuentro». Puso en marcha el evento con su esposa cuando se dio cuenta de que las oportunidades profesionales lo tenían tan absorbido que había dejado de pasar tiempo con sus amigos. Ahora, cada dos semanas, cuatro parejas se encuentran para comentar alguna cuestión de temática tipo TED alrededor de una comida estilo pícnic a la que cada uno trae algo: no requiere preparación, no se ensucia nada, nadie se estresa. Los hijos también van, pero juegan entre ellos mientras fluye la conversación entre los adultos.

Si mantener un compromiso semanal o mensual te parece demasiado, plantéate establecer algo anual. Yo soy uno de los sesenta millones de personas, más o menos, que juegan a Fantasy Football todos los años. Cada año, un grupo de amigos de la escuela y otras esferas de la vida nos reunimos en una ciudad como Las Vegas o en el lago Tahoe para hacer los fichajes. Nos pasamos el resto del año planeándolo a través de mensajes y correos electrónicos que, la verdad sea dicha, también incluyen un montón de bromas tontas y memes que me daría vergüenza enseñar a cualquier otra persona del mundo. Pero a nosotros nos divierte, y mantiene vivas unas amistades que de otra forma podrían haber desaparecido por culpa de la distancia y las circunstancias.

El consejo clave en este punto es que te apuntes al compromiso *de jugar con otros* de la forma que más te apetezca.

UNA EXCEPCIÓN CONTRADICTORIA

Pero resulta que no todo el mundo piensa que divertirse con amigos es mejor. Hay tres grupos de personas que preveo que se habrán estremecido a lo largo de este capítulo. Ahora los veremos todos.

Para empezar, volvamos al estudio que mencioné antes, el que demostró que los participantes se divertían más jugando al Jenga con amigos. Lo cierto es que su conclusión venía con una salvedad: «Esta tendencia se observó únicamente entre personas relativamente poco solitarias; entre los individuos solitarios, jugar con un amigo no generaba ningún beneficio en comparación con jugar con un desconocido». Parece ser que la soledad no suele ser producto del aislamiento social. Los investigadores concluyeron que: «Esta observación concuerda con otras investigaciones que apuntan a que la característica central de la soledad como rasgo es la carencia relativa de intimidad y disfrute en las interacciones con amigos».

Si cuando más solo te sientes es cuando estás rodeado de gente, es posible que acompañarte de cualquier amigo no refuerce tu diversión. Quizá necesitas tiempo para pasar con tus amigos más cercanos para desahogarte y sentirte conectado. Y eso está bien. Puede ser que tener «conversaciones adultas aburridas» sea justo lo que necesitas. Dicho esto, mi experiencia me dice que pasar un rato divertido es importante incluso en las relaciones más cercanas. Las interacciones ligeras, relajadas y frecuentes asientan los cimientos para que los amigos se cuiden mutuamente durante los momentos emocionalmente difíciles de la vida. Nunca olvidaré la ronda de fichajes del Fantasy Football del año en que murió mi hermano. Mis amigos sabían que necesitaba que me levantaran el ánimo urgentemente. En plena ronda, uno de ellos se puso de pie para fingir ser un presentador de un programa de comedia que se había inventado, y algunos otros improvisaron números cómicos con toda la gracia que pudieron; el espectáculo era para todos, pero yo era su público principal. Sabían que mi hermano y yo compartíamos el amor por la comedia. Todos los que participaron hicieron lo que pudieron y toda la liga se rio un buen rato, al terminar brindamos todos juntos y seguimos con los fichajes. Incluso ahora, cuando pienso en ello, se me hace un nudo en la garganta porque, al margen de nuestras tonterías, lo mejor de nuestro grupo es que nos hemos dado apoyo mutuamente durante algunos de los momentos más difíciles de nuestras vidas (y, por desgracia, no han sido pocos).

Según las conocidas investigaciones del antropólogo y psicólogo evolutivo británico Robin Dunbar sobre las redes sociales, los seres humanos solo son capaces de cuidar tres relaciones personales cercanas a la vez. Tal vez te ayudaría identificar las tuyas, especialmente si te sientes solo, y evaluar hasta qué punto has mantenido el contacto últimamente. Si tu contacto con tu círculo más íntimo ha sido principalmente asíncrono o público, a través de las redes sociales o con grupos grandes, intenta organizar algún encuentro de tú a tú, incluso si tiene que ser virtual.

El segundo grupo de personas que quizá se haya estremecido: los introvertidos. Según Hayley, quien me corrige el blog desde hace mucho, «Como persona felizmente introvertida, sé que los introvertidos sospecharán por naturaleza que cualquiera que escriba un libro sobre temas como "divertirse más" les dirá que tienen que salir más de casa y hacer cosas en grupo». Y lo entiendo, pero lo cierto es que las conexiones sociales —y sí, divertirse con amigos— son importantes para todos. Incluso para los introvertidos. Eso no significa que tengas que convertir todas las actividades en una fiesta. Quizá prefieras divertirte con tus amigos en grupos reducidos o solo con aquellos con quienes ya tienes un vínculo estrecho. Hayley organiza su diversión en torno a un grupo pequeño y muy unido de amigos. Moldea las interacciones sociales de forma que se adapten a tus necesidades personales, pero no olvides aplicar estos tres principios: regularidad, responsabilidad y diversión. Por último, si eres introvertido, no dejes que los extravertidos te convenzamos a la fuerza de que las actividades excitantes son la única forma de divertirse. Como ya dije en el capítulo 2, un estudio llevado a cabo por la doctora Jeanne Tsai, directora del Laboratorio de Cultura y Emoción de la Universidad de Stanford, junto a otros doce compañeros,[12] ha revelado que, especialmente en las culturas occidentales, la publicidad y las normas sociales nos hacen creer que la excitación elevada equivale a diversión (aquí es donde entraría el típico salto por los aires de cualquier *influencer* de turno en Instagram). Pero tal como me dijo una vez la doctora Iris Mauss: «Este "punto ciego" puede llevarnos a pasar por alto otros caminos hacia la felicidad, la realización y la productividad».[13] Las emociones positivas como la paz, la calma y la serenidad son igual de divertidas que cualquier excitación, si es eso lo que a ti te da placer. Insisto: lo mejor de la diversión es que cada uno puede definirla y hacerla suya. También es posible que los encuentros sociales que se centran en la diversión te agoten menos que otros cuyo único propósito es pasar el rato charlando. Cuando nos apuntamos a algo que gira en torno a una actividad, tendemos a ser más flexibles con quienes quieren unirse a un grupo sin perder su espacio. Mi hermano, por ejemplo, era introvertido, pero sabía que también necesitaba del contacto con otras personas. Así que se apuntó a un club de excursionismo. Le encantaba pasear por la montaña, como quizá recuerdes que le conté a Jane en el capítulo anterior. Andar por la montaña con un grupo proporciona una válvula de escape infalible para los introvertidos. Si Brian quería pasar un rato tranquilo, podía quedarse atrás. Los demás miembros del grupo respetaban que no todo el que busca amistad quiere que le hablen sin parar. Tras la muerte de mi hermano, me quedé atónito ante la cantidad de personas de su club de excursionismo que dejaron mensajes que permitían entrever amistades marcadas por la cercanía y el afecto.

Y con esto llegamos al tercer grupo: los que sienten que tienen problemas para ser sociales. Construir relaciones —especialmente las que empiezan desde cero— no es tarea fácil para muchos. Pero la diplomacia social es una habilidad, no un rasgo. Chris MacLeod, autor de *The Social Skills Guidebook* [*El manual de las habilidades sociales*], cuenta que, antes de darle la vuelta a la situación durante la veintena, la timidez y la incomodidad abundaban cuando interactuaba con los demás. La página <Meetup.com> le fue útil como herramienta.[14] Si te apuntas a algunos de sus encuentros, te encontrarás con una vida social precocinada en la que puedes poner en práctica tus habilidades de conversar en un entorno de baja presión y centrado en una actividad, y además estás rodeado de personas que sabes que están abiertas a hacer amigos. Los perfiles de la página permiten mantener el contacto fácilmente y dar impulso a las incipientes amistades.

Por último, no te aferres a las ideas de que «no se te da bien la gente» o de que «no sabes conversar». Al hacerlo, asumes que tu «yo» es estático, cuando, en realidad, la personalidad es algo bastante fluido. Fíjate en los cinco rasgos de personalidad principales que los psicólogos dicen que nos definen: la extroversión, la predisposición a la experiencia, la estabilidad emocional (neuroticismo), la simpatía y la meticulosidad.

Aunque tu temperamento tenga un punto de partida fundamental (y esto también es discutible), se ha observado que, con la práctica, se pueden modificar los comportamientos; por ejemplo, puedes convertirte en alguien que se siente cómodo charlando en una mesa de nuevos amigos. Puede que nunca dejes de ser introvertido, pero si mejoras tus habilidades, puedes gestionar la ansiedad social. (Si eres introvertido, es probable que sigas sintiéndote agotado después de participar en actos sociales y que necesites recargar las pilas. Y *no pasa nada*).

En un estudio, los adultos participantes lograron ser más extravertidos o meticulosos en un lapso de tiempo sorprendentemente breve de dieciséis semanas.[15] Para ello, hicieron una lista de las cosas que querían cambiar y de los pasos que podían dar para conseguirlo. Es un buen punto de partida. Si quieres ser alguien que se divierte con sus amigos, diseña un plan para... *empezar a divertirte con tus amigos*. Saca el archivo de la diversión, escoge una actividad e invita a alguien a que vaya contigo. Luego, haz una lista de otras formas que te permitirían incorporar más diversión social a tu vida. Asiste a un par de encuentros de Meetup. Hazlo durante cuatro meses y entonces podrás evaluar adónde has llegado. *Quién sabe, igual te llevas una sorpresa.*

CAPÍTULO
8

Diversión e hijos: de la cuna al nido vacío

> Durante un paseo a las seis de la mañana, mi hija me preguntó adónde va la luna cada mañana. Le dije que está en el cielo, saludando a la libertad de papá.
>
> RYAN REYNOLDS

¿Vale la pena dedicar un capítulo entero a los hijos en un libro sobre diversión? Si tu respuesta es *de ninguna manera*, bien porque has decidido no tenerlos o bien porque —ejem— sí los tienes, entiendo por qué lo dices. Yo tengo dos, y he tenido mis momentos. A todos los padres les pasa. No obstante, llegué al punto en el que puedo decir con total seguridad que los niños no solo son una gran fuente de diversión, sino que son de los mejores maestros que podemos tener.

Y, aun así, hay estudios paralelos que han observado que los hijos también pueden arruinarnos la fiesta. En su libro *Tropezar con la felicidad*, Daniel Gilbert planteó su famosa teoría de que la felicidad y la paternidad mantienen una relación inversa.[1] Los hijos son lo mejor de la vida de sus padres, dijo Gilbert a su público en un encuentro de la Association for Psychological Science en 2007, «pero solo porque tienden a eliminar toda fuente de alegría que tuviéramos antes de que llegaran».[2]

Aunque no estoy totalmente de acuerdo con Gilbert, reconozco que el primo de mi mujer, Joey, y su esposa, Nina, son de las personas más felices que conozco. Resistieron ante la presión familiar y cultural de tener hijos. Ahora pasan todas sus horas libres haciendo lo que les gusta, que es pescar (un pasatiempo tranquilo y pacífico que encaja muy bien con los niños pequeños, a intervalos de cinco minutos). Desde el punto de vista anecdótico y empírico, no tener hijos es una opción divertida. Si esa es tu inclinación, ¡felicidades! En lo referente a la diversión, parece que lo tienes todo listo.

Para los que han seguido leyendo: por suerte para los que tenemos hijos y los que los tendrán, existen estudios más recientes que han matizado la apreciación de Gilbert. Un estudio de 2016 sobre la «penalización de la felicidad» observó que los culpables no son los propios niños, sino que todo depende de si los padres viven en un país que dispone de programas sociales que dan apoyo a los padres trabajadores.[3] También es posible que los niños solo reduzcan la felicidad de sus padres cuando les crean problemas económicos, tal como observó otro estudio.[4] Como bien saben la mayoría de las familias estadounidenses, es difícil disfrutar de las alegrías de la paternidad cuando las responsabilidades profesionales y familiares jalan tanto de uno que incluso la insinuación de jugar un rato hace que parezca que la liga esté a punto de romperse. En este país, encontrar guarderías de calidad es una misión casi siempre solitaria y cara; además, estamos a expensas de que nuestros empleadores decidan si por tener hijos nos merecemos más flexibilidad de un tipo u otro. En un contexto tan agobiante como este, es fácil decir que tener hijos no es una fórmula *infalible* para ser felices o divertirnos.

Pero ¿podría ser que los hijos nunca fueran el problema principal, sino que lo fueran los padres? Tan sobrepasados como estamos por las duras exigencias de un capitalismo avanzado, ¿podría ser que nos estemos equivocando? Un equipo de investigadores de Canadá observó que de entre todos los atribulados padres y madres, hay un afortunado grupo que puede estar enfrentando a las probabilidades. Estos padres dicen que se sienten profundamente realizados gracias a sus hijos. Mientras que los padres de la encuesta del año 2004 que ya comentamos en el capítulo 2 dijeron que hacer las tareas domésticas y pasar tiempo con sus hijos era igual de divertido, los padres mencionados en este estudio estaban encantados de la vida.

¿Dónde está la diferencia? ¿Acaso habían encontrado la forma de sacar tiempo para satisfacer sus propias necesidades? ¿Resucitaron sus pasiones o encontraron un ingenioso equilibrio que a los demás se nos escapa? No. El factor definitorio de este grupo de padres era todo lo contrario. Lo que tenían en común era que se centraban de forma deliberada e inquebrantable en el bienestar de sus hijos. El estudio nombró a estos padres «hijocéntricos»: «Son padres motivados por maximizar el bienestar de su hijo incluso a costa del propio, y están dispuestos a dar prioridad a la asignación de sus recursos emocionales, temporales, económicos y de atención a sus hijos y no a sí mismos».[5] Anteponen las necesidades de sus hijos a las propias, y el resultado de esta abnegación no era que fueran menos felices, sino que lo eran *más*.

No quiero darle demasiada importancia a un estudio que se llevó a cabo con un tamaño de muestra relativamente pequeño, y tampoco quiero entrar en el asunto de incuestionable importancia de si una vida abnegada es más satisfactoria. Pero mentiría si dijera que creo que la idea de la crianza «hijocéntrica» es un concepto vacuo, porque encaja con lo que descubrí a medida que exploraba la diversión con mi propia familia. Es esencial para extraer la bendición de la responsabilidad, ya sea con nuestros hijos, nietos, sobrinos, sobrinas, o cualquier otro humano diminuto con quien queremos divertirnos y crear recuerdos felices.

Todo buen capítulo sobre paternidad «divertida» que se precie necesita una buena historia de miedo, así que ahí va la mía. Cuando mi hija, Sloane, tenía tres años, tuve una idea brillante. Haríamos nuestro primer viaje en coche, padre e hija, para ir al Rise Festival, un acto anual en el que miles de personas se reúnen en el fondo de un lago seco cerca de la Interestatal 15, no muy lejos de Las Vegas, para soltar globos de cantoya en el cielo nocturno. Me atraía mucho el tono casi espiritual del evento y, además, mi hija podría vivir de primera mano una escena de una de sus películas de Disney favoritas, *Enredados*, en la que también sueltan esos globos. Los dos saldríamos ganando, y yo podría empezar a poner en marcha mi plan de ser recordado como el padre más divertido de la historia.

Reconozco que el plan tenía sus fisuras. Para llegar al festival, tendríamos que manejar casi toda la noche desde Los Ángeles, dormir en un hotel de carretera y hacer tiempo durante la mayor parte del día en lo que parecía ser la opción más «apta para niños» en Las Vegas: el hotel y casino Circus Circus. Cuando por fin salimos de Las Vegas y encontramos un sitio en el festival tras un largo paseo desde el estacionamiento, era exactamente como había esperado que fuera. ¡La música era increíble! ¡El cielo era enorme y precioso! Miraras adonde miraras, te sentías rodeado por una sensación de efervescencia colectiva. Acomodamos nuestras colchonetas y nos acostamos, preparados para dejarnos llevar por el ambiente hasta que llegara el gran momento. Sloane corría alrededor de nosotros, pisando las mantas de los vecinos por el camino e interrumpiendo las delicadas preparaciones que exigía soltar miles de globos encendidos con velas de forma segura.

En ese momento tendría que haber cambiado mi actitud. Solo uno de nosotros era capaz de controlarse con sensatez y adaptarse a los caprichos del otro, y esa persona era yo. *El adulto*. Pero no: me puse inflexible. Dejé que mi irritabilidad creciera por momentos. Mientras los demás estaban entretenidos con sus travesuras, la sensación de tener que vigilar su comportamiento cada vez me tenía más agotado. Tras un par de horas de espera, por fin soltamos nuestro globo. Percibí la maravillosa belleza del momento, sí, pero a través de una nube de frustración. El remate final fue que, cuando nuestro globo apenas se había elevado, Sloane gritó: «¡Quiero otro! ¡Quiero otro!». Grabé el momento en video, y más tarde lo compartí en Facebook, donde un amigo enseguida bromeó: «Estos niños siempre quieren más... Ja, ja, ja».

Al cabo de un rato, los dos nos moríamos de hambre y necesitábamos comer. Pero todos los demás también, así que las filas de los puestos de comida eran infinitas. (Si mi mujer hubiera estado allí, habría tenido la idea de traer algo para picar). Por fin nos acercamos al inicio de la fila y me llegó el delicioso olor de la comida. Ya le veía el blanco de los ojos al cajero. Y entonces oí la vocecilla de Sloane: «Papá, me hago pipí». Gruñí para mis adentros. Cuando bajé la mirada, sus ojos me dijeron que era en serio. Normalmente me habría salido de la fila, pero teniendo en cuenta cómo habían ido las cosas hasta ese momento —el hecho de que nada había salido como lo había planeado, el cansancio del viaje en coche, el hambre que tenía y la sensación de estar atrapado en una situación imposible—, dije las palabras mágicas: «Aguanta un poco».

Seguro que ya te imaginas adónde nos lleva esta historia. Se hizo encima unos momentos antes de que nos tocara pedir. Por suerte, no se disgustó demasiado. En realidad, lo que estaba era indignada. El disgustado era yo, porque de pronto vi la realidad: no era el padre más divertido de la historia, sino el peor.

Había quebrantado lo que ahora reconozco como las dos reglas esenciales de divertirse con niños: la primera es que hay que dejar que **lleven el timón**. El tiempo con los niños tiene que estar centrado en ellos, y hay un montón de médicos y psicólogos infantiles que me dan la razón. Tenemos que ponernos en el mismo punto que los niños, y eso significa entregarnos al juego sin reservas. Si eres un adulto con un déficit para divertirte por el mero hecho de divertirte, es probable que no te resulte fácil ponerte a jugar. Pero intentar reprimir el juego en los niños no solo es inapropiado desde el punto de vista del desarrollo, sino que además es la fórmula perfecta para que todo salga mal. Solemos pensar que el juego es el terreno de los más pequeños, pero también es una forma fantástica de conectar con preadolescentes y adolescentes. El truco está en encontrar la forma de no ser un mero espectador de la diversión de tus hijos. Recuerdo que algunos de mis amigos de la universidad me contaban que sus padres jugaban con ellos con la consola o que los llevaban a jugar golf. Eran siempre los que se iban a casa durante las vacaciones en lugar de quedarse en el campus. (E igual que con los más pequeños, no funciona en absoluto si no dejas que lleven el timón).

Pero aún hay una segunda regla, menos conocida: **el juego no es un juego si no se divierten los dos**. Esta regla también la rompí. Creé una situación en la que enfrenté la diversión de Sloane y la mía, y lo único que logré fue que no disfrutáramos ninguno de los dos. Ese fue mi error, porque, aunque pueda parecer que estas dos reglas forman una paradoja, no es así. O, al menos, no tiene por qué serlo. Este capítulo trata sobre cómo propiciar que las dos sean posibles.

Mientras estábamos formados en la fila para pedir, los pantalones de mi hija se empaparon y yo respiré hondo. Sloane había aceptado que primero pidiéramos la comida, y eso hicimos. Entonces empecé a reparar el daño que había hecho. Le di un abrazo enorme y subí su mojado cuerpecito a mis hombros para que no tuviera que caminar los incómodos casi tres kilómetros hasta el coche. Fue un momento de unión, ya que comimos y disfrutamos de la experiencia mientras dábamos ese largo paseo. Y, así, mi recuerdo favorito del Rise Festival no es el propio festival, sino el camino hacia el estacionamiento, empapándome los hombros con la orina de mi hija, y compartiendo unas papas fritas que dejaban bastante que desear. A pesar de todos los obstáculos, los dos lo recordamos como un día de lo más divertido.

PREPÁRATE PARA CAMBIAR DE RUMBO

Si tienes hijos, quizá ya estés familiarizado con los argumentos científicos que dan consistencia al consejo de dejar que los niños dirijan el juego. El juego suele describirse como «una actividad cuya motivación es intrínseca, que implica una participación activa y que genera descubrimiento desde la alegría».[6] El juego es voluntario, divertido y a menudo espontáneo. Los estudios al respecto sugieren que cuando los adultos no dejan que los niños lleven el timón y dirijan el juego —por ejemplo: «es mejor si lo haces *así*»—, ese descubrimiento alegre se ve limitado, lo que minimiza sus beneficios para el desarrollo. Cuando existe alguna presión extrínseca, lo habitual es que el juego deje de ser divertido. En un experimento dirigido por la doctora Elizabeth Bonawitz en el Departamento de Psicología de la Universidad de California en Berkeley, si a los niños de preescolar se les hablaba de una función concreta de un juguete, se centraban principalmente en ella. En cambio, los niños que no recibieron ningún tipo de instrucción exploraban y descubrían otras formas de divertirse con él.[7] En términos más generales, el llamado «juego dirigido por el niño» los empodera, los mantiene implicados y permite que expresen toda su creatividad. Lo cual es muy importante.

El problema es que muchos padres llevan este mensaje al extremo. Cuando sus hijos les dicen que salten, ellos preguntan que hasta dónde. No expresan sus preferencias, de forma que al final se encuentran, por ejemplo, jugando la décima partida de Candyland, preparando los pedidos de un tirano en miniatura cuyas exigencias son infinitas y que no sabe perder. Y la consecuencia de ello es que termina pareciéndoles una tarea tediosa, se desconectan mentalmente y lanzan tantas miradas furtivas al teléfono como pueden. O, directamente, se escapan. Ninguna de las dos cosas es buena para la diversión de ambas partes.

Si esta experiencia te resulta familiar, necesitas urgentemente una medida correctora, y de ahí la importancia de la segunda regla: *el juego no es un juego a menos que los dos se diviertan*. Esta idea nos llega del profesor Peter Gray,[8] uno de los muchos psicólogos que destacan la importancia del juego en el desarrollo emocional e intelectual de los niños. Y, como tal, también ha abordado la necesaria cuestión de cómo lograr que los padres se diviertan más jugando con sus hijos.

En su opinión, para que tanto padres como hijos puedan cosechar los beneficios del juego, hace falta negociar y ceder. Deja que tu hijo marque el ritmo, pero no tengas miedo de cocrear el juego de forma que hagan algo que les guste a los dos. Al fin y al cabo, si tu hijo estuviera jugando con un amigo, este no tendría problema alguno en decirle qué quiere hacer y qué no.

Después de tener todo un año para recuperarme del fracaso del Rise Festival con Sloane, decidí llevar a mi hijo, Archer, que entonces tenía un año y medio, al festival Hardly Strictly Bluegrass. De nuevo

Festival Hardly Strictly Bluegrass, San Francisco, California, 2/10/2016

fui yo quien escogió la actividad, pero esta vez me comprometí a disfrutar del día según sus términos. Era un pequeño terremoto, así que yo lo seguí a todas partes. No nos quedamos quietos ni un segundo, y eso significó que no pude hacer todo lo que quería, pero también hice algunas cosas que no me esperaba. Al dejar que correteara por donde quisiera, entablamos conversación con un montón de gente interesante que disfrutaba de su entusiasmo por absolutamente todo. Volví a casa satisfecho porque habíamos oído buena música y porque le había dado una experiencia fantástica a mi hijo, con el corazón lleno al darme cuenta de que su presencia había hecho que el festival fuera todavía más increíble. La decisión de dejar que el día girara en torno a él, en el contexto de una experiencia que yo había escogido y que sabía que me gustaría, resultó ser una combinación preciosa que estrechó nuestro vínculo de una forma divertida, llena de recuerdos y significado.

Porque recuerda que la diversión requiere autonomía. Y quizá esa es la conclusión más importante de aquel estudio sobre la crianza hijocéntrica: que lo que diferenciaba a esos padres y madres no era tanto su abnegación, sino su *autodirección*. Tomaron la decisión consciente de dar prioridad a sus hijos y se preocupaban por que cada interacción con ellos, independientemente de la actividad, fuera una expresión de su propio deseo.

SIN PRESIONES

¿La idea de cocrear o expresarle a tu hijo tus propias preferencias hace que te sientas nervioso, culpable o egoísta? Puede que te ayude saber que tu inquietud es producto de una visión muy moderna de cómo debemos criar a nuestros hijos. No hace mucho, una compañera de trabajo me dijo que estaba cansada porque se había pasado una infinidad de horas cumpliendo con lo que ella percibía como la obligación de jugar con su hijo. Es importante decir que ella no se divertía. El cómico Maz Jobrani tiene un *sketch* muy bueno sobre la tiranía de los estudios y las expectativas de la crianza moderna, que te llevan a representar un musical de Broadway de noventa minutos cada noche para conseguir que tu hijo se lave los dientes y ordene su habitación.[9]

Parece que tanto Jobrani como mi compañera de trabajo se sienten bajo el yugo, a veces desquiciante, de lo que el antropólogo David Lancy, de la Universidad Estatal de Utah, llama «neontocracia moderna»,[10] donde los hijos rigen la vida de los adultos.

Usando la antropología como guía, Lancy plantea que la idea de jugar con tu hijo —independientemente de la forma que adopte ese juego— es particularmente moderna y occidental. Lejos de ser un aspecto fundamental de la crianza de los niños, es un privilegio al que tienen acceso las sociedades ricas, industrializadas y formadas. En la mayor parte del mundo, y durante casi toda la historia, se ha considerado que la responsabilidad principal de los padres es querer y proteger, no actuar como compañeros o sucedáneos de «mejores amigos» las veinticuatro horas del día. En los siglos anteriores —e incluso hace apenas unas décadas—, los adultos hacían cosas de adulto mientras

los niños jugaban con otros niños. Lancy llama a este enfoque despega-
do *abandono benigno* y le encuentra ciertos beneficios, como por ejemplo evitar la proliferación de los «niñadultos». El abandono benigno se
ha vuelto a poner de moda en los últimos años de la mano del movimiento de crianza libre, del que participan algunos padres renegados
que dan a sus hijos un mayor grado de independencia a edades tempra-
nas para que desarrollen fortaleza mental, seguridad en sí mismos y
capacidades. Y lo cierto es que en muchos lugares del mundo, ciertas
formas de hacer que en Estados Unidos muchos verían como abandono —por ejemplo, no saber adónde va tu hijo (que todavía va a la pri-
maria) al salir de la escuela, o mandar a los niños a jugar solos al parque— sigue siendo un comportamiento normativo.[11]

Si comparto este punto de vista no es para defenderlo, sino para
apuntar que podría ayudarnos a recalibrar nuestras expectativas.
Quiero que te quites de encima la sensación de que jugar con tus hijos es una obligación porque, como ya vimos, con eso solo lograre-
mos suprimir una diversión que tanto depende de la autonomía.
Existe un punto medio muy agradable entre mandar a tu hijo a la
calle con un bate de beisbol para que se defienda y no apartarte de él
ni un segundo. Si te estás matando a base de intentar pasar cada momento que tienes para reforzar tu vínculo con tu hijo, puedes darte
un poco de tregua. Juega con él, pero también deja que pase ratos
haciendo sus cosas. Mi compañera al final se dio cuenta de que podía
pasar tiempo de calidad con su hijo al tiempo que lo animaba a que
jugara por sus propios medios. Por fin empezó a disfrutar del verano
en su jardín, mientras él estaba en lo suyo jugando con la manguera y
ella leía un libro.

En cuanto dejes de presionarte, es posible que empieces a ver los
ratos de juego con tu hijo como lo que son una elección voluntaria, no
una carga obligatoria. Incluso un privilegio. Ese cambio de mentalidad, al descargarte de una obligación e invitarte a divertirte de verdad,
puede ser transformador.

Reconocer que jugar con nuestros hijos nos beneficia a nosotros
tanto como a ellos no es una forma de manipularnos: es lo que dice la

ciencia. Michael W. Yogman, médico y profesor adjunto de Pediatría en la Facultad de Medicina de Harvard, es toda una autoridad en el campo de la salud del comportamiento. Los estudios del doctor Yogman ponen de relieve el valor del juego para los padres, el cual consiste en un rejuvenecimiento y una reconexión reconfortante con sus propias infancias.[12] También es una buena forma de tener una relación más satisfactoria con tu hijo: de conocerlo mejor, de ver el mundo desde su punto de vista y de disfrutar de su individualidad y sentido del humor. Otros estudios sobre esto mismo apuntan a que jugar a ser esto o lo otro con tu hijo o leer juntos puede reducir el estrés paterno y mejorar las interacciones entre padres e hijos.[13]

Como padres, *somos muy duros con nosotros mismos*, lo que no es de extrañar conociendo las presiones de una cultura de la crianza que puede hacer que sientas que estás fracasando si no les proporcionas un nivel tipo Muppets en vivo y en directo durante cada minuto del día. Cuanto más nos liberemos de estas expectativas, más veremos las ganas de jugar de nuestros hijos como invitaciones agradables a disfrutar con ellos.

Aprende a jugar mejor

La resistencia de los padres al juego va más allá del peso de la obligación. De lo contrario, oír las palabras «¿Juegas conmigo?» no llegaría, a veces, a sonar igual que «Me hice pipí en la cama sin querer». Lo cierto es que si el juego no estructurado no nos despierta demasiado interés, es por algo: tenemos los músculos de jugar atrofiados. Si la experiencia de jugar a algo como el tenis mejora cuando ganamos músculo y mejoramos nuestras habilidades y seguridad en la pista, con esto pasa lo mismo. Muchos padres están oxidados. ¿Te acuerdas de cuando observé a una serie de padres que no sabían por dónde empezar en la sala de los flotadores de piscina en un museo infantil? No son en absoluto los únicos que presentan resistencia y confusión cuando están en un contexto de juego libre. Los intentos bienintencionados de guiar a nuestros hijos mientras juegan casi siempre terminan estropeando la diversión. Stephanie Shine, profesora adjunta en la Universidad Tecnológica de Texas, observó junto a su coautora, Teresa Y. Acosta, algunas escenas familiares en el museo infantil de Austin (que ahora se llama Thinkery). En lugar de seguir a sus hijos y meterse en el juego, los padres solían dar ideas y mirar. Shine y Acosta se dieron cuenta de que muchos padres se preocupaban demasiado por lo que aprenderían los niños, y por eso no se relajaban ni se sumergían en situaciones imaginarias. Querían guiar a sus hijos hacia «experiencias de la vida real» y comportamientos prosociales, de forma que hacían sugerencias, narraban, explicaban, enseñaban y estructuraban.[14]

Igual que muchos adultos perdemos la capacidad de disfrutar de la diversión por el mero hecho de divertirnos, lo mismo ocurre con el juego. Tratamos de imponerle significados o forzamos el juego (y a nuestros hijos) a que encajen en nuestra forma de ver la realidad. Si cargamos al juego con nuestras prioridades adultas, como dejarlo todo ordenado o proporcionar experiencias de aprendizaje guiadas, podemos convertirnos en nuestros propios tiranos.

Pero el juego no es lo único que sale mal cuando perdemos nuestra habilidad de interactuar con el mundo como lo hacen los niños. A nosotros también nos afecta. Esta idea procede del psicoanalista Eric Berne, quien le dio la vuelta al paradigma al desarrollar un método para cambiar el comportamiento llamado análisis transaccional en la década de 1950. Berne resumió todo el comportamiento humano adulto como algo que surgía de tres posibles estados del ego: el Padre, el Adulto y el Niño. Este «modelo de los estados del ego» ayuda a explicar cómo nos comportamos y nos relacionamos. En el estado del yo padre, imitamos las reacciones de nuestros padres (o de alguna figura que influyera en nosotros) que vimos en el pasado. Por ejemplo, regañamos o gritamos para conseguir lo que queremos (si ese patrón estaba presente en nuestra familia). Pero el estado del yo padre no tiene por qué ser negativo; también es el estado que se asegura de que nuestras acciones sean moralmente aceptables y que seguimos los preceptos sociales.

El estado del yo niño nos devuelve a cómo actuábamos, nos sentíamos y pensábamos de niños. Por ejemplo, si recibimos una evaluación negativa en el trabajo, podemos ponernos a llorar o hacer un berrinche. Pero el estado del yo niño también tiene implicaciones positivas: según Berne, este estado del ego es la fuente de nuestras emociones, de la creatividad, de las preferencias de ocio, de la espontaneidad y de la intimidad.

Por último, el estado del yo adulto se desarrolla a medida que maduramos y nos ayuda a procesar la información y ver la realidad a través de un filtro.

Berne plantea que la forma de comunicarnos con los demás depende del estado del ego actual. Por ejemplo, no es extraño ver que un matrimonio se habla como si uno fuera un niño y el otro el padre. Nuestros estados del ego influyen en nuestras interacciones; Berne habla de «transacciones» entre personas. Incluso entre adultos, no siempre nos relacionamos como si lo fuéramos. Berne considera que las transacciones no productivas son problemas que radican en los estados del ego.

Aunque el estado del yo adulto se considera el más maduro de los tres, Berne deja muy claro que los necesitamos todos. Eso sí, para ser funcionales, debemos saber separarlos y reconocer cuándo un estado no nos está resultando útil, o cuándo reprimimos un estado que necesitamos. Si solo actuáramos a partir de un estado del ego, estaríamos incompletos. Por ejemplo, el doctor Thomas A. Harris, amigo de Berne y autor del clásico de la autoayuda *Yo estoy bien, tú estás bien*,[15] usando el análisis transaccional como base, plantea que una persona que bloquea el estado del yo niño seguramente no disfrutará de la vida; en parte porque, para disfrutar del juego de verdad, necesitamos acceder al estado del ego del yo niño. Este estado también deja que fluyan las emociones y la creatividad que no están limitadas por esa sed constante de dotar de significado a todo. Por tanto, si durante el juego siempre nos relacionamos desde el yo padre (dirigiendo, controlando, sugiriendo), somos menos capaces de dejarnos llevar y disfrutar de la interacción, y lo mismo es cierto para nuestros hijos. Adoptar el estado del ego del yo padre puede ser lo más apropiado en muchas situaciones, pero le quita el brillo al juego. *¿Y qué tiene eso de divertido?*

Es posible que la palabra *juego* todavía no te llene de emoción, pero ¿cómo te suena *liberación*? La liberación del aburrido conformismo del mundo adulto. Vuelve a concebir el juego con tus hijos como una oportunidad preciosa y poco frecuente de dejar de preocuparte por tu aspecto o por lo que piensan los demás. Los niños son de los pocos que no te juzgarán por ser excéntrico, extravagante y estar un poco chiflado. De hecho, muchas veces se mueren de ganas de que seas todo eso.

Prueba una o varias de estas estrategias para poner en forma los músculos de jugar

Crea tu propio ritual de transición. En *El poder de tu alter ego*,[16] Todd Herman cuenta la historia de un padre que estaba en el ejército. Este padre tenía muchas dificultades con sus hijos, porque pensaba que no les caía bien. Al trabajar con Herman, el padre se dio cuenta de que en casa mantenía el mismo rol que en el ejército: sargento instructor. No era de extrañar que a sus hijos no les gustara su compañía. Muchos padres trabajadores tenemos un problema parecido cuando volvemos a casa después de una jornada laboral: salimos del trabajo físicamente, pero no lo abandonamos mentalmente. En el tiempo que reservamos para estar en familia, seguimos dando vueltas a los problemas del día y dándoles seguimiento consultando el celular o la computadora. A veces incluso entramos por la puerta hablando por teléfono. La conexión con nuestros hijos mejora radicalmente si la transición entre el rol que tenemos en el trabajo y el rol que tenemos en casa es limpia. Algunos psicólogos hacen lo que llaman «ritual de transición» entre un cliente y el siguiente para poder mostrarse abiertos y presentes con cada uno. Tú también puedes usar esta herramienta. Antes de entrar por la puerta de casa (o de salir de tu estudio, si trabajas desde casa), date un momento para parar, centrarte y cambiar de rol mentalmente. Te puede ayudar respirar hondo unas cuantas veces para aclarar la mente antes de entrar en casa. A veces, yo me volteo la gorra. Una amiga de mi esposa sigue su calendario laboral tan al pie de la letra que su forma de hacerlo es que Outlook le envíe una notificación a las seis de la tarde para avisarla de que toca pasar tiempo en familia.

Pon en práctica la sugestión o modificación del relato. No te quedes atorado con la idea de que jugar es la mejor o la única forma de divertirse. En lugar de imponerte la presión de diseñar momentos de calidad o de enriquecimiento, modifica tu relato para generar diversión en el día a día. Haz que las tareas domésticas tengan algo de gracioso o convierte la hora de la cena en la noche de los juegos. En casa, esto nos ha funcionado muy bien. Por ejemplo, hubo una época en la que los veinte minutos antes de salir para la escuela pasaron a ser el peor momento del día. Para evitar retrasos, mi mujer y yo habíamos prohibido la diversión. Estábamos totalmente centrados en lo que había que hacer y los niños nos impacientaban, y ellos, como respuesta, nos contradecían todavía más. En la batalla de adultos contra niños casi nunca hay vencedores. Finalmente, decidimos modificar el relato y convertir el momento de prepararse para salir en un juego. El primer paso fue adelantar ese momento para que dejara de ser una carrera de locos llena de estrés. Entonces cambiamos un poco el contexto y añadimos algunas cosas graciosas a la rutina para cambiar la energía y los ánimos. La realidad objetiva no cambió. No voy a pintarlo todo de rosa y decir que los niños se preparaban más rápido, pero, subjetivamente, todo cambió. Salíamos por la puerta más o menos a la misma hora cada mañana, y todos estábamos mucho más contentos. No es un método infalible: todavía hay mañanas en las que todo falla, pero ahora hay más mañanas agradables que desagradables, y todo gracias a que hemos orientado la rutina hacia la diversión, que es un cambio que aprovechamos de maravilla. (Un truco de experto: si no te molesta el humor infantil, empieza el día con canciones apropiadas para niños del grupo Toilet Bowl Cleaners de Matt Farley. En mi experiencia, funciona mejor con los niños que con las niñas).

Réstale estrés al aprendizaje. Para ayudar a su nieto de seis años a enfrentarse a los obstáculos con una actitud juguetona, Susanne Cook-Greuter se inventó un juego llamado Missed. Cuando algo no sale bien, no lo corrige ni lo regaña: lo celebran diciendo «¡Hurra, fallamos!». «La oportunidad de aprender se vuelve algo divertido y se pierde la presión por hacerlo bien», me explicó.[17] A diferencia de los niños, los adultos tenemos el hábito de juzgar muy desarrollado, observa la doctora Cook-Greuter. Juzgamos las experiencias por reflejo a través de perspectivas lingüísticas y culturales. A muchos se nos condicionó para creer que lo más importante es dar con la respuesta correcta, porque nuestros padres y profesores nos recompensaron por hacerlo. Si reescribimos las reglas y celebramos tanto los aciertos como los fallos, damos libertad a los niños para que sigan su curiosidad sin miedo a ser juzgados.

Súmale la actividad física. Jugar a la lucha libre o a las peleas también puede ser benéfico para el desarrollo. El doctor Yogman (el profesor de Harvard del que ya hablamos hace un par de apartados) apunta a que este tipo de juegos pueden aportar muchas experiencias útiles a los niños, ya que mejoran la agilidad, les enseñan a calibrar la propensión a los riesgos, y aprenden sobre límites y empatía.[18]

También hay estudios que demuestran que cuando los padres y madres juegan e interactúan con sus hijos, liberan oxitocina, la hormona que mencioné por primera vez en el capítulo 1 y que se encarga de fomentar los vínculos sociales y la empatía. Un estudio israelí, por ejemplo, observó que los niveles de oxitocina de los padres aumentan cuando interactúan en un contexto de juego con sus hijos.[19] El estudio muestra que, en este estado de juego, se da una cantidad inmensa de intercambios positivos, lo que mejora el bienestar tanto del padre como del hijo. Pero no a todos los padres les gusta este tipo de juego tan activo; según uno de los estudios del doctor Yogman, el 70% de las veces son los padres, y no las madres, quienes participan en él.[20]

A mí me encanta poner la música a todo volumen con mis hijos y hacer carreras con ellos por la casa, un juego al que llamamos «El monstruo de las cosquillas». Mi mujer y yo tenemos un acuerdo: el caos se mantiene contenido en el piso de abajo para que ella se pueda ir arriba, cerrar la puerta y disfrutar de un rato tranquila mientras nosotros tenemos permiso para correr como animales salvajes durante un rato. Las bolsas de hielo y el pegamento se guardan antes de que vuelva a bajar, de forma que nuestras payasadas no afectan demasiado a su deseo de que todo esté ordenado.

Disfruta mientras juegan. Cuando ya no puedas jugar más, tómate un descanso observando cómo juegan ellos. En su libro *Savoring* [*Saboreo*], Fred Bryant escribe que: «Algunas formas desaprovechadas para mejorar el saboreo incluyen actuar de una forma más infantil o divertida o ser consciente de la alegría de los coparticipantes».[21] Observar de forma pasiva a tu hijo también te puede servir como calentamiento para adentrarte en su forma de jugar, del mismo modo que si pasas tiempo con un amigo aficionado al ciclismo puedes acabar «contagiándote», como vimos en el capítulo 7. También puede ser muy bueno para el niño que está siendo observado. Bruce E. Brown y Rob Miller, de Proactive Coaching LLC, llevaron a cabo un estudio informal en el que pidieron a cientos de atletas universitarios que pensaran en algo que les hubieran dicho sus padres y que hubieran aumentado su disfrute durante y después de sus partidos cuando eran pequeños. La respuesta más generalizada fue «Me encanta verte jugar». La autora Rachel Macy Stafford escribió una publicación en su blog[22] que se haría viral sobre el impacto emocional profundo e inmediato que estas palabras tuvieron en sus hijas, y que empezó diciéndoles después de sus competencias de natación y clases de ukelele. El impacto era doble: ver a sus hijas practicando sus respectivas actividades con esas palabras en mente aumentaba su disfrute, y luego, oír a su madre decirlas aumentaba la de las niñas.

El problema de los juguetes

Es posible que ya estés al tanto de la cantidad enorme de estudios que demuestran que las experiencias nos hacen más felices que las posesiones. Puedes contar con que esto mismo es cierto cuando hablamos de dar un empujón a la diversión en familia: deja los pasillos de los juguetes a un lado y céntrate en crear recuerdos juntos.

Hubo una época en la que tenía que viajar cada seis semanas por trabajo. Al principio seguí un consejo que me dio alguien para endulzar la decepción de los niños trayéndoles un regalo cuando volvía a casa. En teoría, el concepto parecía razonable, puesto que reducía la angustia de los niños al irme y reforzaba su ilusión por mi vuelta. Las primeras dos veces, la cosa funcionó como se esperaba: los niños se alegraban muchísimo de verme y estaban contentos con el juguete que les había traído. Era divertido para todas las partes. Pero a medida que fueron pasando los meses, la ilusión tenía que ver más con el juguete que con mi llegada. Sus deseos por la recompensa externa asociada con mi regreso se fueron sofisticando con el tiempo, hasta el punto de decirme con antelación qué querían, ayudados de un poco de investigación en Amazon. Al final, la cosa se arruinó totalmente cuando volví con Caitlin (una versión simplificada de uno de los trenes del mundo de Thomas y sus amigos) para mi hijo. Cuando lo vio, frunció el ceño, bajó los hombros en señal de disgusto y me dijo que no era lo que había pedido. (Había pedido una versión de Caitlin más cara, un modelo que traía un eje adicional. *¡Y tenía solo tres años!*).

La caminadora hedónica vuelve a mostrar su fea cabeza. Los niños son tan susceptibles a ella como los adultos, y especialmente cuando se trata de posesiones materiales. En cuanto tienen una cosa, quieren otra más grande, más brillante, diferente. Enseguida la casa empieza a parecerse a un vertedero, que es exactamente adonde irán a parar todas esas cosas. Tener más juguetes no significa que la calidad del juego sea mejor. Un estudio reciente de la Universidad de Toledo, en Estados Unidos, observó que cuando se le dan cuatro juguetes a un niño de entre uno y dos años, jugará más rato y de formas más creativas con cada uno que si se le dan dieciséis.[23]

La adaptación hedónica no es lo único que hace que las experiencias sean más valiosas como fuente de diversión duradera y positiva. El nivel de disfrute que obtenemos con algo —ya sea una experiencia o un coche nuevo— se ve reforzado por el nivel de deleite que pueda venir después. Fred Bryant y Joseph Veroff hablan de este fenómeno en *Savoring* [*Saboreo*] y citan al escritor francés François de La Rochefoucauld para simplificar lo que observaron al fijarse de cerca en el papel que desempeña el saboreo en la felicidad: «La felicidad no reside en las cosas en sí mismas, sino en el deleite que nos aportan».[24] Y esto es tan cierto en el caso de las experiencias como de los regalos: ambos salen reforzados por nuestra habilidad de deleitarnos con ellos *a posteriori*. Pero mientras que los niños pasan de un juguete al siguiente sin pensarlo, las experiencias proporcionan unos recuerdos ricos e indelebles que generan diversión al recordarlos mucho después del hecho en sí. Y lo que es mejor todavía es que las experiencias compartidas tienen la gracia extra de que refuerzan la relación cada vez que uno dice: «¿Te acuerdas de cuando...?» y evocan juntos el recuerdo.

En mi caso, no cerré la llave de los regalos del todo. Pasé a traerles regalos que fomentaran las experiencias, como rompecabezas y juegos de mesa, u otros juguetes que pudiéramos usar juntos. Ahora, cuando vuelvo a casa, traigo conmigo la oportunidad de hacer una actividad nueva y divertida en familia, y todos disfrutamos de ella. Y los juegos se usan mucho más, y durante más tiempo, que todos aquellos juguetes juntos.

EL CARRUSEL DE LA DIVERSIÓN: LOS RECREATIVOS DE CAINE

Si aún necesitas más pruebas de que los niños no necesitan juguetes —ni a los adultos— para divertirse, aquí te traigo el caso de los Recreativos de Caine. En 2012, Caine Monroy tenía nueve años e iba a pasar las vacaciones de verano dando vueltas por la refaccionaria de su padre en el este de Los Ángeles. En la refaccionaria no había muchos juguetes, pero sí un montón de cajas de cartón. Gracias a las creativas manos de Caine, aquellas cajas se convirtieron en máquinas recreativas en ciernes. Juego a juego, fueron llenando todo el lugar. Caine construyó una máquina con gancho, un juego de básquetbol, uno de futbol, y decenas de otros juegos. Imprimió entradas, tarjetas de visita y una camiseta para el uniforme del personal. Le estaba costando encontrar clientes, hasta que un día un director de cine entró en la tienda y fue el primero en comprar una entrada de quinientos juegos. Nirvan Mullick hizo correr la voz de la hazaña de Caine en Facebook, y con la ayuda del padre del chico, sorprendió al creador de los juegos al presentarse con una multitud de clientes muy emocionados. La historia se hizo viral y los seguidores de Caine recaudaron 242 000 dólares para ayudarle a pagar la universidad. Caine gestionó los juegos durante dos años, haciendo felices a miles de clientes, antes de «retirarse» para ir a la secundaria. Si quieres verlo con tus propios ojos, no te pierdas el corto *Caine's Arcade* (visita <https://share.michaelrucker.com/caines-arcade> para más detalles).

EL ARCHIVO DE LA DIVERSIÓN CON NIÑOS

Como ya sabemos, ampliar tus opciones aumenta las probabilidades de divertirte. Si tienes hijos, tendrás que incluir algunas ideas divertidas para ellos en tu archivo de la diversión. Aquí tienes algunas sugerencias para empezar:

- Apúntense a un curso juntos, el que ellos quieran.
- Hagan un huerto de pizza con todas las hierbas y verduras que les gusta añadir a la pizza.
- Busca en <Meetup.com> algún evento o club que podría gustarles a los dos.
- Vayan a algún concierto benéfico gratuito.
- Hagan un voluntariado juntos, por ejemplo para limpiar una playa o un parque cercano.
- Graben con el celular cortos en los que recreen las escenas de sus películas favoritas.
- Visiten un museo interactivo, como el Sloomoo Institute de Nueva York.
- Celebren una noche de juegos: rompecabezas, juegos de mesa o de películas.
- Vayan de excursión o pasen un rato con la naturaleza.
- Construyan cosas juntos o visiten una feria de artesanías.

NO OLVIDES TENER TIEMPO *PARA TI*

Por muy bien que se te llegue a dar sacar el niño que llevas dentro, y por muy agradables que sean las interacciones, admitámoslo: sigues necesitando un tiempo de descanso en el que no estés haciendo de padre o madre activamente. Hablo de ratos en los que hagas solo lo que tú quieras. La mayoría desarrollamos nuestras preferencias de diversión veinte, treinta o cuarenta años antes de tener hijos, y que nuestras vidas giren en torno a nuestras familias no significa que tengamos que olvidarnos de todo eso o, como decía Gilbert, «eliminar toda fuente de alegría que teníamos antes de que llegaran». Eso *no puede ser*. Si nos despegamos de todo lo que hubo antes, lo que quede no será lo suficientemente fuerte como para aguantar, y desde luego que no te aportará la energía necesaria para darlo todo como padre y en la pareja.

La clave reside en encontrar la forma de hacer que tus viejas pasiones encajen en tu nuevo estilo de vida. Adaptar tus actividades favoritas para incluir a tus hijos es un buen enfoque, pero no siempre es el mejor. A veces es más reparador —y divertido— reconectar con tu yo «de antes». Date espacio para rockear o renovarte, lo que te divierta más.

Eso es precisamente lo que hizo un amigo mío. Si buscas a Darren Pujalet en Google, verás fotos de un agente inmobiliario de buen aspecto en la conservadora Manhattan Beach, California. Pero si buscas «Darren Pujalet *drummer* [baterista]», los resultados de la búsqueda serán muy distintos. Te saldrán un montón de referencias de un baterista que toca con el grupo Particle, que ha tocado en festivales de fama mundial como el Bonnaroo de Tennesse y el Coachella de California. Es el mismo Darren Pujalet. Uno es el Darren de antes de tener hijos, y el otro es el de después de tenerlos.

Como baterista, había dado 1 300 conciertos a lo largo de diez años y diez países. Por varias razones, Darren no podía compatibilizar hacer giras con tener una familia, así que terminó dejando el grupo. Por desgracia, hacerlo significó que también dejaba lo que más lo entusiasmaba del mundo (al margen de ser marido y padre, claro): tocar en vivo frente a un grupo lleno de energía.

Aunque la historia de Darren es extrema, muchos padres adolecen de un sentimiento de pérdida y de desdoblamiento de identidades cuando se adaptan a responsabilidades nuevas. Darren terminó teniendo una carrera de éxito que además le gustaba, y estaba encantado con su familia. Aun así, con el tiempo, el cambio empezó a afectarlo. La paternidad empezó a hacérsele pesada. Pensó que había dejado atrás su vida anterior, pero lo cierto es que estaba proyectando una sombra muy negra sobre todo lo demás. Preocupado porque se veía cada vez más cerca de tener un colapso nervioso, por fin se sentó con su esposa. «Tengo que volver a tocar», le dijo. Juntos se dieron cuenta de que sus dos lados —baterista y padre— no eran tan compatibles como habían pensado. No podía dedicarse a la música a tiempo completo, eso lo sabía, pero sí podía seguir tocando e incluso actuar. Con el apoyo de su mujer, Darren empezó a reconectar con sus antiguos compañeros de grupo, y les dijo que tenía muchas ganas de tocar en algunos conciertos. Pronto se volvió a subir al escenario y trasladó la energía de los conciertos a todas sus otras interacciones. Como se sentía más cómodo consigo mismo, pasar tiempo en casa con su familia pasó de agotarlo a rejuvenecerlo. Y en los momentos en los que cuidar de unos humanos pequeños empezaba a entrar en el cuadrante de la Angustia —nos pasa a todos—, tenía más fortaleza y paciencia para seguir adelante y hacerlo con amor.

Vale la pena volver a mencionar los datos que apuntan a que, a pesar de que los padres modernos estamos mejorando nuestra contribución a la repartición de tareas con los niños en comparación con las generaciones anteriores, la balanza de las oportunidades de ocio sigue estando a favor de los padres (en especial en las parejas heterosexuales). Independientemente de la forma que tenga cada familia, el objetivo debería ser que las oportunidades de diversión sean igualitarias. Por ejemplo, Darren apoya la pasión de su mujer por el yoga y se encarga de las obligaciones familiares cuando ella necesita un descanso, lo que a veces significa ir a retiros de yoga en otros lugares.

Si estás casado, concéntrate en brindarle tu apoyo a tu pareja, y pide lo mismo para ti. Si eres padre o madre soltero, quizá sientas que dedicarte un tiempo para ti es imposible; pero estoy casi seguro de que tienes amigos que estarían encantados de hacer de tío o tía mientras estás fuera. Puede incluso que alguno esté dispuesto a hacerlo de forma regular para que puedas convertir tus aficiones en un hábito, en lugar de practicarlas de vez en cuando.

Tener tiempo *para ti* es muy importante, y para los padres que están casados o tienen pareja, también lo es el tiempo *para nosotros*: necesitan tiempo para relajar y reconectar, fuera de la vida doméstica. Si solo vas a hacer una cosa después de leer este capítulo, que sea sentarte con tu pareja y busquen un día que no esté muy lejano para pasar una noche los dos haciendo lo que quieran. Luego, busquen a otra familia con la que intercambiar sesiones como niñeros. Que no te dé vergüenza: diles qué día tienes pensado salir y ofréceles tres fechas en las que podrías hacer lo mismo por ellos. Los servicios de niñeras son estupendos, pero son caros, y su costo pondrá mucha presión en su noche libre. Además, hacerlo de esta forma es una forma fantástica de estrechar lazos con otra familia al mismo tiempo que creas espacios (y gratis) para un poco de diversión adulta.

Mirar a lo lejos

Para la mayoría, la familia es un compromiso para toda la vida, pero eso no significa que las familias no cambien drásticamente con los años. Lo que nos parecía divertido hace un año puede dejar de serlo al siguiente, por no hablar de cuando haya pasado una década. Esto es más evidente cuando hay niños pequeños, pero seguir adaptándose puede ser más difícil a medida que padres e hijos van cumpliendo años. Desde la independencia que casi todos los adolescentes desean hasta el desasosiego justificado de la generación sándwich, pasando por la soledad y el dolor que aparecen cuando el nido se queda vacío, la expresión «los días son largos, los años son cortos» está cargada de verdad. Si tu relación con tu pareja o con tus hijos no es como te gustaría, este es un buen momento para empezar a hacer las cosas de otra manera. Está en nuestras manos aprovechar las oportunidades de reinventarnos, de, por decirlo de algún modo, tirar a la basura el archivo de la diversión que se quedó anticuado y empezar de nuevo.

Cindy Myers, de cincuenta y siete años, y su esposo Mike, de sesenta y nueve, sintieron la profunda e inesperada felicidad que nos puede estar esperando si tenemos el valor de hacer grandes cambios. Durante treinta y cinco años, desde que Cindy iba a la secundaria, vivió en un pueblo llamado Ridgecrest, en California. Ridgecrest es una comunidad aislada y conservadora en la que la mayoría de los habitantes trabajan para el gobierno. Tanto Cindy como Mike tenían buenos puestos en el gobierno que les permitían tener una buena casa y recursos para viajar, pero Ridgecrest era como un guante que nunca terminó de sentarles bien. No obstante, siguieron viviendo allí, estancados en la seguridad del *statu quo*, a pesar de la incómoda sensación de que la vida no era todo lo satisfactoria que podría llegar a ser. Se quedaron «principalmente por obligación y porque teníamos mucho miedo», me dijo Cindy. Su hija y sus nietos, así como la madre y la abuela de noventa y ocho años, vivían en Ridgecrest, lo que hacía aún más difícil tomar la decisión de irse. Durante todos esos años, la cercanía de su familia la había ayudado a no sentirse sola cuando Mike estaba de viaje.

En los años siguientes a la jubilación de Mike, a los sesenta y cuatro, su situación cambió. Mike siempre había sido una persona muy activa y amante de las emociones fuertes, y ello había empezado a pasarle factura. Poco a poco tuvo que ir dejando de hacer algunas de las cosas que le apasionaban, como escalar en las montañas. Una de las pasiones que su salud aún le permitía era navegar, pero Ridgecrest era un pueblo de interior. Cindy y Mike decidieron que la solución era cortar las raíces que los habían mantenido anclados a la casa en la que habían vivido todos esos años y mudarse a la costa del Pacífico. Cindy me dijo: «No tenía una personalidad demasiado abierta a los cambios. Nunca la tuve. Y no estaba muy segura de quién era o de lo que quería en la vida. Pero, al final, el reloj dijo "Despierta de una vez o te lo vas a perder todo". Sabía que era ahora o nunca. Así que seguimos adelante».

Se enfrentaron a sus miedos uno por uno, y algunos resultaron carecer de fundamento. Uno era que tendrían que dejar a sus nietos, pero resultó que, cuando compartieron sus planes con su familia, descubrieron que su hija y su yerno también estaban interesados en mudarse. También los intimidaba deshacerse de décadas de posesiones acumuladas en una casa grande, pero el esfuerzo valió mucho la pena. «No tengo palabras para explicarte lo liberador que fue asentarnos y darnos cuenta de que ya no estábamos rodeados de todas esas porquerías», dice Cindy.

Por fin llegó el momento de mudarse desde Ridgecrest a Puget Sound, en la costa de Washington. Ahora, en sus vidas la diversión tiene un paisaje completamente distinto: cada mañana al levantarse, Cindy tiene unas maravillosas vistas a Cascade Mountains, y disfruta viendo jugar a los delfines y las nutrias marinas. Por su parte, Mike encontró un grupo de amigos y compañeros de aventuras en el muelle. Y como Cindy es artista y tenía un estudio en su casa de Ridgecrest, al principio pensó que pasaría todo el tiempo en la vecina Port Townsent, donde muchos artistas tienen sus estudios y galerías. Pero se dio cuenta de que lo que más le gusta es explorar su nuevo territorio. «Cada calle que tomo es una nueva aventura. No conozco nada de esta zona, así que es muy divertido», me comentó. Ella y Mike pasan mucho tiempo en su barco, un crucero de cabina —«es básicamente una autocaravana flotante»—, descubriendo nuevos horizontes y puertos cercanos.

Cindy no solo se siente renovada, sino que siente que es una persona diferente, mejor, que antes de mudarse. Está más tranquila y relajada, y más segura sobre sus pensamientos y sentimientos. Y lo mejor de todo es que la relación con su familia ha mejorado. Su hija encontró una casa a veinticinco minutos, una distancia que Cindy considera «una bendita sorpresa». Ahora se ven una vez a la semana, lo que los obliga a ser más conscientes del tiempo que pasan juntos y le da a Cindy el espacio que necesitaba para construir su propia vida después de la jubilación. Su relación con Mike también ha cambiado de formas que no esperaban. Después de pasarse tantos años trabajando, «el primer año fue bastante difícil, tuvimos que volver a conocernos». Pero ahora han construido una relación nueva, más cercana, y todo gracias a la oportunidad de empezar desde cero en un lugar nuevo, de reconfigurar sus viejas rutinas, al tiempo que siguen disfrutando muchísimo de sus nietos con la ventaja añadida de contar con un terreno de juego más amplio.

Llévate el hábito de la diversión al trabajo

> Si tu jefe te tiene amargado, míralo a través de los dientes del tenedor e imagina que está en la cárcel.
>
> RICKY GERVAIS

Deja a un lado todas las formas en que las empresas te pueden haber vendido la idea de «divertirse trabajando». Olvídate, al menos por ahora, de esos incómodos *afterwork*, de las pizzas gratis o de los artificiosos eventos sociales patrocinados por la empresa. Quítate de la cabeza los pasteles de cumpleaños, las mesas de ping pong y los frascos enormes llenos de M&M. Los concursos de calcetines extravagantes. La «cultura de la diversión», los viernes informales, la libertad de «ser tú mismo». Los conciertos en la oficina. (Bueno, esos igual pueden quedarse).

Olvida también la idea de que la diversión en el trabajo tiene que ver con «perseguir tu pasión» o alcanzar tu mayor ambición. Inténtalo y despídete (*al menos durante un minuto*) de la popular idea de que el trabajo puede o debe ser agradable.

Todas esas cosas no tienen nada de malo. A mí me gusta el ping pong. Lo que pasa es que la diversión artificial en el trabajo suele adolecer de tres cosas. La primera es que es forzada, y eso nunca es divertido. La segunda es que está pensada para que les guste a todos. Y la tercera es que, por muy bien que lo adornen y te lo vendan, el trabajo no deja de ser trabajo (piensa por ejemplo en que podríamos decir que la mesa de ping pong de la oficina está pensada para que te quedes más rato). Pero, por otro lado, si se hace bien, los beneficios de incorporar a la jornada laboral una diversión de verdad, que no se parezca en nada a la productividad, son enormes. La diversión no nos distrae del trabajo, tal como se pensó durante tanto tiempo, sino que nos ayuda a hacer lo que tenemos que hacer. La ciencia apoya la idea de que disfrutar del día a día nos ayuda a alcanzar objetivos a largo plazo; lo divertido hace que lo difícil sea más fácil. Las doctoras Kaitlin Woolley y Ayelet Fishbach son dos investigadoras que han demostrado estas asociaciones una y otra vez. En un proyecto de investigación sobre los logros académicos y el tiempo de estudio, demostraron que unificar elementos divertidos con el acto de estudiar aumentaba la persistencia en las tareas escolares entre alumnos de secundaria.[1] Sus estudios también han revelado que las personas tendemos a subestimar el poder de las recompensas a corto plazo: incluso si abordamos una actividad motivados por una recompensa tardía, las recompensas inmediatas suelen ser más motivadoras.[2]

Pero que nadie confunda el propósito de la jornada laboral de cualquier trabajador: llevar a cabo un trabajo productivo y a menudo exigente a cambio de dinero. Yo viví la burbuja puntocom, ese periodo breve y caótico en el que las empresas tecnológicas creyeron que el trabajo consistía en ver quién daba las mejores fiestas y compraba las sillas más bonitas, y todos sabemos cómo acabó la cosa. Porque sí: el trabajo es eso, ¡trabajo! Pero lo cierto es que la inmensa mayoría necesitamos trabajar para sobrevivir y, dependiendo de la coyuntura económica, no siempre podemos elegir. Teniendo estos factores en cuenta, debemos cambiar ligeramente la perspectiva del significado de la diversión en este contexto, y no limitarnos a meter a la fuerza actividades de ocio *ad hoc* o instalar fondos de paisajes tropicales en Zoom.

Veamos cómo podemos medir nuestro éxito en cuanto a incorporar el hábito de la diversión al trabajo. Pregúntate lo siguiente:

¿Termino la jornada a la hora que toca y con energía?

Cuando puedas responder que sí, te garantizo que no solo estarás explotándolo en el trabajo, sino que además seguramente estarás maximizando el potencial de la diversión todos los días. (Y si tu jornada laboral no termina nunca, tendremos que ponerle remedio. El síndrome del agotamiento laboral supone un gran problema para muchos en este clima profesional en el que siempre estamos conectados y se espera que demos «el 110%»). Debemos evitar a toda costa llevar una vida en la que cada noche caemos muertos en el sillón, y estamos demasiado agotados para disfrutar de las horas que no pasamos trabajando.

Empecemos con un planteamiento radical para todo el que sienta que el éxito profesional define su valía personal. ¿Puedes darle menos importancia al trabajo? Para muchos, esto no es nada fácil. Encontrar y mantener un trabajo, el que sea, que reporte las ganancias suficientes como para vivir cómodamente es un reto complicadísimo por naturaleza. Y más allá de la estabilidad económica, la vieja ética protestante del trabajo puede mostrar su fea cabeza. La creencia tan arraigada de que el trabajo define nuestra identidad tanto en lo material como en lo espiritual afecta a personas que trabajan en grandes oficinas bajo muchos jefes y la sombra de Recursos Humanos, así como a emprendedores y trabajadores por cuenta propia.

¿Te resultaría más fácil si te dijera que trabajar de una forma más relajada podría tener un efecto enorme no solo en tu energía, sino también en tu rendimiento? No estoy hablando de tu comportamiento; adoptar una personalidad más relajada puede beneficiar a algunos y perjudicar a otros, por ejemplo a los que se encuentran en las primeras etapas de su vida profesional y deben demostrar su credibilidad y sus capacidades. Estoy hablando del juego mental de cómo abordamos y ejecutamos las tareas propias del trabajo. En la década de 1970, Donald MacKinnon llevó a cabo una investigación revolucionaria sobre personas de éxito consideradas las más creativas de sus respectivos campos. MacKinnon quería saber si lo que diferenciaba a estas personas era algún atributo innato, como un coeficiente intelectual elevado. Resultó que no se debía a ningún rasgo inherente: observó que habían desarrollado una «forma de operar» que les permitía *trabajar como si se tratara de un juego*. No lo llamó el «hábito de la diversión» pero, en esencia, eso es lo que era, solo que aplicado al trabajo. Y al tener este hábito, el trabajo que producían era más interesante y su implicación era mayor.

Tú también puedes desarrollar una forma nueva de operar en el trabajo —ya sea que tengas una oficina con vistas o un escritorio en tu habitación— que permita que tu hábito de la diversión crezca con fuerza. Y es el momento perfecto para hacerlo, ahora que la tecnología, a pesar de todas las dificultades que genera, ha flexibilizado como nunca el mundo laboral. Cada día hay menos empleados que acuden a una oficina. Muchas empresas ahora funcionan en remoto o permiten que los empleados sigan un modelo híbrido, y la flexibilización horaria cada vez está más aceptada. También hay muchas personas que trabajan por cuenta propia, lobos solitarios que entran y salen de los equipos, o trabajadores que se encargan de tareas específicas asignadas a través de plataformas digitales. Pasamos de los concursos de calcetines chistosos a trabajar con el pantalón de la piyama puesto. Incluso aquellos cuyos puestos están anclados a un espacio físico notarán este cambio hacia una mayor autonomía y variedad de opciones. No hay mejor momento para darle una vuelta radical a nuestra actitud y forma de enfocar la vida laboral.

EL INGREDIENTE SECRETO DE LA DIVERSIÓN EN EL TRABAJO

En 2020, los doctores Erik Gonzalez-Mulé y Bethany S. Cockburn publicaron un intrigante estudio titulado «Este trabajo me está matando (literalmente)».[3] Los investigadores buscaban asociaciones entre el trabajo y la mortalidad; en otras palabras, querían saber qué tipo de condiciones laborales podían llegar a afectar a la salud física y mental hasta el punto de aumentar el riesgo de muerte. Puede que estés pensando que los empleos exigentes, y por tanto muy estresantes, son los que matan, pero no es así. De hecho, bajo ciertas circunstancias, los empleos exigentes se relacionaron con estados de salud *mejores*. Lo que los datos observados a lo largo de veinte años acerca de más de 3 000 trabajadores revelaron es que un empleo estresante tendrá más probabilidades de matarte si además *careces de autonomía*.

Los seres humanos anhelamos autonomía. La necesitamos. Se suele considerar que la ambición profesional está motivada por el deseo de tener poder, pero es un error creer que las personas ambiciosas quieren ejercer poder sobre los demás. Tal como concluyó una revisión de nueve estudios llevados a cabo por investigadores de la Universidad de Colonia, la Universidad de Groningen y la Universidad de Columbia, «Las personas desean ostentar poder no para gobernar a otros, sino para gobernar su propio dominio, para controlar su propio destino».[4] Además, la autonomía desempeña un papel fundamental en la motivación. La teoría de la autodeterminación,[5] desarrollada por el doctor Richard M. Ryan y el doctor Edward L. Deci a partir de una investigación muy extensa, sugiere que tanto la motivación como el aprendizaje alcanzan su punto álgido cuando satisfacemos tres necesidades humanas básicas: la autonomía, la competencia y la relación (en cuanto al sentimiento de conexión que carece de motivos ulteriores).

Cuando tenemos un mayor control sobre nuestro trabajo, gozamos de mejor salud y estamos más motivados, y todavía hay otro beneficio importante, que tal vez sea el más importante para nuestro hábito de la diversión: es menos probable que lleguemos a casa sin energía ni inspiración. La teoría de la autodeterminación va más allá de la mera motivación y el mero aprendizaje, ya que, en realidad, es clave para la vitalidad, o dicho de otro modo, nuestras ganas de vivir. Cuando nuestras necesidades de relación, competencia y autonomía no están cubiertas, nos sentimos rendidos y vacíos.

Todo esto apunta a otra razón que nos ha llevado a separar mentalmente el trabajo de la diversión: durante esas cuarenta horas (o puede que más) de tu vida, es otro quien te dice dónde tienes que estar, qué tienes que hacer, e incluso cómo debes hacerlo. Si sientes que tu trabajo o empleo no tiene nada de divertido, pregúntate:

- ¿Siento que tengo autonomía durante mi jornada laboral?
- ¿Con cuánta frecuencia mi trabajo me hace sentir competente?
- ¿Con quién me relaciono y me llevo bien en el trabajo?
- ¿Puedo expresar mis opiniones e ideas libremente?
- ¿Estoy aplicando mis mejores habilidades y talentos adecuadamente? ¿Por qué, o por qué no?
- ¿Con qué frecuencia (y hasta qué punto) percibo compañerismo en el trabajo?
- ¿De qué aspectos de mi trabajo puedo estar contento porque me resultan satisfactorios?
- ¿Hay alguna oportunidad que me permita aprender e implicarme más y que probablemente me parecerá divertida e interesante?

A partir de aquí, ve resolviendo los problemas uno a uno. Por ahora, centrémonos en activar la palanca de la autonomía. La tecnología nos ha proporcionado oportunidades para reivindicar nuestra autonomía que las generaciones anteriores de trabajadores no tuvieron: la posibilidad de trabajar desde casa o desde una playa en Bali; la capacidad de comunicarnos de forma asíncrona y a través de toda una serie de dispositivos; la capacidad de proporcionar servicios como terapias, formación y orientación a distancia. La pandemia de la COVID-19 aceleró estas tendencias y llevó a muchas empresas a hacer algo que parecía imposible: encontrar formas de mantener el negocio funcionando a toda máquina con el 100% de la plantilla vía remota. Los empleados que jamás pensaron que se librarían del cubículo de pronto se encontraron adaptando sus departamentos para convertirlos en un despacho propio. Puede que ahora tengamos más carga de trabajo que nunca y que los límites sean espantosamente borrosos, pero al menos lo hacemos a cambio de una mayor flexibilidad.

En paralelo, gracias a las investigaciones al respecto como los estudios que mencionamos, los directores de departamento —al menos, los buenos— están abriendo los ojos ante los beneficios de traspasar tanto control como sea posible a los trabajadores. Y esto no concierne solo a quienes se dedican a labores intelectuales. Los centros de trabajo como los hospitales y las fábricas están descubriendo que los problemas se detectan y se resuelven más rápidamente cuando se alejan de las políticas de mando y control y empoderan a los que están en primera línea.

Trabajes en lo que trabajes, es muy probable que tengas la posibilidad de aumentar tu autonomía. Quizá lo único que hace falta es que la busques de forma proactiva.

Primera estrategia: que tus descansos sean tuyos

Los descansos no son solo una pausa de las tareas propias del trabajo: son tu oportunidad de autonomía total durante ese tiempo... si es que eres capaz de resistirte a la presión social de sumarte a una conversación vacía junto a la máquina de café. La relación (conectar con los demás) y la autonomía están relacionadas con la vitalidad. Y, aun así, resulta que utilizar los descansos para disfrutar de la autonomía es mucho más importante para tu bienestar que dedicarlos a socializar. Esta fue la conclusión a la que llegaron John Trougakos y sus colegas, quienes observaron que **las actividades relajantes que nos facilitan una autonomía elevada durante la hora de la comida son la mejor forma de recuperarnos del estrés laboral.**[6] Especulaban con que esto ocurre porque socializar en el trabajo exige autorregulación —cuidar y controlar nuestro comportamiento—, lo que a menudo enerva más de lo que relaja. Al fin y al cabo, nadie puede garantizar que pasar un rato con los compañeros genere sentimientos de relación; en cambio, la autonomía no depende de nadie más que de ti mismo.

En el grupo estudiado, qué hicieran durante la hora de la comida no importaba tanto como que lo eligieran por ellos mismos. En otras palabras: la máquina del café es una *elección* perfectamente válida si es que la ves como una actividad divertida y reparadora. Incluso trabajar durante la hora de la comida les fue bien a los participantes del estudio que lo habían hecho *motu proprio*. Además, comer con dos de tus mejores amigos puede ser distinto de comer con un compañero de trabajo cualquiera, en cuyo caso probablemente tendrás que autorregularte más, lo que es posible que termine provocando fatiga.

La conclusión es la siguiente: la hora de la comida y los descansos son tuyos y debes poder usarlos como quieras. Elige deliberadamente qué quieres hacer con esos ratos para que, cuando vuelvas, te sientas renovado (y no todavía más cansado).

Segunda estrategia: define tu espacio creativo

Incluso cuando somos los responsables de un proyecto, no siempre nos sentimos autónomos cuando nos sentamos a trabajar en él. Para empezar, sabemos que algún día alguien lo juzgará, por lo que tenemos la imagen de nuestro jefe, superior o cliente siempre presente. Recuerdo que, cuando de joven cofundé la empresa de *marketing* Zugara, era muy emocionante diseñar campañas creativas digitales que sabíamos que serían utilizadas por gigantes como Disney y Sony. ¡Nuestro arte digital iba a estar *por todas partes*! Pero, por otro lado, saber que los equipos jurídicos y las directrices de la marca al final serían los que decidirían qué podíamos y qué no podíamos hacer a veces empañaba nuestra ilusión y entusiasmo. Las limitaciones pueden poner fin a la diversión. Además, los centros de trabajo, tanto si vamos físicamente como si participamos de forma virtual, suelen ser un hervidero de estrés, ansiedad y, en ocasiones, incluso miedo. La mayoría trabajamos en un dominio creado por otros, lo que de nuevo hace que nos cueste más sentir que tenemos el control. Esto afecta a nuestro bienestar y a la calidad del trabajo. Cuando sentimos que no tenemos el control, el sistema nervioso simpático puede tomar el timón y llevarnos a pensar que cualquier paso en falso podría matarnos. ¿Cuántas ganas tienes de divertirte cuando eres presa del pánico? ¿Pocas? Yo igual. El consejo para superar este problema procede de una fuente inesperada: el famoso cómico John Cleese, de los Monty Python. En una conferencia que ya ha dado muchas vueltas,[7] Cleese explicó lo que considera que es el secreto de la inusual creatividad de sus guiones, incluso en comparación con los de sus talentosos compañeros de Monty Python. En línea con las observaciones de Donald MacKinnon, Cleese dijo que sus resultados no eran mejores porque tuviera más talento, sino porque estaba dispuesto a pasarse más tiempo sentado ante el guion, retocándolo hasta obtener el material más original posible. Tras contar esta historia, Cleese hizo algo espectacular: detalló su versión de un «sistema operativo» para abordar el trabajo de una forma más traviesa y con la mente abierta y relajada.

Cleese dice que se necesitan tres cosas: espacio, tiempo y seguridad. Aunque él no lo enmarca de esta forma, para mí todas ellas juntas crean una sinergia que, más allá de crear espacio, construye una fortaleza en la que gozas de gran autonomía para abordar el reto que sea que te espera en tu escritorio.

Empecemos por el *espacio*: debes poder entrar en un espacio cómodo que esté bajo tu control. Así es como estableces una distancia psicológica de tu jefe, de tus compañeros y de todos los aspectos que controlan el trabajo y que hacen que tu fluidez mental se vea obstaculizada por fechas de entrega estresantes, juicios y miedos.

Luego está el *tiempo*: es importante que tu sesión de «juego» tenga un principio y un final claros. Cleese citó al historiador neerlandés de principios del siglo XX Johan Huizinga para explicar la importancia de este punto: «El juego se distingue de la vida cotidiana tanto en localización como en duración. Esta es su característica principal: su aislamiento, su limitación». Dicho de otra forma, si quieres abordar tu trabajo de una forma más divertida, tienes que separarlo de tu forma de trabajar habitual marcando un principio y un fin definidos, creando así un espacio único en el tiempo apartado de la imperiosa línea temporal tradicional que se acerca precipitadamente a la fecha de entrega.

Y, por último, está la *seguridad*: si no confías en ti mismo, confía al menos en tu proceso. Cleese dice que el camino para sentirte seguro de ti mismo rápidamente es decirte que, cuando estás en este estado de juego, los errores no existen. Nadie puede juzgarte. Puedes tomar todo el trabajo que has hecho y romperlo en mil pedazos y no enseñárselo nunca a nadie.

Este es tu espacio, tu tiempo para jugar, y tú tienes el control. Durante esos momentos, tu trabajo consiste en jugar y divertirte con la tarea en cuestión, siguiendo unas reglas que tú inventaste.

Tercera estrategia: pide lo que necesites

Aquí va una verdad incómoda: si tu superior es excesivamente controlador o controladora, es señal de que no confía en ti. Puedes ponerte a la defensiva o puedes implementar algunas medidas proactivas para ganarte su confianza. Ve a tu jefe (o cliente) y asegúrate de que las expectativas y prioridades son claras y acordadas de antemano por ambas partes. Tuve un profesor inolvidable, el doctor Barry Grossman, quien dijo que las partes con las que cumples siempre deben tener cierta sensación de confianza y de control, y que la una depende de la otra. Dile a tu jefe o a tus clientes que los mantendrás informados acerca de tus avances en intervalos determinados. Y, por último, el punto más importante: mantenlos informados de forma regular. Yo mismo empecé a utilizar este método después de leer la publicación de Kate Frachon en la página web Ink+Volt de Kate Matsudaira,[8] y animo a los empleados a que también lo hagan. Créeme cuando te digo que a ningún jefe —o a muy pocos— le gusta estar encima de ti todo el tiempo. Es agotador y requiere mucho tiempo. Lo que a jefes y responsables les importa es que entregues un trabajo de calidad y a tiempo. Cuando un empleado toma las riendas y demuestra que está listo para gozar de más autonomía, los superiores suelen estar preparados para dársela, siempre que se la haya ganado.

Cuarta estrategia: no te dejes llevar por la mentalidad de la escasez

Tener el dinero necesario para mandar a despedir a todo el mundo no está al alcance de la mayoría, por muchos cafés que nos tomemos.

Necesitamos trabajar. Ahora bien, cuanto mayor sea tu seguridad económica, más sentirás que tu trabajo es una elección y no un contrato de servidumbre. La economía también afecta a la autonomía de autónomos y emprendedores. Si como autónomo no te organizas bien, ver cómo disminuye tu cuenta bancaria se puede convertir en un amo mucho más tiránico que tu antiguo jefe de la oficina. Y si eres emprendedor, ten siempre presente que solo eres tu propio jefe si te autofinancias: desde el momento en el que entran inversores a escena, hasta cierto punto estarás a expensas de las exigencias de otros. Si eres un pequeño empresario o un trabajador por cuenta propia que piensa que el éxito exige hacer crecer tu empresa sin parar, el fantástico libro *Company of One*[9] [*Empresa de uno*] de Paul Jarvis quizá te haga cambiar de opinión.

Puesto que la necesidad de gozar de estabilidad laboral es real y fuente de tantos miedos, muchos se quedan atrapados en una mentalidad de la escasez que no les permite hacerse cargo de su propia carrera o posición actual. Tal vez seas de los que piensan que «los trabajos no crecen en los árboles» y —según el clima económico— es posible que estés en lo cierto. Sin embargo, al quedarte en ese paradigma puede ocurrir que no veas las oportunidades que sí existen, o que incluso te impida crearlas por ti mismo. Si ves que este es tu caso, intenta crear un inventario de riqueza *no financiera* en el que incluyas cosas como las habilidades o cualificaciones especiales que puedes ofrecer, y los amigos y familiares que te apoyarían mientras buscas un nuevo empleo. Saber que tienes opciones puede ayudar a contrarrestar el miedo a correr riesgos en tu trabajo actual, además de empoderarte para buscar otro que sea más divertido, que pague mejor... o, con un poco de suerte, ¡ambas cosas!

EL CARRUSEL DE LA DIVERSIÓN: LOS REYES
DEL *BEER PONG*

Puede que perseguir tu pasión no siempre sea un camino de rosas, pero no cabe duda de que quienes logran surfear con éxito la ola de tener su propio negocio se lo pasan de maravilla, y especialmente si su actividad les permite alcanzar ese equilibrio mágico entre la autonomía, la competencia y la relación. Dos de mis ejemplos favoritos son Nate y Jeremy Fissell, dos hermanos de mi ciudad natal que tomaron la pasión de Jeremy por inventar y la personalidad entusiasta de Nate y las combinaron para construir un imperio del *beer pong*. Han hecho de la diversión su negocio. Todo empezó cuando Jeremy, que ya había estado importando y vendiendo pulseras luminosas, se dio cuenta de que podía añadirlas a la orilla de un vaso modificado. Varias patentes e innovaciones después, nació el vaso de fiesta que brilla en la oscuridad.

Se asoció con Nate y juntos aplicaron el nuevo invento de Jeremy al *beer pong*, el popular juego de beber, y desarrollaron una línea específica llamada GlowPong. Luego tunearon una camioneta con imágenes de personas jugando y lanzaron el producto en lugares como Isla Vista, en California, donde se encuentra la Universidad de California en Santa Bárbara, en la que había estudiado Nate. «En Isla Vista me persiguió una multitud, porque todo el mundo vio la camioneta», dice Nate. «Me seguían por la calle con sus bicicletas, gritando: "Oye, ¿me das otro?". Tuve que esconder la camioneta, y no es broma». Tras asistir a una feria comercial en Las Vegas, no tardaron en firmar un contrato para vender su juego en todas las tiendas de regalos de Spencer Gifts, y más recientemente abrieron su tienda de GlowPong en Amazon. Tal como lo explica Nate: «Desde el principio, tratamos de transmitir buena onda con la marca. Despéinate, haz locuras. Vístete con los colores de tu equipo. Sé el equipo rojo que lleva los vasos rojos y compite con el equipo de los vasos azules. Vendíamos esa idea divertida y veraniega de California, y con los años, valió mucho la pena».

Jeremy es el tipo de persona que se implica al cien por ciento en todo lo que hace, a lo que se refiere con cariño como «su enfermedad». Los proyectos que pone en marcha al margen de su trabajo principal generan otros proyectos; GlowPong es uno de varios negocios que ha construido a partir de sus inventos. Pero también es coleccionista, y tiene una nave de 230 m² que a veces funciona como de museo improvisado. Tiene todos los Walkman que se han hecho, 11 bicis BMX, una pared llena de chamarras de esquí *vintage* de OP, una colección enorme de radiograbadoras y —la joya de la corona— una colección de trenes de antes de la Segunda Guerra Mundial en una vitrina que mide 2.7 m de altura y 3.7 de ancho hecha a la medida. «La gente viene y se queda asombrada —dice—. Mi colección de trenes de antes de la guerra de escala 0 compite directamente con el museo ferroviario de Sacramento. Hago cosas de este estilo. Creo ciegamente en lo que hago, y le pongo muchas ganas». Su otra pasión, sus dos hijos y su esposa, sirven para equilibrar la balanza y sacarlo del taller.

Nate se encarga de las operaciones y las ventas. «Dedico la mitad del día a gestionar, contestar correos, lo que surja por la mañana. Luego suelo ir a la nave. Hago un poco de trabajo físico. Pongo las etiquetas de los envíos, gestiono las importaciones. Suena aburrido, pero me la paso muy bien». La autonomía es, sin duda alguna, parte de la gracia. «Puedo organizar cualquier día de la semana como mejor me parezca. Es una libertad infinita». Y le saca provecho viajando continuamente con sus amigos, unas aventuras que lo llevan por todo el mundo. «Tengo que ir de aquí para allá o me vuelvo loco», dice riendo.

CONTROLA LA EXCITACIÓN

Muchas de las estrategias para ganar autonomía que describí en este capítulo tienen una ventaja adicional: todas ayudan a controlar la excitación. No estoy hablando de sexo. La excitación, como constructo psicológico de la emoción, hace referencia al nivel de estimulación (o enervación) que provoca una actividad concreta en nuestro estado de energía. Muchos centros de trabajo generan un estado de excitación elevada constante que a veces es deliberado, pero no siempre. Seguramente has percibido algo así al entrar en una tienda de ropa moderna. Ponen la música a todo volumen y unas luces muy brillantes pensadas para animarte tanto a ti como a sus empleados. Con esta diversión artificial, esperan que, cada vez que entres, termines tu visita motivado para comprar, comprar, comprar. En el entorno de una oficina, la excitación elevada no suele provocarse con música e iluminación. Más bien es el resultado de correos electrónicos que no dejan de llegar o aplicaciones como Slack que no paran de enviarte notificaciones. Los autores Adam Gazzaley y Larry Rosen escribieron un libro titulado *The Distracted Mind*[10] [*La mente distraída*] sobre el estrés y la ansiedad inducidos por los mensajes digitales a causa de la elevada excitación que producen constantemente. En las empresas comerciales, puede que sea la campana que suena tras cada venta. Reuniones encadenadas. Objetivos agresivos y la comunicación incesante de lo que está en juego.

Es importante entender que toda esta excitación no tiene por qué ser perjudicial; pero puede ser que a ti sí te perjudique. El matiz está en que algunas personas funcionan mejor en estados de gran excitación, mientras que otros se derrumban. Sea cual sea tu nivel de excitación óptimo, cuando se descompensa demasiado, tu trabajo baja de calidad, no te sientes competente y terminas la jornada laboral sintiéndote como algo que un perro dejó en la banqueta.

El trabajo es más divertido cuando aprendemos a observar y gestionar mejor nuestra propia excitación. Con esto ganamos en dos sentidos. Primero, somos más productivos porque trabajamos de una forma más eficiente. Avanzamos más rápido, nos sentimos más capaces y recogemos los beneficios de ambos. Y, en segundo lugar, al terminar el día tenemos más vitalidad porque nos sentimos más capaces y porque sentimos parte de la energía para nosotros mismos.

Este concepto es nuevo para muchos, pero hay un grupo que ha sabido afinar la relación entre la excitación y el rendimiento: los deportistas. Dado que la excitación tiene un efecto distinto en cada individuo, los estados de excitación elevada pueden ayudar o perjudicar. Hay deportistas, igual que hay trabajadores, que rinden mejor a base de adrenalina y de nervios, mientras que hay otros que rinden mejor cuando están relajados y no se sienten presionados. Durante décadas, los entrenadores han seguido un modelo desarrollado por el psicólogo del deporte ruso Yuri Hanin para encontrar el punto perfecto que beneficie al rendimiento. En cuanto un deportista encuentra su Zona Individual de Funcionamiento Óptimo (IZOF, por sus siglas en inglés), es decir, las emociones y el grado de excitación que le permiten rendir al máximo, puede establecer las condiciones necesarias para entrar en la zona adecuada cuando lo necesita.[11]

Para aplicar este método, piensa en las veces en que has producido tu mejor trabajo. Busca dos o tres palabras que describan tus emociones en ese momento. Entonces piensa en las veces en que tu trabajo se ha visto perjudicado e identifica dos o tres emociones asociadas con esos momentos.

Ejemplo del perfil IZOF de Hanin

Emociones útiles	Emociones perjudiciales
Excitado	Reticente
Energético	Cansado
Motivado	Inseguro
Seguro	Aburrido
Relajado	Tenso
Satisfecho	Nervioso
Ilusionado	Insatisfecho
Agradable	Enojado

A partir de las emociones con las que te identifiques, podrás empezar a ver en qué punto del espectro entre una excitación baja y una elevada te encuentras. Piensa en cómo puedes modificar tu entorno de trabajo para que encaje mejor con tu Zona de Excitación Óptima. Por ejemplo, supongamos que has elegido «Excitado» y «Energético» como emociones útiles y «Enojado» como perjudicial. Estas emociones sugieren que rendirás mejor en estados de alta excitación. Si trabajas en la silenciosa soledad de tu oficina en casa, quizá haya llegado el momento de experimentar trabajando en una cafetería o en una oficina compartida. O supongamos que rindes mejor cuando te sientes «Agradable» y «Relajado», y que trabajas en una oficina diáfana. Cuando sepas que tienes que concentrarte, trata de reservar una sala tranquila una tarde, dar un paseo para centrarte, o preguntar si puedes trabajar desde casa.

No se trata tanto de definirte como uno o lo otro, sino de ser más consciente de qué eleva tu excitación y las emociones correspondientes y cómo afectan estas a tu trabajo, para que puedas hacer pequeños cambios en tu entorno y abordar las tareas más difíciles desde tu estado óptimo.

Algunas formas de estimular la excitación
- Sesiones de ejercicio físico y movimiento corporal divertidas y vigorizantes (por ejemplo, clase de gimnasia en grupo en el almuerzo, celebrar reuniones caminando, etcétera)
- Una buena taza de té o café
- Entretenimiento excitante (música muy animada, charlas inspiradoras, etcétera)
- Poner en práctica la creatividad y la curiosidad (lluvias de ideas, aprender una habilidad nueva, etcétera)
- Competitividad sana
- Mantenerse hidratado

Algunas formas de rebajar la excitación
- Leer
- Pasar tiempo con tus mascotas
- Aromaterapia
- Iluminación adecuada

- Cuidar de las plantas
- Meditación y conciencia plena
- Llevar un diario
- Caminar
- Tomar una siesta

Ahora que ya sabemos que cada uno está hecho para rendir mejor en un cierto nivel de excitación, debemos también tener en cuenta *qué* estamos haciendo. Habrá algunas actividades que se hacen mejor en estados de excitación elevada, y otras que se benefician de una excitación baja. Los psicólogos investigadores Robert Yerkes y John Dodson establecieron esta relación a principios del siglo XX cuando intentaban entrenar a unos ratones para que entraran en una caja específica, para lo cual les administraban corrientes eléctricas si escogían la caja que no era.[12] Si la tarea era sencilla, los ratones aprendían mejor el proceso cuando recibían las descargas más potentes. En cambio, cuando la tarea era compleja, las descargas más potentes ralentizaban su aprendizaje. La excitación era útil, pero solo hasta cierto punto, pasado el cual el rendimiento se estancaba. (Aunque no somos ratones, ¿acaso no nos identificamos todos con esto?).

Desde su publicación, otros investigadores han desarrollado las conclusiones de Yerkes y Dodson, y ahora el consenso general es que es mejor abordar las tareas complejas o los aprendizajes nuevos desde un estado de excitación bajo o medio. Las tareas conocidas, que no tienen por qué ser sencillas pero que se repiten a menudo, se abordan mejor desde una excitación media. Y, finalmente, las tareas sencillas se benefician más de un estado de excitación elevada.

¿Qué significa todo esto? Que, cuando sea viable, reacondiciones tu entorno y la propia tarea para que se ajuste al nivel de excitación deseado. Aquí tienes dos consejos para que empieces a darle vueltas:

- Si puedes organizarte de esta manera, haz primero las tareas más difíciles, antes de que empiece a afectarte el ruido cognitivo del día, y cuando la presión temporal es menor. Si eres una persona nocturna, es posible que te beneficie más hacerlo al revés.

• Si tienes que ocuparte de algo aburrido y administrativo, aumenta la excitación convirtiéndolo en una misión contrarreloj: ¿puedes terminarlo antes de tal hora? También puedes programarlo al final de la jornada laboral para motivarte a terminarlo y poder salir por la puerta. Si crees que no te llevará a cometer errores, puedes darle un punto divertido agrupándolo con otras actividades (por ejemplo, emparejando una tarea repetitiva con música excitante).

El problema de «ser tú mismo» en el trabajo

El grado en que nos sentimos conectados con los demás es otro factor importantísimo que determina si salimos del trabajo con energía o agotados. La relación en el trabajo no es algo sencillo. Para empezar, el tiempo que pasamos socializando con los compañeros de trabajo no nos garantiza que nos sintamos renovados. En el estudio de John Trougako sobre los descansos que vimos antes, a los empleados les beneficiaba más dedicar el descanso para la comida a *trabajar* que asistir a una comida de empresa obligatoria. Así de poco nos gusta tener que socializar por obligación.

Socializar de forma voluntaria en el trabajo también puede dejarte agotado. Piensa en el tiempo que pasas con tus amigos fuera del trabajo. Te diviertes y te sientes renovado porque te puedes relajar y ser tú mismo sin tener que preocuparte por si te juzgan, se ofenden o persiguen objetivos ocultos, algo que no siempre puedes hacer en el trabajo. Si tienes suerte y tus compañeros te hacen sentir así, ¡fantástico! Pero, aun así, en el trabajo debes proteger tu credibilidad y, según lo raro que seas en tu estado natural (yo lo soy *mucho*), ello puede generar un cierto nivel de riesgo y tensión.

Todavía hay otro problema con la socialización en el trabajo. Un aspecto de ser un buen compañero tiene que ver con colaborar para crear una atmósfera en la que todo el mundo se sienta cómodo e incluido. Sabemos que a menudo eso no ocurre en el trabajo, especialmente para aquellos que no entran en los grupos mayoritarios por razones de género, orientación sexual, raza o etnia. Para que haya diversión en el trabajo es necesario que se establezcan espacios en los que todo el mundo se sienta seguro, un objetivo que muchos centros de trabajo todavía no han alcanzado. Encontrar la manera de hacerlo no entra en el ámbito de este libro. Además, no existe un remedio fácil y rápido, y los intentos de dar con la solución suelen poner una presión inmerecida sobre los empleados marginalizados. Aquí puedo ofrecer un ejemplo personal, el de mi esposa, cuya familia procede de las islas del Pacífico. Cuando tuvieron lugar las manifestaciones para poner fin al odio contra los asiáticos en 2021, la animaron a que compartiera su punto de vista en un webinario que se extendería a toda la empresa y que formaba parte de la política de fomento de la diversidad, la igualdad y la inclusión de su empresa. Compartir su experiencia personal con sus compañeros ha dado lugar a unas conversaciones muy necesarias dentro una empresa en la que no hay muchos empleados asiático-americanos y de ascendencia de las islas del Pacífico, y le alegra ver que su empresa se está esforzando por ayudar a que los empleados se entiendan mejor entre ellos. Y, aun así, reconoce que la experiencia de compartir y revivir una serie de recuerdos dolorosos relacionados con su raza fue una experiencia angustiosa a la que no se habría prestado de forma voluntaria.

¿Todo esto te lleva a pensar que preferirías limitar tus interacciones sociales al mínimo en el trabajo? Habrá quienes consideren que esa es la mejor opción, y habrá quienes sigan buscando oportunidades de establecer conexiones humanas durante su jornada laboral, o incluso fuera de ella. Para estos últimos, aquí van algunos datos.

1. Las interacciones sociales forzadas casi nunca son divertidas o renovadoras. Es muy importante que todo el mundo tenga esto presente, y muy especialmente los líderes. Y ni siquiera es necesario que este tipo de encuentros sean obligatorios para que se perciban como coercitivos. Los *afterwork* son una práctica estándar en muchas empresas, pero apenas estamos empezando a ver lo perjudiciales que pueden llegar a ser. Por muy buenas que sean las intenciones, lo que hacen es alargar la jornada laboral. Quienes no beben alcohol se sienten aislados desde el principio, y los que lo hacen pueden encontrarse fácilmente en un estado vulnerable que ponga en riesgo su credibilidad e incluso su seguridad porque se tomaron una copa de más. **La conclusión es la siguiente:** si necesitas que tus empleados beban para que se diviertan juntos, seguramente lo mejor sea que este tipo de diversión no se dé en un contexto laboral. No acudas a estos eventos si no disfrutas de ellos, y presiona para que se establezcan alternativas. Puede que al principio te estrese la idea de tener que quejarte, pero dejarás de sentirte apartado en cuanto te conviertas en un referente para otros que comparten tu malestar.

2. Persigue tu afinidad. Los grupos afines han sido la opción preferida de muchas corporaciones grandes que buscan crear un espacio social seguro y de apoyo para los trabajadores que pertenecen a grupos infrarrepresentados, ya que reúnen a personas de todos los niveles y funciones. Puedes aplicar este concepto en términos más generales para buscar amigos y aliados en tu entorno profesional. No dejes que ni tu función ni el organigrama de tu empresa te limite o te sirva de guía siquiera, y busca a personas con quienes puedas tener una afinidad personal y compartir intereses. Busca a alguien con quien poder hacer alguna actividad, como por ejemplo alguien a quien le pueda interesar ir a dar un paseo en bici después del trabajo. Si tu objetivo son las interacciones sociales regeneradoras, seguramente te irá mejor si buscas establecer relaciones con las personas con quienes trabajas *menos* estrechamente, ya que habrá menos factores profesionales en juego (siempre que tengas cuidado de no abusar de una dinámica de poder). Puede que descubras que te aporta más energía pasar el rato con la persona que se encarga de la recepción que con los miembros de tu propio equipo.

3. Llévate a tus amigos al trabajo. Si cuando estás en el trabajo echas de menos relacionarte, pero no tienes la posibilidad de hacerlo, utiliza las pausas para conectar con tus amigos que no son del trabajo. Sal a comer con tu mejor amigo o sal y llámalo mientras te da un poco el sol. Sáltate el *afterwork* y sal con algún amigo, o invítalo a que te acompañe para no sentirte solo.

Los que trabajan por cuenta propia, emprendedores y otros profesionales de este tipo —cualquiera que pueda controlar su horario, colaboradores y ubicación— aún lo tienen más fácil. Si tu cociente de relación es bajo, busca alguna forma de propiciar el contacto y ponla en práctica, por ejemplo:

- Cada semana, piensa en alguna persona con quien hayas colaborado y con la que no hayas tenido relación en seis meses, y contacta con ella.
- Sal a comer una vez por semana con algún contacto que te caiga bien o con quien crees que te llevarías bien si lo conocieras mejor.
- Haz una actividad una vez al mes con un compañero agradable, como hacer una clase en el gimnasio o ir a un museo.

Y si te sientes solo trabajando desde casa, charla un rato con los repartidores. ¿Por qué no? Es fácil subestimar el potencial de las conexiones y encuentros sorpresa como fuentes de diversión. Eso es lo que observaron Nicholas Epley y Juliana Schroeder cuando preguntaron a un grupo de personas que iban al trabajo en tren y autobús en Chicago acerca de las conversaciones con desconocidos.[13] La mayoría de los viajeros dijeron que charlar con un desconocido haría que el trayecto fuera el menos agradable de todos. Entonces, los investigadores pidieron a un subgrupo elegido al azar que hicieran justamente eso y los enviaron a su camino. Todos los intentos de conversación fueron correspondidos, que era mucho más de lo que habían predicho de antemano. Y aquí viene lo bueno: después, las personas que habían hablado con desconocidos fueron las que manifestaron haber tenido el viaje más agradable. Quítate de encima los prejuicios sobre con quién te gustaría conectar (en situaciones en las que te sientas seguro psicológica y físicamente, por supuesto). Sácale todo el jugo a la serendipia. Es una buena forma de añadir sorpresas a tu día a día, y ya sabemos (desde el capítulo 6) que hacerlo nos estimula de formas que las mismas rutinas de siempre no harán.

Aprende a saborear tu trabajo

Ya te di un kit de herramientas para que infundas energía en tu trabajo a partir de lo que dicen la ciencia y mi propia experiencia. Ahora te toca a ti. La naturaleza tan única de la diversión (y del trabajo) hacen que solo puedas obtener los mejores resultados si experimentas por tu cuenta. Pregúntate: ¿qué puedo hacer para incrementar mis sensaciones de autonomía, competencia y relación en lo que al trabajo se refiere? ¿Qué puedo hacer para disfrutar más de las horas de mi jornada laboral? Como paso final, **prueba a aplicar el sistema SAVOR**.

Sugestionarse o modificación del relato: ¿Qué historias te cuentas a ti mismo sobre el trabajo que pueden estar jugando en tu contra? Pon en orden tus prioridades personales y tus valores y fíjate en si tus acciones están alineadas con ellos. No hay nada más agotador que luchar contra tu propio instinto.

Modificar el relato también te puede ayudar en un sentido más práctico. Según Kaitlin Woolley, cuyo trabajo sobre las relaciones entre el placer y la motivación ya mencioné, pasar de centrarte en los aspectos de tu trabajo que no te gustan a aquellos con los que disfrutas puede suponer una gran diferencia. Para aumentar el placer percibido de cualquier tarea profesional, Woolley sugiere que te preguntes: «¿Hay aspectos de esta actividad de los que disfrute de forma inherente en los que pueda centrarme?».

Agrupación de actividades: Agrupar actividades en el trabajo puede ser maravilloso... o puede estropearse rápidamente. Por ejemplo, ver la televisión mientras haces papeleo puede parecer una gran idea, pero solo hasta que te das cuenta de que cometiste errores y que, además, no te acuerdas de nada del capítulo que acabas de ver. Las actividades que agrupamos deben reforzarse mutuamente, no debilitarse la una a la otra. Trata de emparejar tareas sencillas con actividades placenteras (como escuchar música). También puedes pensar en la agrupación de actividades como un tipo de recompensa: si dedicas una hora a hacer algo difícil y que requiere mucha concentración, a continuación podrías hacer una de las actividades relajantes y divertidas de tu archivo de la diversión.

Variabilidad hedónica: ¿La monotonía del trabajo te resulta deprimente? Una forma bastante típica de darle un poco de vida al asunto es utilizar la variabilidad hedónica y cambiar tu horario: pasar de una tarea a otra, cambiar el orden en el que sueles hacer las cosas, lanzar una moneda al aire para decidir qué tarea hacer a continuación, etcétera. Pero ¿y si haces una locura y, en lugar de eso, optas por lo contrario? En lugar de introducir novedad al trabajo haciendo muchas cosas, encuentra la forma de *hacer exactamente lo mismo*. Cuando tengas que hacer tareas pesadas, tediosas o aburridas, aborda la situación como si fueras un investigador: métete hasta el fondo y saca a relucir descubrimientos que hagan que la tarea vuelva a ser interesante. Encontrar enfoques nuevos es un juego emocionante en el que el rival eres tú mismo. Otra forma de verlo es que hasta la tarea más repetitiva se vuelve divertida cuando la conviertes en un arte. Haz tuyo el espíritu de Martin Luther King, Jr., quien dijo: «Si les corresponde ser barrenderos, barran las calles como Miguel Ángel pintaba cuadros, barran las calles como Beethoven componía música [...]. Barran las calles como Shakespeare escribía poesía». Esta fórmula tiene el potencial de hacer que te impliques en cualquier empleo, siempre que el foco sea la actividad en sí misma y no sea el deseo de ser reconocido por tu trabajo lo único que te motive.

Opciones: Tanto si trabajas por cuenta propia como si trabajas por cuenta ajena, es posible que te hayas asentado en una función clara y rígida. Y también es probable que te estés imaginando parte de esa rigidez. Estoy casi seguro de que tu vida laboral te proporciona muchas opciones que nunca has explorado, ya sea ayudar a un compañero con uno de sus proyectos o lo que yo llamo «trabajar en los beneficios». Por poner un ejemplo sencillo: ¿a cuántos eventos relacionados con tu sector o profesión has asistido en los últimos tres años? Los congresos y encuentros son grandes oportunidades de salirse de la rutina mental, física y social en la que te has instalado en el trabajo. No esperes a que te inviten: investiga y toma la iniciativa de pedir el presupuesto y el tiempo para poder asistir, especialmente a eventos que no solo te permitan ejercitar la curiosidad y crecer como profesional, sino que también ofrezcan oportunidades de diversión paralelas. Nunca olvidaré la vez que mi compañero Brady Tuazon, tímido pero envalentonado por un par de cervezas, captó la atención de Dave Grohl en un concierto de Foo Fighters en el evento comercial de E3 en Los Ángeles. Cuando Dave preguntó al público qué quería oír, Brady gritó: «¡Toquen Zeppelin!». Aunque Dave no complacería a Brady con esa canción ese día, sí lo invitó a que subiera al escenario. Tras un poco de bromas amistosas, Brady se dio cuenta de que sería la única oportunidad que tendría de tocar con los Foo Fighters. ¿Y cómo lo consiguió? Sencillamente, *preguntó*. «Este rarito quiere tocar algo de Zeppelin... Pues muy bien, Brady, a ver qué sabes hacer». Y, solo con eso, Brady estaba sobre el escenario con los Foo Fighters, con la guitarra de Dave Grohl en las manos, tocando *Whole Lotta Love* enfrente del público. Después de su solo, compartió un whisky con cola con Dave en el escenario.[14] El tipo se pasó semanas como flotando de la emoción. *Vaya crack.*

La cuestión es buscar oportunidades para salirte de tu rol, de tu entorno o de tu zona de confort (si lo que vas a obtener a cambio te va a divertir). Piensa en tu entorno de trabajo como si fuera una zona de juegos. ¿Qué materiales o equipos no has probado? ¿Qué territorio te queda por explorar? ¿A qué amigos puedes llevar contigo? Sé creativo y proporciónate opciones fuera de los confines de tu función.

Rememorar: Mi fuente de inspiración cuando se trata de rememorar en el trabajo es el experto en cambios del comportamiento BJ Fogg, un científico social que invita a todo el mundo a usar el «superpoder» de ser capaz de hacerte sentir bien en cualquier momento dado. Fogg insiste en la importancia de las celebraciones. «En mi investigación he observado que los adultos tienen muchas formas de decirse "Lo hice mal", y muy pocas de decirse "Lo hice bien"».[15] No hace falta que sea tu superior o un cliente quien te lo reconozca: acude a un compañero, a un amigo o a un ser querido para celebrar los hitos importantes y auténticos, tanto los grandes como los pequeños. Con quién lo celebres no importa tanto, siempre que la celebración sea sincera. Yo tengo un artefacto al que le tengo mucho cariño, un trofeo que mi compañero también escritor Ryan MacFadden me regaló cuando le dije que tenía un contrato de publicación para este libro. Es un trofeo de mármol de una mano haciendo el gesto de los cuernos que dice *Kick Ass*. Puede que te parezca una tontería, pero que un autor al que admiro me regalase un objeto físico me dio la libertad que necesitaba para celebrar algo intangible por lo que había trabajado mucho. Conseguir publicar un libro tiene tantos hitos durante el camino que es fácil perder la perspectiva y no pararse nunca a decir «Diablos, lo conseguí». Y Ryan, con su detalle, consiguió que lo hiciera. Incluso hoy, cuando lo miro, puedo recordar ese momento de victoria y saborear el sentimiento una y otra vez.

Si quieres que los demás reconozcan tus méritos, empieza por reconocer los suyos. Verás qué rápido esa energía positiva que irradias te llega a ti también.

TRES ATAJOS PARA MEJORAR TU VIDA LABORAL DE INMEDIATO

Si eres de los que siguen pensando que «quizá jugar en el trabajo sea posible para ciertas personas y en ciertos trabajos, pero no en el mío», quiero que conozcas a Judy Cornelison. Judy trabaja en un lugar que en general se considera un cementerio de la diversión: la consulta de un dentista. Es higienista dental. De hecho, es mi higienista dental. Judy no creció soñando con ser higienista, sino que optó por esta profesión desde el pragmatismo, cuando vio que necesitaba un empleo después de haber criado a sus hijos y divorciarse. Un orientador profesional le planteó la idea, y un trabajo de cuatro días a la semana, con un sueldo decente y seguro dental gratuito le sonó muy bien a alguien que había dedicado la mayor parte de su vida a ser madre y a colaborar como voluntaria en la escuela de sus hijos. Además, personalmente, nunca había tenido una experiencia negativa en el dentista. Así que se puso las pilas para obtener la formación necesaria y puso en marcha su nueva carrera profesional. No obstante, pronto descubrió algo un poco deprimente: la mayoría de las personas odian ir al dentista. No querían estar en su silla. No se había parado a pensar en que su nuevo objetivo profesional la convertía en lo que sus clientes percibían como la peor parte de su día. Judy era extrovertida y le gustaba conectar con las personas, y todas aquellas interacciones insatisfactorias, sumadas, la dejaban agotada emocionalmente. El trabajo en sí era tolerable, pero no era divertido.

Pero Judy encontró la solución a su problema, o más bien, se tropezó con ella. Un día de finales de diciembre, un cliente le regaló unas divertidas gafas de Feliz Año Nuevo. Cuando su cliente ya se había ido, ella sintió el impulso de dejárselas puestas. ¿Por qué no? Cuando su siguiente cliente entró por la puerta, Judy alzó la vista, preparada para ver la típica expresión que dice «uf, estoy en el dentista». Pero no: el paciente vio las gafas, se quedó sorprendido un momento, y luego sonrió de oreja a oreja. Las gafas habían roto el hielo. Judy se las dejó puestas durante todo el día, excepto durante los ratos en que estaba haciendo las higienes. Y durante el resto del día, recibió sonrisas y carcajadas.

Esa noche decidió que cada día se pondría algo especial, a veces un complemento, a veces un vestido entero. Estaban el sombrero y las gafas de flamenco; un gorro de tiburón; lucecitas navideñas; un disfraz de pies a cabeza de monstruo volador y comedor de personas de color lila, con cuernos y un solo ojo. Si lo puedes imaginar, Judy se lo ha puesto. Veintiocho años —y miles de conjuntos— después, nunca ha faltado un día al trabajo, y su decisión no ha transformado solo su trabajo, sino también la experiencia de todos a los que nos trata. Gracias a Judy, ir al dentista no es solo el mejor momento del día, sino que me alegra la semana entera. Puede que, desde la distancia, suene a cursilería, pero es que va mucho más allá de los propios disfraces. Es el placer de encontrar a alguien que ha decidido seguir un camino un poco extravagante con la única intención de ayudar a los demás a relajarse y a sonreír en una sofocante consulta médica.

Su *performance* tiene un impacto muy real. Judy cuenta que tiene pacientes de antes de la época de los disfraces que solían pedir anestesia para la limpieza, y que ahora no la necesitan «porque estuve dispuesta a hacer algo que los tranquilizó». A los pacientes les encanta llevarle objetos divertidos que encontraron mientras hacían las compras o estaban de viaje para que los añada a su repertorio. A sus hijos a veces les dan vergüenza sus disfraces, especialmente cuando alguien comparte una foto en redes sociales, pero a ella no. «No me molesta en absoluto. Me gusta. Se ha convertido en mi estilo».

Seguramente nadie habría incluido la higiene dental en su lista de «proyectos apasionantes», pero en eso lo convirtió Judy. Para perseverar durante tanto tiempo y para transmitir tanta alegría como Judy hace falta pasión. Y ahí encontramos una lección muy importante que quizá necesites oír si todavía crees que en tu jornada laboral no tiene cabida la diversión: nos paralizamos a nosotros mismos cuando pensamos que la pasión en el trabajo depende de lo que hacemos y no de cómo lo hacemos. Integrar la pasión en el trabajo es una decisión que puedes tomar hoy, una decisión que tiene el poder de convertir el tedio en diversión.

El doctor Michael Gervais, psicólogo especializado en alto rendimiento, uno de mis primeros mentores y cuyo trabajo me ha influido enormemente, habla de los peligros de la «trampa de la pasión», la idea de que para ser felices debemos encontrar y alcanzar una pasión concreta.[16] Es otra de las caras de la trampa de la felicidad, de la famosa caminadora hedónica, porque aquí volvemos a vincular nuestro disfrute con un estado mejorado futuro. ¿Y el aquí y el ahora qué son, minucias? ¿Una decepción inevitable? Si la vida es lo que pasa mientras haces planes, ¡zaz!, habrás determinado tu destino.

Podremos alcanzar unos resultados mucho mejores, desde ya, si le damos una vuelta a cómo vemos ese «ahora». Si te resulta familiar, es porque es lo que hemos hecho desde que empezamos a construir tu hábito de la diversión, solo que ahora aplicamos las mismas estrategias y tácticas directamente al trabajo. Deja de pensar que algún día llegará la satisfacción laboral, cuando llegues a tal o cual puesto o consigas esto o lo otro. Deja esas tonterías para fulanito y pregúntate algo que es mucho más urgente: **¿cómo puedo disfrutar más del trabajo que hago hoy?**

En pocas palabras, te estoy pidiendo que dejes de esforzarte tanto durante un rato. ¿Es fácil? ¡En absoluto! La cultura del esfuerzo y nuestros propios sesgos cognitivos hacen que nos concentremos constantemente en los estados futuros, y peor aún, en referentes cuyos resultados seguramente no alcanzaremos nunca. Deja que reviente esa burbuja: por mucho que Nike te diga lo contrario, no vas a ser Tiger Woods. Ni Elon Musk. Ni quienquiera que esté en la cima de tu rascacielos profesional. Por mucho que trabajes y te esfuerces, es muy poco probable que llegues a ese nivel y, aun así, nuestros sesgos distorsionan la realidad. Nuestras mentes se centran en las excepciones y descartan los casos típicos. Subestimamos muchísimo la cantidad de trabajo necesaria para ir de A a B (visita <https://share. michaelrucker.com/planning-fallacy>). El tiempo y la energía que algunas personas inyectan a sus carreras profesionales equivale a gastarte todo el sueldo en lotería, una estrategia de lo más estúpida que no mejora tus probabilidades de ganar. La mayoría no malgastaríamos tanto dinero a cambio de unas probabilidades tan ínfimas, pero hay quienes, faltos de información, están más que dispuestos a echar por la borda algo mucho más valioso: su tiempo.

No estoy diciendo que no haya trabajos que merezcan sacrificar la felicidad a corto plazo a cambio de unos resultados a largo plazo, o que perseguir una pasión profesional sea inútil. Si sueñas con ser médico, ve a por ello. El mundo necesita más médicos, y a menos que la formación médica experimente un cambio radical, no hay otra forma de conseguirlo. Pero muchos trabajamos sin parar sin tener en cuenta qué necesitamos y qué queremos de la vida. Muchos seguimos un guion que ha escrito otro, y no nos damos cuenta de ello hasta que es demasiado tarde para crear un argumento que tenga sentido para nosotros.

Tampoco estoy diciendo que tengamos que optar por la mediocridad profesional. Puedes aspirar a la excelencia profesional sin que el trabajo defina y absorba toda tu vida. ¿Te acuerdas de la investigación sobre los violinistas de élite que Malcolm Gladwell popularizó? De pronto, todo el mundo se obsesionó con la idea de que ser bueno en algo era pura cuestión de tiempo, y que hacía falta mucho: diez mil horas, como quizá hayas oído por ahí. El problema es que el estudio no tenía nada que ver con lo que hacía falta para llegar a ser un buen violinista, o incluso excelente, sino *uno de los mejores violinistas del mundo*. ¿Cuántos necesitamos o queremos llegar a un nivel tan elevado en nuestras propias carreras profesionales? El otro problema del estudio es que muchos se quedaron con el número de horas y pasaron por alto un detalle mucho más importante: que el factor verdaderamente determinante era cómo se usaba ese tiempo. Aquellos músicos de élite eran sumamente disciplinados, constantes y deliberados, y cuando no estaban practicando, lo dejaban de lado. *Se relajaban.* Su éxito era consecuencia de un esfuerzo concentrado a lo largo del tiempo —de la *práctica deliberada*—, no de meter horas de práctica con calzador a lo largo de todo el día.

Todos tenemos momentos en los que nos centramos más en el futuro que queremos que en el presente que tenemos. Pero si ves que te has quedado atrapado, aquí tienes tres formas de despertar tu hábito de la diversión en el trabajo desde este preciso instante:

1. Pregúntate esto a menudo: ¿cómo me puedo divertir más en el trabajo *hoy*? No es una pregunta retórica; estoy hablando de que saques una hoja y una pluma y pienses en tres ideas para

incorporar pasión y diversión a tu próxima jornada o semana laboral. Si ves que no avanzas, repasa tu calendario detenidamente como hiciste en la revolución personal del capítulo 2. Por ejemplo: ¿tienes una reunión con un par de compañeros divertidos? Sácala de la sala de reuniones y unifícala con algo más interesante.

2. No trabajes cuando no estés trabajando. Parece fácil, pero en la práctica cuesta muchísimo por todas las razones que ya vimos. Pero vale la pena tener una actitud deliberada cuando se trata de parar: hay estudios que demuestran que las personas que se desvinculan del trabajo y buscan el ocio deliberado (es decir, hacen actividades de los cuadrantes Agradable y de la Vida) por las tardes, vuelven al trabajo al día siguiente de mejor humor que los que no consiguen separarse del trabajo.[17]

3. Siempre que lo necesites, repite conmigo: «La pasión (¡y la diversión!) no dependen de lo que hago, sino de cómo lo hago».

CAPÍTULO
10

El placer de la diversión difícil, o cómo lograrlo casi todo

> Treinta formas de ponerse en forma con vistas al verano.
> La primera: Come menos. La segunda: Haz más ejercicio. La tercera: ¿Qué estaba diciendo? Tengo hambre.
>
> MARIA BAMFORD

En el capítulo anterior cuestionamos la cultura del esfuerzo en el trabajo y aprendimos formas innovadoras de divertirnos más mientras trabajamos. Y teníamos que hacerlo porque esforzarse tantísimo en la esfera profesional no solo no es divertido, sino que también es perjudicial. A menudo suele responder a motivaciones externas: el jefe, la presión cultural, los famosos fulanito y menganito cuyos pasos todos queremos seguir.

Pero hay un tipo de esfuerzo que es bueno: es el que surge de un impulso profundo, a veces conocido como «diversión difícil». Viene motivada por el deseo humano fundamental de mejorar y aprender cosas nuevas. Cuando nuestra vida está en equilibrio, esforzarse con intencionalidad es sano, ya que aplicarnos para mejorar nuestras habilidades o alcanzar un nivel experto nos hace sentir vivos.

Cuando abusamos de la diversión fácil y placentera, pueden pasar dos cosas. La primera es que nos aburramos. Imagina que tienes la suerte de estar atrapado en uno de esos complejos hoteleros en una playa, donde lo único que puedes hacer es acostarte a tomar el sol durante una semana. Al principio es una maravilla. Pero pasados unos días (o semanas, para mis amigos los amantes de la excitación baja), empiezas a sentirte inquieto. De pronto, escalar hasta el cráter de un volcán o nadar hasta el fondo de una cueva marina parecen ideas estupendas, así que te apuntas a una excursión y te pones en marcha. Alexandre Mandryka, el diseñador de videojuegos del que ya hablé en el capítulo 2, lo expresa de esta forma: «El aburrimiento es la forma que tiene tu ADN de decirte: "Vamos, despierta, que no estás aprendiendo nada, estás perdiendo ventaja"».

Hay otra posibilidad. Te sientes inquieto y tu cerebro te engaña diciéndote que la única forma de ponerle remedio es con *más placer*. Así que te tomas alguna otra copa, y comes más, y vuelves a beber un poco más. Te vuelves como las ratas de un estudio muy conocido en el que los científicos colocaron unos cables en sus centros de placer y les dieron un botón que podían pulsar para sentir placer. Las ratas no tardaron en volverse tan adictas a darle al botón que dejaron de comer. No les importaba morirse de hambre si podían seguir sintiendo esa placentera descarga. El placer —sentirse bien— se convirtió en algo insostenible y destructivo.[1]

La mayoría llevamos una vida equilibrada entre diversión fácil y difícil. Cuando el frasco de la fácil se llena, empezamos a buscar retos o formas de mejorar desarrollándonos y aprendiendo. Los objetivos, y el esfuerzo que dedicamos a alcanzarlos, le dan un toque interesante a la vida.

No obstante, la diversión difícil es precisamente eso, difícil, y a veces incluso llega a ser agotadora, incierta, aterradora y nos hace vulnerables a la humillación. Por eso muchos intentos de superación terminan fracasando. La cosa se vuelve demasiado complicada, o no vemos los resultados que queremos, y tiramos la toalla.

¡La diversión al rescate! En este capítulo aprenderás a aplicar tu hábito de la diversión a las metas más grandes, complicadas y atrevidas para que no te rindas y consigas lo que te propongas. Y lo más importante de todo es que aprenderás que, cuando nuestros objetivos

tienen un sesgo a favor de la diversión (es decir, cuando la motivación es el placer) en lugar de ser un intento explícito de mimar la autoestima o de responder a alguna necesidad, perseguir nuestras metas nos hace más felices.

¿Has oído hablar del Ironman? Es un triatlón de resistencia famoso por ser durísimo, ya que los participantes deben nadar 3.8 km, recorrer 180 km en bicicleta y correr 42 km en diecisiete horas. Los participantes llegan a puntos extremos para terminar rápidamente. Se someten a duros entrenamientos y compiten con igual intensidad. Optimizan su equipamiento con la esperanza de rascar algún valioso segundo. Algunos se obsesionan tanto con terminar rápido que ni siquiera se detienen a orinar y se hacen encima. Hay deportistas de élite que han tenido que arrastrarse hasta la línea de meta. Algunos murieron haciendo un Ironman. ¿Y qué hay de mí? A los treinta y un años terminé la vigésima edición del Ironman en Nueva Zelanda en traje de baño y una guirnalda hawaiana alrededor del cuello. La parte de ciclismo la hice con unas bocinas externas que instalé en la bici, de los que salía a todo volumen una estudiada lista de canciones que había creado a partir de las sugerencias de mis amigos y que me daba fuerzas para continuar. Mi preparación para la carrera consistió en raparme el pelo para hacerme una cresta (como la de P. Diddy en la Maratón de Nueva York de 2003).

¿Fui la penúltima persona en cruzar la línea de meta? *Pues mira, sí.* ¿Batí mi propio récord personal? *Pues mira, sí.* Y ahora, durante lo que me quede de vida, puedo decir que sí, ¡soy un Ironman! Y es que gané en un montón de sentidos. Empecé las diecisiete semanas de entrenamiento con sobrepeso, y llegué a Nueva Zelanda con 18 kg menos. A través de una creativa recaudación de fondos (esto fue mucho antes de que existiera GoFundMe), aposté con unos cuantos amigos a que terminaría, y a muchos les gustaron las probabilidades de victoria que veían en aquel gordito aficionado a la cerveza. Al final, tras terminar y pasar la gorra para cobrar, invertí las ganancias para cumplir mi sueño de abrir un puesto de burritos. (ROCKiT Burritos abrió gracias a la ayuda de mi amigo Patrick Fellows durante exactamente una noche, en la cual celebramos un evento benéfico, pero esa es una historia para otro libro). A lo largo de toda la experiencia acumulé un montón de recuerdos maravillosos, en especial el de ver a mis padres, a mi hermano y a mi novia (que hoy es mi esposa) animándome en la meta, con el precioso lago Taupo de fondo.

Vigésima edición del Ironman de Nueva Zelanda,
Taupo (Nueva Zelanda), 6/3/2004

Pude hacer todas esas cosas porque tanto el objetivo como todos y cada uno de los detalles del proceso para alcanzarlo siguieron un diseño ideado por mí con la única intención de que fuera placentero. Mi deseo, mi motivación, mis reglas. Este será el hilo conductor de gran parte de los consejos que te daré sobre cómo hacer que la diversión te ayude con todas esas metas grandes, complicadas y atrevidas: hazlo a tu manera y por las razones adecuadas. En parte, si nos gusta tanto subir de nivel es porque al hacerlo ponemos en práctica los músculos de la autonomía. Tomamos las riendas de nuestro propio destino. Y no hay nada más agradable, incluso cuando estás sudando, los músculos empiezan a darte tirones, se te empieza a nublar la vista y tienes que reprimir las ganas de vomitar.

JUEGA A TU MANERA

Si alguna vez te has centrado en marcarte objetivos, seguramente te habrán dicho que debes asegurarte de que sean «SMART»: **(E)específicos, Medibles, Alcanzables, Relevantes y Temporales**, y también es probable que nadie te haya dicho que una de las mejores razones de hacer que sigan este patrón es que, si se hace bien, también conseguirás que sean más divertidos.

Alexandre Mandryka fue quien me señaló dónde entra la diversión en todo esto. En una conversación sobre el diseño de videojuegos, me dijo que los humanos somos criaturas que anhelamos aprender y sentirnos desafiados, y que los videojuegos son una oportunidad magnífica para ello. Y también lo es la vida, claro, pero los videojuegos tienen un atributo especial. A diferencia de la vida real, también nos dan algo que todos ansiamos desesperadamente: una espiral de retroalimentación claro e inequívoco. En un videojuego matas al monstruo final o consigues el objetivo del nivel en cuestión y pasas al siguiente nivel. Es eso o... *mueres*. (¿Acabas de oír el sonido de Pac-Man muriendo en tu cabeza?).

¿Y qué es la vida del adulto? «Realidad: el peor juego de la historia» es como lo resume un famoso meme que corre por internet. La vida real es de lo más tibia cuando se trata de decirnos si estamos yendo en la dirección correcta o no. Supongamos, por ejemplo, que escoges entre dos trabajos. ¿Escogiste bien? *Quién sabe.* Tú no, desde luego, y lo peor es que no llegarás a saberlo totalmente. Incluso cuando hayan pasado veinte años, puede que siga siendo toda una incógnita. Claro que la vida nos da cierta información, sobre todo cuando se trata de cosas negativas, como cuando nos despiden o nos deja nuestra pareja. En cuanto a las positivas, los ascensos son un posible indicador de que subimos de nivel. Pero hay tantos factores que no podemos controlar y que influyen en si te ascienden o no, que guiarse por una señal de este tipo para saber si estás avanzando es una forma perfecta de terminar frustrándote.

Fijémonos entonces en la sencillez de los objetivos SMART, que son una oportunidad productiva de incorporar a la vida los riesgos y las emociones de un videojuego. (Si nunca has oído hablar de los «objetivos SMART», en <https://share.michaelrucker.com/smart-goal> encontrarás un repaso rápido). Cuando estableces un objetivo específico y medible, creas una oportunidad inequívoca de mejora, de pasar de nivel. O alcanzas el objetivo, o no.

Los parámetros *alcanzable* y *relevante* de los objetivos SMART también guardan relación con otra de las mejores amigas de la diversión: la autonomía. ¿Esta meta está dentro de tu control, y su resultado es algo que importe de verdad, ya no a cualquiera, sino a ti específicamente? (Más adelante volveremos a hablar de la autonomía). Finalmente, tienen que ser *temporales*. Ya hablé anteriormente del beneficio de establecer un periodo de tiempo que defina cuándo es el momento de jugar y cuándo no. Lo mismo ocurre con los objetivos. Un objetivo que tiene un punto final se parece más a un experimento divertido que a una cruzada eterna.

Antes de entrar a profundizar en los objetivos y la medición, debo hacerte dos pequeñas advertencias. La primera es que, tal como dice Alexandre Mandryka, «La diversión es el combustible de la máquina». Cuando ludifiques tu vida a través de los objetivos, *no olvides que, si no es divertido, no es un juego.* Tu objetivo puede cumplir al pie de la letra con los parámetros SMART, pero aun así tendrás que encontrar formas de pasártela bien por el camino. Si retrasas toda tu satisfacción hasta el estado futuro —es decir, cuando hayas alcanzado el objetivo—, te habrás puesto en una situación delicada. *La vida es demasiado corta para hacer cosas que son una lata.* Además, es posible que pierdas la motivación y la abandones. La segunda es que, si pretendes aumentar tu bienestar de la mano de la diversión —siguiendo la misma lógica que con la evasión en el capítulo 5—, debes asegurarte de que tus objetivos estén diseñados para que te acerquen a algo, y no como una estrategia para evitar algo o proteger tu ego. El doctor Christian Ehrlich, de la Universidad Oxford Brookes, ha estudiado ampliamente los aspectos científicos que explican el por qué y el cómo nos esforzamos por alcanzar nuestros objetivos. A lo largo de la última década, el doctor Ehrlich ha refinado el marco de las razones por las que nos esforzamos por alcanzar objetivos, y ha observado que somos más felices cuando (1) perseguimos objetivos porque nos aportan placer, o (2) porque ayudan a terceros (a diferencia de cuando surgen de alguna necesidad o sirven exclusivamente para alimentarnos el ego), o (3) ambas (tal como veremos en el capítulo siguiente).[2]

Personalmente, me llevó mucho tiempo aprender esta lección. A estas alturas ya sabes que el deporte y el entrenamiento deportivo siempre han sido una fuente de diversión difícil importante para mí. A pesar de mi extravagante actitud acerca del Ironman, después de hacerlo adopté la mentalidad de que sin sufrir no se gana, y me duró muchos años. Mi aspecto atlético me alimentaba el ego, así que contrataba a entrenadores personales muy exigentes que me daban exactamente lo que quería en ese momento. Me empujaban a seguir unas rutinas de entrenamiento sumamente arduas, con una fijación incesante por la mejora algorítmica de mis resultados. Y aunque no sería justo decir que algunas de las sesiones no me resultaron placenteras, a menudo no me entusiasmaba la idea de ir. Puede que te identifiques con el patrón en el que entré: entrenaba duro durante algunas semanas o meses, hasta que me agotaba. Con un poco de tiempo, me recuperaba de la tensión provocada por la experiencia, pero volvía a caer en la espiral porque tenía que volver a empezar desde cero. Mientras preparaba mi doctorado, hice un estudio en el que investigué este mismo fenómeno con apasionados del CrossFit. Si nunca has oído hablar del CrossFit, es un tipo de entrenamiento de gran intensidad por intervalos, famoso por el rigor de sus sesiones. Cuenta con un séquito de seguidores casi sectarios, y estos «CrossFitters» emplean acrónimos como AMRAP («tantas repeticiones/rondas como sea posible», por sus siglas en inglés) y ATG («el trasero en la hierba», también por sus siglas en inglés, lo que significa que durante los ejercicios de sentadillas hay que bajar lo máximo posible) para transmitir a los profanos que el CrossFit no es para débiles. Al principio casi todos los adeptos al CrossFit a los que entrevistamos adoraban las dinámicas sociales y la atmósfera competitiva, a pesar de la dureza de los entrenamientos. No obstante, la mayoría (dentro del reducido grupo de muestra del estudio) terminaron considerando que era una práctica insostenible, y algunos incluso tuvieron lesiones que los obligaron a dejar de entrenar en general. Hay incluso casos de CrossFitters que han desarrollado rabdomiolisis, una enfermedad que hace que los músculos no se puedan reparar porque los has destruido a fuerza de ejercitarlos con una intensidad excesiva.[3] También se conocen muchos casos de personas que se la pasan de maravilla haciendo Cross-Fit, pero para algunos no es una práctica sostenible o con continuación en el tiempo.

Finalmente, cuando entré en los cuarenta, empecé a preocuparme menos por alimentar mi autoestima a través de mi aspecto físico; además, había aprendido mucho sobre la fisiología del deporte y las consecuencias a largo plazo del exceso de ejercicio. Había llegado el momento de seguir un camino distinto con mis entrenamientos. Abandoné los viejos algoritmos; contraté a una entrenadora, Jessie, no porque me prometiera que tendría el «cuerpo perfecto para el verano», sino porque tiene una personalidad dinámica que me permitió adivinar correctamente que haría que los entrenamientos fueran divertidos. Y como lo eran, por primera vez en mi vida logré entrenar sin dejarlo durante todo un año. Y al final de ese año... ¡estaba más sano que nunca! Marcamos algunos objetivos, y todos los superé con creces, casi sin querer. Había pensado que estaba bajando el nivel de exigencia en cuanto a los entrenamientos, ¿y a qué me había llevado? *A un resultado mejor*. Y es que resultó que la *constancia* era la parte de la ecuación que me había faltado, y que para alcanzarla solo me hacía falta un poco de diversión.

No olvides que sea cual sea tu objetivo, si no encuentras alguna forma de hacerlo divertido, estarás teniendo en un gran problema. Y teniendo todo esto en cuenta, pasemos ahora a la medición. Cuantificar los avances es un factor indiscutible en el proceso de subir de nivel, pero tenemos que hacerlo de un modo que no sofoque la diversión.

HAZLO TUYO

Antes de seguir, piensa en un objetivo SMART que te gustaría lograr. Puede que sea algo a lo que llevas un tiempo dándole vueltas, o algo que se te ha ocurrido gracias a tu nuevo archivo de la diversión. Puede ser un objetivo de aprendizaje, o de rendimiento, o sí, incluso profesional. No hace falta que te comprometas totalmente a llevarlo a cabo, pero tener un objetivo en mente te ayudará a leer este capítulo. Para cuando llegues al final, tu objetivo SMART rebosará diversión por todas partes.

Cómo sacarle todo el juego a la cuantificación

Aunque me gustan mucho Gary Wolf y el movimiento del «yo cuantificado», a veces también he sido crítico con respecto al enfoque de la cuantificación de la mejora personal. Cuando hablo de «cuantificación» me refiero al conocimiento del *yo* a través de los datos sobre los pasos que has dado, los minutos que has meditado, las calorías que has consumido —la lista sigue y sigue— que, en teoría, se pueden usar para estimular cambios de comportamiento. El mercado ha reaccionado ante el movimiento de la cuantificación con una feria comercial, la CES (Consumer Electronics Show), donde presentar las nuevas herramientas de biorretroalimentación, entre las cuales las más conocidas seguramente sean Fitbit y Apple Watch.

Quiero dejar claro que estoy en desacuerdo con la cuantificación. Si se hace bien, puede ser muy reveladora y útil, pero también le veo una desventaja que muchas veces se pasa por alto. En el capítulo 1 ya expliqué que concentrarme en la cuantificación debilitó el placer que obtenía usando una aplicación de meditación, pero el momento que de verdad me abrió los ojos a su lado oscuro llegó unos cuantos años antes, y todavía me pone los pelos de punta. Enseguida cuento la historia, pero desde entonces descubrí que no soy el único que cuestiona las bondades de cuantificarlo todo, ni el primero en sentir sus posibles efectos negativos.

Jordan Etkin es una investigadora que explora las desventajas de la cuantificación (ya hablé en el capítulo 4 de la doctora Etkin y de su cuestionamiento del valor de monitorizar la felicidad). En su artículo «The Hidden Cost of Personal Quantification [«El precio oculto de la cuantificación personal»], expone los resultados de seis experimentos centrados en sus efectos.[4] Por ejemplo, en uno de ellos, Etkin pidió a un grupo de universitarios que caminaran durante el día acompañados de un podómetro; a otro grupo también le pidió que caminara, pero sin medir su rendimiento. El estudio reforzó lo que ya sabemos: que la medición puede desencadenar cambios de comportamiento a corto plazo. Los universitarios que llevaban un podómetro caminaron más sin que nadie se lo pidiera, pero Etkin observó una desafortunada desventaja: disfrutaban menos de hacerlo que los que no habían medido los resultados. Lo que podría haber sido una experiencia placentera se había vivido como un esfuerzo. A largo plazo, esto afectará negativamente a tu motivación, igual que me pasó a mí con el entrenador personal hasta que tuve la gran suerte de encontrar a Jessie. Rachael Kent observó lo mismo en un estudio sobre profesionales del estado físico que hacían seguimiento de sus avances en Instagram.[5]

El problema es que la mayoría de las personas parecen ser muy optimistas en lo relativo a la cuantificación: «No le ven ninguna desventaja, y en general creen que beneficiará a algunos aspectos de su experiencia», me dijo Etkin. Dada la proliferación de las herramientas de datos cuantificados, «Puede convertirse en un camino para pasarla verdaderamente mal», añadió. El trabajo de la doctora Etkin guarda relación con ciertas ideas fundacionales de la psicología social al sugerir que cuando creamos una motivación extrínseca artificial (es decir, que el factor que nos empuja a actuar es una recompensa, un desencadenante o una presión externa en lugar de un deseo interno como el placer, la represión del placer o algo que refuerce tu identidad), puede debilitar la motivación intrínseca.[6] Esto complica las cosas, porque la motivación intrínseca parece ser mucho más sostenible que la extrínseca. En un estudio muy famoso con niños (citado más de 4 000 veces), un grupo de investigación segmentado de niños de preescolar recibió una recompensa por colorear, y luego los compararon con un grupo de niños que habían coloreado solo porque era divertido. Entonces, los investigadores retiraron la recompensa extrínseca, y los niños de ese grupo se divirtieron mucho menos coloreando. En cambio, los niños del grupo en que la motivación era intrínseca siguieron disfrutando de la actividad.[7] En mi experiencia trabajando en gimnasios, a menudo veo a clientes que olvidaron traer su dispositivo de monitorización, el cual recompensa su actividad por medio de un artificioso sistema de incentivos (por ejemplo, suman puntos por el ritmo cardiaco, los pasos que dan, etcétera) y se van a casa sin hacer ejercicio, porque para qué hacerlo si no va a contar, ¿no?

Aun así, incluso Etkin concede que la cuantificación puede ser útil si se aplica a «algo en lo que de verdad quieres mejorar», como, por ejemplo, un objetivo SMART. «Si te gusta correr y quieres mejorar —o incluso si no estás intentando ser más rápido, sino entender qué factores podrían estar afectando a tu rendimiento según el día que sea—, entonces la información que obtendrás al hacer seguimiento de la actividad te podrá resultar útil, porque no estás intentando aprender o cambiar la actividad en sí».

En última instancia, la cuantificación puede ser una herramienta muy potente con un filo peligroso con el que debemos tener cuidado. Hará que centres toda tu atención en el parámetro que hayas decidido medir, algo que puede ser positivo si lo que estás midiendo es significativo y apropiado para tus objetivos. Si no, puede convertirse en un obstáculo enorme para tu salud y tu felicidad. Tuve la oportunidad de ver cómo esto sucedía en tiempo real cuando llevé a cabo un programa piloto para poner a prueba una serie de dispositivos de medición de la salud.[8] Aleatoriamente, mi colaborador y yo les dimos a un grupo reducido un dispositivo para medir la actividad física, una báscula inalámbrica o un tubito para medir la presión arterial, y les pedimos que hicieran seguimiento de sus resultados. Esperábamos que hacerlo condujera a unos comportamientos más saludables; jamás se nos ocurrió pensar que esos datos pudieran propiciar comportamientos poco saludables, pero eso es precisamente lo que le ocurrió a una de las participantes. Se trataba de una ciclista muy buena, era muy activa y siempre salía con la bici, estaba en forma y era feliz. No tenía ninguna necesidad de perder peso. Por desgracia, el reparto aleatorio hizo que le tocara la báscula, y en la sesión de control que hicimos a la mitad del estudio nos dimos cuenta de que estaba perseverando en el pensamiento de que debía perder peso. Consternados, casi cancelamos el programa entero. Desde entonces, cada vez me ha preocupado más la estrategia de dejarse guiar demasiado por la cuantificación como herramienta para cambiar comportamientos.

En resumen: si vas a utilizar el enfoque de la cuantificación, hazlo con mucho cuidado, y asegúrate de que los indicadores clave de rendimiento son los adecuados. Estos indicadores suelen usarse en los negocios para definir, medir y hacer seguimiento del éxito de un proyecto, una iniciativa o una campaña. Sirven para responder a la pregunta: ¿qué indicadores deberían emplearse para decirnos con precisión si un área de rendimiento resultó exitosa? Lo que exige que nos preguntemos lo siguiente: ¿cómo podemos definir qué indicadores son los adecuados para ti?

AMAÑA EL JUEGO A TU FAVOR (ESTABLECE LOS INDICADORES ADECUADOS)

Algo que no se sabe mucho sobre el Ironman es que, en sus inicios, los participantes no estaban tan orientados a establecer récords de tiempo. De hecho, el límite de diecisiete horas de hoy no existía. Algunos participantes terminaban las pruebas a lo largo de un fin de semana, y entre una y otra se paraban a socializar. En la primera carrera Ironman, en Oahu, Hawái, en 1979, el competidor que llevó la delantera durante gran parte de la competencia terminó segundo porque su equipo se quedó sin agua y, en su lugar, le dieron cerveza para que se hidratara, lo que hizo que fuera dando tumbos y se fuera tropezando con los coches.[9] El ganador terminó la carrera en 11:46:58. (Añadieron el límite de las diecisiete horas en la década de 1980, y a partir de ahí, la cosa empezó a cambiar: ¿será este otro gran ejemplo del hipnotizante efecto de la cuantificación? Nunca lo sabremos).

Para cuando me apunté a la carrera, la cultura era muy distinta. La mayoría de los participantes querían marcar sus propios récords personales, o competían para ganar. Yo, un hombre de 100 kg y en una forma física que dejaba mucho que desear, sabía que mi mentalidad debía ser otra. Me centraría en dos cosas: en pasármela bien y en terminar la maldita carrera. Tiré el ego a la basura y reconocí que, en mi caso, esos eran los objetivos viables que importaban. Si me hubiera centrado en mejorar mis tiempos mientras entrenaba, seguramente me habría convencido para abandonar la aventura. Lo que no sabía era que, al ser tan deliberado y sincero sobre los indicadores a los que iba a dar importancia, estaba, sin saberlo, amañando el juego a mi favor. Eso es lo que consiguen los indicadores personales y de cuidados: te lo ponen todo de frente para ganar. Y si lo relacionamos con el sistema SAVOR, vemos que es una forma de sugestionarse o modificar el relato. Con ello recontextualizamos los objetivos y la estrategia para alcanzarlos de forma que estén en armonía directa con nuestras idiosincrasias.

Existe un modelo fantástico para escoger estos indicadores, y no procede de deportistas de élite ni de sus entrenadores, sino de unos psicólogos clínicos que trabajaban con sus pacientes para ayudarlos a hacer el que seguramente es el cambio de comportamiento más difícil imaginable: dejar el alcohol o las drogas. Descubrí este modelo en 2011 cuando trabajaba en mi tesis doctoral e hice algunos amigos en la universidad que eran psicólogos especializados en adicciones en

Kaiser Permanente. Ya entonces tenían, y siguen teniendo, muchísimo éxito en el empleo de un enfoque que se conoce como entrevista motivacional. Esta técnica consiste en dejar que sea el paciente quien lleve las riendas del proceso: cuanto más control tienen, más intrínseca (interna) es la motivación para cambiar, en lugar de ser una imposición de su familia, de los profesionales de la salud o de la sociedad. Y cuanto más interna sea la motivación, más probable será que su poder perdure.

Y esto es tan aplicable a los adictos como al resto. Es crucial que hagas el objetivo muy tuyo, porque si no, no será tan divertido, e incluso cuando tenemos la mejor de las intenciones, si no disfrutamos de algo, terminamos dejándolo. La entrevista motivacional es un proceso colaborativo dirigido por un psicólogo, pero hay ciertos aspectos que puedes aplicar a tu propio proceso individual.

Primero, identifica tu motivación personal: dales una patada a los razonamientos virtuosos que se supone que deben motivarte para mejorar tu comportamiento, y haz tuyos tus deseos. Este proceso no funcionará si eres tan crítico contigo mismo que reprimes, ignoras o no identificas los sentimientos que te impulsarán a seguir avanzando. A modo de ejemplo, fijémonos en alguien que quiere perder peso. ¿De verdad le importa cuál es su índice de masa corporal? Mi experiencia trabajando en el ámbito de la salud y el bienestar me dice que, a la mayoría, no les importa. Lo que les motiva de verdad puede ser que se acerca una reunión de exalumnos y que les gustaría pasearse con un cuerpo que como mínimo recuerde a su yo de la escuela. ¿Es un poco vanidoso? Puede ser. Pero ¿es más motivador que un número arbitrario? Si la respuesta es que sí, se puede utilizar para contextualizar el objetivo. Mientras que un médico podría asignar un indicador relacionado con un peso concreto o un índice de masa corporal específico, a la persona del ejemplo quizá le vaya mejor utilizar una talla de pantalones o de vestido como indicador, o incluso una prenda que ahora le queda demasiado justa. O mejor aún, podría diseñar una escala propia que vaya del uno al diez para medir cómo de agradable sería la reunión de antiguos alumnos si alcanzara distintas tallas. Todos tenemos nuestras manías, así que, ¿por qué no sacarles partido? Y cuanto más personales sean, mejor, porque pueden ser las más poderosas. No hace falta que se las cuentes a nadie. Utilízalas como si fueran tu superpoder secreto.

Basar la motivación en querer impresionar a tus antiguos compañeros tiene un defecto, y es que parte del ego y, por lo tanto, trae consigo todos los puntos débiles inherentes a este tipo de objetivo. Eso no significa que deba ignorarse, pero si escarbamos un poco más, ¿hay alguna razón altruista por la que debas perder peso? Por ejemplo, correr con tu hijo en el parque y disfrutar haciéndolo. Entender tu propia motivación desde distintos ángulos te puede ayudar a desarrollar un conjunto de indicadores muy saludables que te serán útiles durante el camino.

Otra cosa: no te limites a *pensar* en qué te motiva. Escríbelo; léelo. Asegúrate de que le ves el sentido al razonamiento. Y si dejas de verlo, dale una vuelta y reinvéntalo.

Haz tuyo el «cómo»: en cuanto hayas establecido claramente tu motivación, puedes pasar a plantearte el cómo, es decir, los pasos que darás y las metas que usarás para medir tus avances. Con respecto al cómo, es importante que te des libertad para hacer las cosas a tu manera. Sea cual sea el objetivo, estoy convencido de que habrá una industria y una comunidad de personas que te dirán cuál creen que es la mejor forma de alcanzarlo. No tengas miedo de aceptar sus consejos, pero compáralos con tus preferencias. A esto me gusta llamarlo «arrancar la carne del hueso». Sé realista acerca de tus hábitos y tu estilo de vida. Aquí es donde tu hábito de la diversión pasa a la acción, porque tus aspiraciones y tu disfrute importan. ¿Te gusta escribir pero detestas madrugar? No reserves tiempo para trabajar en tu manuscrito por la mañana, digan lo que te digan este o aquel gurú. ¿Odias las caminadoras? Prueba a salir a correr o a hacer montañismo. ¿No soportas ir en bici por la calle? Cómprate un rodillo entrenador Saris o prueba alguna clase virtual como las que ofrece Peloton.

En resumidas cuentas, debes *aumentar tu nivel de diversión para que las cosas no se queden sin hacer*. Y en cuanto a medir los avances, nunca pierdas de vista tu motivación. Una amiga me contó que quería ponerse en forma y que se había comprado una báscula nueva. Le pregunté por qué quería ponerse en forma. Quería tener más energía, dijo, y quería sentirse fuerte y capaz física y mentalmente. En su cabeza, ponerse en forma implicaba perder peso, y necesitaba pesarse a diario para seguir su progreso. Juntos, pensamos en cuál era su intención auténtica, y se dio cuenta de que hacer ejercicio contribuiría más y más rápidamente a su objetivo que hacer dieta. No estaba descontenta con su aspecto físico, sino con cómo se sentía, y en el pasado había visto que hacer ejercicio de forma regular le cambiaba el ánimo enseguida. Así que en lugar de centrarse en perder peso, decidió dar más importancia a su lado competitivo entrenando para una carrera de 10 km. Su plan era algo así:

Objetivo SMART: hacer una carrera de 10 km en tres meses.
Motivación: aumentar los niveles de energía.
Indicadores: completar el plan de entrenamiento; terminar la carrera; hacer seguimiento de los niveles de energía y de disfrute antes, durante y después de los entrenamientos.

Consideraciones finales sobre los indicadores del rendimiento

Trata de incluir al menos un indicador que se centre en aumentar la diversión, ya sea durante el tiempo que dedicas a conseguir el objetivo o en general, durante el esfuerzo que estás haciendo.

- Asegúrate de que tus indicadores estén totalmente bajo tu control. Fijémonos de nuevo en el caso de la pérdida de peso como ejemplo negativo. El peso depende de muchos factores, entre ellos la genética, la edad y las hormonas. Puede que hagas todo «lo necesario» pero sigas sintiendo que estás fracasando por haberte impuesto esta forma de medir el éxito.

- Deja los indicadores tan al margen como te sea posible. Etkin recomienda encontrar el intervalo más amplio para evaluar tus avances de manera que te aporten información relevante para corregir el rumbo y mantenerte motivado. Es decir, no consultes los datos más de lo necesario. Hay varios productos que reflejan la idea de este consejo, entre ellos la báscula Shapa, la cual no te dice el peso, sino si estás yendo en la dirección deseada. La aplicación de meditación Waking Up de Sam Harris se diseñó para monitorizar cuántos días seguidos la usabas, pero en una actualización reciente, el equipo de desarrollo ha ocultado esta función con la intención de limitar que la motivación para meditar sea recibir una recompensa virtual, o como él lo llama: «el materialismo espiritual».

Cuando el camino se hace cuesta arriba

No caigamos en idealizaciones: cuando perseguimos un objetivo, no todos los momentos son emocionantes como un videojuego. Hay horas bajas y difíciles, días en los que preferirías no seguir. Es entonces cuando la diversión puede acudir al rescate. A continuación, encontrarás algunas ideas basadas en mi primera experiencia con el Ironman —y, por supuesto, datos actuales de la ciencia del comportamiento— que te pueden ayudar a hacer que la diversión más difícil sea lo más divertida posible.

Unificación de actividades, o *reclamos*: me encanta la idea de los empujoncitos, popularizada por Richard Thaler y Cass Sunstein en 2008 con su libro *Nudge: Improving Decisions About Health, Wealth, and Happiness* [*Empujoncitos: Mejora tus decisiones sobre la salud, la riqueza y la felicidad*].[10] Estos empujoncitos son pequeños cambios que nos llevan a tomar mejores decisiones. En 2009, Volkswagen tomó esta idea y le añadió un ingrediente clave: diversión. Puede que recuerdes haber visto algunos de los videos que se hicieron virales de la campaña a la que llamaron Fun Theory [la Teoría de la Diversión]. En el ejemplo más famoso, plantearon lo siguiente: «¿Podemos conseguir que más gente decida subir por las escaleras si hacemos que sea más divertido?». Transformaron una escalera de metro en Estocolmo en teclas de piano que los viajeros «tocaban» al subir o bajar los escalones, y grabaron los resultados mientras la gente se decidía muchísimo más por ellas que por las escaleras mecánicas. (Puedes verlo aquí: <https://share.michaelrucker.com/fun-theory>). En Volkswagen, igual que Thaler y Sunstein, se centraron en un cambio de comportamiento en el ámbito de la salud pública. Más recientemente, autores como BJ Fogg, con *Tiny Habits* [*Hábitos diminutos*], y James Clear, con *Atomic Habits* [*Hábitos atómicos*], han popularizado la idea a escala individual, y para ello han redirigido la atención de los esfuerzos de mejora personal a cambios muy pequeños que hacen que los comportamientos positivos sean el camino que ofrece menos resistencia. Para poner en práctica el ejemplo más icónico de Fogg, pongamos por ejemplo que te marca el objetivo de correr a diario. A la basura, dice Fogg. Busca algo mucho más pequeño: márcate el objetivo de *ponerte* los tenis para correr todos los días, verás como, por arte de magia, acabarás corriendo más que con el objetivo original.

Y porque aquí lo que nos va son los poderes demostrados de la diversión, yo te propongo que le des una vuelta y que, en lugar de empujoncito, lo veas como un reclamo: una dosis muy cuidada de diversión que tire de ti a medida que das los pasos necesarios para alcanzar tu objetivo. Puede ser algo minúsculo, como por ejemplo entrenar con ropa que te resulte agradable. En mi caso, opté por un traje de baño largo muy colorido para entrenar para el Ironman en lugar de ponerme uno de Speedo y unos pantalones de ciclismo caros que, para mí, resultaban una combinación terrible de extravagancia y humillación. También puede ser algo como configurar la alarma para despertarte con tu canción favorita, y cortar las zanahorias de tus hijos en forma de estrella. (Presentar la comida de formas cuidadas y bien colocadita con palillos no es solo cosa de padres y madres con tendencias performativas; hay muchos estudios que demuestran que el aspecto de la comida tiene un gran impacto en la cantidad que se termina comiendo, especialmente en el caso de los niños).[11]

Los reclamos también pueden consistir en agrupar actividades. La parte que más me costó entrenar para el Ironman era el ciclismo, que era el deporte que peor se me daba y menos me gustaba de los tres. Así que, en lugar de ir en bici por la calle, me compré un CompuTrainer que convirtió el entrenamiento en un juego. Seguir el reclamo de hacer algo más divertido hizo que entrenar me resultara más agradable. Pasé de odiarlo a tener ganas de hacerlo. Y durante la propia carrera, que en ocasiones fue realmente dura, el reclamo que utilicé para terminar la parte del ciclismo fue tunear la bici con bocinas para poder escuchar las canciones que mis amigos habían elegido para mí antes de la carrera. Escuchar esas canciones no solo me mantuvo altos los ánimos durante las partes más difíciles, sino que como cada canción era tan única como quien la había elegido, fue como si los tuviera a todos allí animándome (algo imposible a efectos prácticos porque la carrera se celebraba en Nueva Zelanda).

Ponle nombre al objetivo: Shakespeare fue un gran poeta y dramaturgo, pero como científico del comportamiento dejaba mucho que desear. Resulta que una rosa que se llamara de otra forma podría no oler igual de bien. Por ejemplo, un estudio demostró que optamos mucho más por consumir alimentos saludables cuando se usan «atributos caprichosos» para describirlos, como por ejemplo extravagancias como «zanahorias enroscadas» o «betabel dinamita».[12] El lenguaje que utilizas importa, así que ponle un nombre que te guste a tu proyecto. Yo no hablaba de mi entrenamiento para el Ironman como «entrenamiento para el Ironman», ¡qué horror! Lo llamaba Burrito Project por mi plan de utilizar el dinero que reuniera con las apuestas de mis amigos para abrir mi propio puesto de burritos en la playa. El nombre le iba como un guante al carácter de la misión y me hacía sonreír cuando pensaba en él. También vinculó el entrenamiento a mi *motivación*, que consistía en darme el empuje necesario para emprender mi próximo gran proyecto. Busca un nombre que te emocione. Puede ser divertido, enigmático, o incluso muy serio. Tú decides.

Recompénsate: Tal como ya aprendimos de Woolley y Fishbach, las recompensas inmediatas motivan más de lo que la mayoría creemos. Plantéate recompensarte cada vez que taches una tarea importante de la lista o que alcances un hito. Haz una lista de pequeños caprichos (no dudes en buscar en tu archivo de la diversión) y escoge uno cuando llegue el momento. Lo único que debes tener en cuenta es que la recompensa encaje con tus objetivos a largo plazo (por ejemplo, si tu meta es bajar de peso, no te recompenses con una malteada de 600 calorías por haber quemado 300).

Cuando llegó el día del Ironman, el despertador sonó a las 4 de la madrugada y lo único que podía pensar era: «¿Y si fracaso?». Todas las inseguridades que tan bien había conseguido controlar aparecieron a la vez y sentí cómo me entraba el pánico. Entonces recordé un correo electrónico que había recibido de Dave Scott, un mito local de mi ciudad natal, Davis, en California, y la primera persona en ser incluida en el Muro de la Fama del Ironman por sus éxitos en esta modalidad deportiva. «No es más que un Ironman», escribió. ¡Y tenía toda la razón! ¿Qué pasaría si no lograra terminar? Me daría vergüenza, pero lo superaría. Todo lo que estaba en juego era decisión mía, y podría darle la vuelta a todo si me quedaba solo cerca de terminar.

Es una línea muy fina: debemos tomarnos los objetivos en serio para mantener el compromiso, pero si les damos demasiada importancia y no nos divertimos por el camino, el miedo y la presión pueden terminar abrumándonos. Y especialmente cuando, ya como adultos, probamos algo que nos hace sentir inseguros y vulnerables.

Recordarnos constantemente que los objetivos tienen que entrar en un contexto de diversión nos pone más a salvo. Cuando me recordaron que la finalidad de mi aventura en el Ironman era divertirme, me importó mucho menos si terminaba o no la carrera. Ese pensamiento bastó para sacarme de la cama, meterme en el coche e ir a buscar a mi mejor amigo, Micah. Lo que nos lleva al último ingrediente necesario para introducir tu hábito de la diversión en tus objetivos más grandes y complicados: *gente*.

EL CARRUSEL DE LA DIVERSIÓN: 43 COSAS

El primer experimento social de las 43 cosas, o 43 *Things*, consistía en una página web creada en 2005 que enseguida se popularizó por su forma divertida de facilitar a los usuarios compartir sus objetivos con los demás. La página preguntaba lo siguiente: «¿Qué quieres hacer con tu vida?». Para responder, hacías una lista de 43 objetivos distintos. (Los fundadores escogieron esta cifra porque parecía razonable; era inferior a 50 y un número primo). También podías consultar las listas de los demás y animarlos. La página atrajo e inspiró a millones de usuarios antes de desaparecer a principios de 2015. Aunque el objetivo más popular de la página (escribir un blog) era un reflejo del momento cultural de entonces, también había clásicos de ahora y siempre: perder peso, dejar de malgastar el tiempo, correr una maratón. Había otros más conmovedores: besar a alguien bajo la lluvia, quererme, que no me importe lo que los demás piensen de mí.

Uno de los fundadores, Daniel Spils, dijo haber completado más de quinientos objetivos usando la página, «desde "comerme un plátano" hasta "establecer una empresa que sobreviva dos años" o "casarme"».[13] Pero hasta 2016 tuvo un objetivo en concreto que no había alcanzado: «grabar un disco en mi sótano». (Desde 1996, el polifacético Spils toca el teclado en el grupo de Seattle Maktub).

El fallecimiento de un antiguo compañero de trabajo llevó a Spils a reflexionar sobre «la naturaleza efímera de las conexiones humanas y de las cosas que queremos lograr». Así que sacó su lista y decidió tachar por fin lo de grabar un disco. Él y su esposa, Brangien, formaron un grupo llamado The Argument y sacaron once canciones, todas grabadas en su sótano.

DALE UNA DIMENSIÓN SOCIAL

Palabra de Ironman: tener espectadores ayuda a lograr lo imposible. Si alguna vez has ido a una carrera importante, sabrás que los mejores espectadores no son pasivos. Gritan y animan. Dan comida y agua a los corredores. Llevan carteles creativos y graciosos que te hacen reír cuando te duele todo. Te sostienen cuando terminas, te dan un beso, y te dan un burrito y una cerveza (bueno, eso si son mi esposa).

Puedo decir con la mano en el corazón que no habría terminado la carrera sin las personas que me apoyaron. El esfuerzo y los trajes de baño largos están muy bien, pero tener a mi familia y a mis amigos conmigo fue lo que hizo que fuera divertido de verdad y lo que me dio los recuerdos más inolvidables. Durante la carrera, cuando acababa de pasar los 160 km en bici, me quedé paralizado. Tenía tirones en los cuádriceps y tuve que bajarme de la bici. Pensé que ese sería el final, y que los tirones no cesarían. Pero, milagrosamente, me recuperé y cuando llegué a la última transición me sobraron cinco minutos. A partir de ahí, todo lo que recuerdo es maravilloso: a pesar de una rodilla lesionada, el agotamiento y todo lo que cabría esperar después de nadar 3.8 km y recorrer 180 km en bici por carreteras rurales.

El maratón era la parte en la que me sentía más cómodo, y tenía más de seis horas para terminarlo, lo que ayudó. Pero lo que hizo que fuera tan increíble fue la gente. Mis padres estaban allí, y mi madre me animaba cuando fui una de las últimas personas en llegar rodando a la tienda de campaña de transición antes de que terminara la eliminatoria del ciclismo. Cuando llevaba unos 8 km corriendo, Micah me chocó la mano. Él ya iba por la segunda vuelta y logró terminar en menos de 13 horas. Después de verlo y sentir la alegría por acercarse al final, sentí que la rodilla se me empezaba a relajar y tomé buen ritmo. Los espectadores me reconocían por la cresta y me animaban con gritos, y en la segunda vuelta aún gritaron más fuerte. Una familia neozelandesa me siguió durante las últimas dos horas de la carrera, y me trajeron una guirnalda como accesorio para el traje de baño de colores llamativos que llevaba. Cuando estaba a unos 250 m de la meta, mi padre salió de la nada y me felicitó. Desde ahí hasta la línea de meta sonreí de oreja a oreja. Y, con un tiempo de **16:38:49**, lo había logrado. *¡Era un Ironman!*

Tradicionalmente, los consejos para que los objetivos tengan una dimensión social han girado en torno a tener que rendir cuentas. Hay quienes, como Tony Robbins, te dicen que hagas muy público tu objetivo para que no quieras pasar por la vergüenza del fracaso. Pero ¿la vergüenza de verdad motiva tanto? Para mí, con eso se pierde la verdadera magia de invitar a otros a que participen de tus objetivos, y es que, al hacerlo, el objetivo se vuelve más divertido de inmediato. El factor de la diversión resuelve directamente el problema de tener que rendir cuentas. ¿Crees que necesitarías esa presión para hacer algo que te gusta con personas que te caen bien? Seguramente, no.

Este cambio de perspectiva se está empezando a ver en las tendencias de *fitness*. En los años noventa, los *boot camps* arrasaban con sus innovaciones amigables y la motivación que te daban. Hoy, quienes llevan la batuta del ejercicio social son SoulCycle y Peloton, quienes ofrecen clases de ciclismo que aprovechan la energía y la positividad de los grandes grupos para ayudar a los usuarios a ponerse en forma y mantenerse. Yo tengo varios profesores de Peloton favoritos, pero una de los que más integra la diversión como combustible es Jess King. King se presenta como la anfitriona de una fiesta a la que siempre puedes sumarte. Sus clases pueden ser difíciles, pero no te importa porque te diviertes. Si vas a la página web de Jess King Experience, puede que ni te des cuenta de que es de una clase para ponerte en forma. No habla de calorías, ni de *fitness*, ni de darlo todo, sino que te invita a «una fiesta» cuya misión es transmitir «una sensación de comunidad». Es una «experiencia conmovedora, musical e inmersiva donde los miembros son una parte integral». (Si te gusta Peloton tanto como a mí, agrégame en la plataforma. Mi nombre de usuario es **Cr8Fun**).

Por último, recuerda que los amigos son más que seguidores o compañeros de cansancio. También son fuentes inagotables cuando lo que quieres es aprender y dominar alguna actividad. El ejemplo más concreto que he visto de esto fue en el muro de Facebook de la amiga de una amiga. Carrie había escrito una lista de cosas que quería aprender a hacer o mejorar; había de todo, desde hacer un suflé hasta aprender a tocar el theremín o escribir un libro. La añadió en una página de Excel de Google y la compartió diciendo: «Con esto pretendo conectar con todas las personas con quienes no he pasado el tiempo suficiente en los últimos veinticinco años». Pidió que la gente se apuntara en el Excel para enseñarle lo que pudieran por Zoom. También los animaba a que añadieran sus nombres si veían algo que también quisieran aprender, así podrían hacerlo juntos, o a agregar alguna actividad que creyeran que ella pudieran enseñarles a ellos. La lista consistía en 131 objetivos de aprendizaje, y tres semanas después, unos treinta tenían profesores voluntarios o compañeros de aprendizaje sacados de entre los amigos de Facebook de Carrie. Su primera reunión de Zoom fue con un viejo amigo que le enseñó a hacer malabares.

Ahora ya sabemos que los amigos pueden ejercer una influencia sumamente positiva en nosotros, y que cuando se trata de mejorar nuestras habilidades, el beneficio es todavía mayor. ¿A qué persona de tu círculo podrías llamar para compartir un poco de diversión difícil?

11

La diversión como motor de cambio

> Hay quien ve las cosas que son y pregunta: ¿por qué? Hay
> quienes sueñan las cosas que nunca fueron y preguntan:
> ¿por qué? Hay otros que tienen que ir a trabajar y no tie-
> nen tiempo para todo eso.
>
> GEORGE CARLIN

En 1986, cinco millones de adultos y niños se dieron la mano para
formar una cadena de 6 600 km a lo largo de Estados Unidos. Cualquiera que tenga la edad suficiente lo recordarán. Durante quince
minutos, el país se unió, deliberadamente. Los participantes se dieron la mano y cantaron *We Are the World* y *America the Beautiful*,
junto con otra canción escrita para la ocasión. Con este evento se recaudaron cincuenta y tres millones de dólares para enviar a África y
al mismo tiempo se logró demostrar lo que se puede conseguir a través
de acciones colectivas, y lo bien que se siente hacerlo. Unirse de esa
forma, tanto si le dabas la mano a tu mejor amigo como a un desconocido, fue como un portal mágico hacia la diversión trascendental de la
que hablábamos antes.

Si has formado parte de alguna acción colectiva, seguro que habrás experimentado esta sensación, ya sea repartiendo alimentos como
voluntario, manifestándote para reclamar cambios sociales o apoyan-
do a un candidato político de quien crees que de verdad cambiará las

cosas. Unirse para impulsar una causa nos ofrece una oportunidad maravillosa de abstraernos de nosotros mismos y formar parte de algo más grande, algo esperanzador.

Quizá eso explique en parte por qué perseguir objetivos que ayudan a los demás mejora nuestro bienestar, tal como aprendimos en el primer capítulo de la mano del estudio del doctor Ehrlich sobre *por qué* marcarnos un objetivo afecta a nuestra felicidad. Anteriormente, la mayoría de los académicos se habían centrado en observar hasta qué punto los objetivos favorecen al «yo» y en poner énfasis en los beneficios de los objetivos que refuerzan la sensación de autonomía. Los argumentos que Ehrlich presenta para perseguir objetivos amplían el contexto y agudizan el enfoque para poder fijarse en cómo los objetivos que perseguimos con una motivación puramente altruista y centrada en los demás influyen en nuestro bienestar. Lo que observó fue que las personas nos beneficiamos cuando escogemos los objetivos pensando en el «nosotros». El doctor Ehrlich también identificó que ser el cambio que queremos ver en el mundo (es decir, ayudar a los demás, hacer del mundo un lugar mejor) también es uno de los ingredientes esenciales para reforzar positivamente nuestro bienestar objetivo.[1] En otras palabras: ser un motor del cambio para mejorar las cosas es una forma fantástica de ser más feliz. Aquí encontramos otra oportunidad de utilizar la diversión para trascender al *yo* y saltar al *nosotros*, conectar con algo más grande, y quizá incluso de ver un destello del *Misterio*.

Ahora, para cerrar el círculo, vemos que la acción colectiva encaja a la perfección con la definición de la diversión que quizá recuerdes del primer capítulo. La acción colectiva y la diversión comparten lo siguiente:

Se orientan a la acción

Ambas hacen que te levantes del sillón y te abras al mundo. En lugar de preocuparte por el peso de los problemas del mundo, estás ahí afuera, haciendo algo para mejorar las cosas. Son un antídoto contra la sensación de impotencia que provoca digerir el montón de historias desalentadoras que nos llegan a través de los medios de comunicación y las redes sociales.

Son prosociales

Ambas te sustraen de tu propia cabeza. En lugar de sentirte solo, conectas con algo externo a ti. Tu pensamiento pasa de centrarse en el *yo* al *nosotros*, y dejas de tomarte tan en serio lo que tiene que ver contigo y con tus propios problemas.

Si son autónomas, mejor

Decidir por ti mismo cómo quieres ayudar a los demás no tiene nada que ver con que te hagan sentir culpable hasta el punto de tener que hacer algo porque es «tu obligación». Cuando nos sentimos juzgados o presionados, tendemos a ser menos solidarios. Esto me lleva a pensar en un capítulo de *South Park* en el que el personaje de Randy Marsh se niega a donar un dólar en la caja del supermercado; entonces, para poder terminar la compra, el cajero le dice un sermón y lo obliga a decir por el micrófono: «No voy a donar nada para los niños hambrientos». «Está bien, pues con el helado, el vodka, las minipizzas y nada para los niños hambrientos, serán 37.83 dólares», dice el cajero en voz alta para que lo oiga toda la fila. A pesar de ser satírico, es gracioso porque parte de una incomodidad auténtica que surge cuando nos sentimos obligados a hacer algo.[2] (Para ver el video, visita <https://share.michaelrucker.com/donation-shaming>).

¿Incluiste actividades movidas por el altruismo, el voluntariado o el activismo en tu archivo de la diversión? Puede que no. Yo tampoco lo he hecho siempre, y las razones van variando. No tenemos tiempo, trabajamos demasiado y queremos tener la libertad de poder dedicar el resto del tiempo a nuestros objetivos personales y a ser espontáneos. En Occidente nos criamos en una cultura que marca las actividades prosociales como distracciones de lo que es importante *de verdad*, como el éxito personal.

Además, cualquiera que se haya comprometido con alguna causa sabe que no todos los momentos son agradables. La lucha por avanzar con cualquier asunto importante o problema social puede ser dolorosa y agotadora. Puede parecer que damos dos pasos adelante y uno hacia atrás, y puede obligarnos a acostumbrarnos a la omnipresencia del dolor y del sufrimiento, tanto de los propios como de los ajenos. Y, para quienes contraen un compromiso serio, puede significar dedicar muchas horas y sacrificios, e incluso, en ocasiones, ponerse en peligro.

LA DIVERSIÓN, UNA ALIADA INFRAUTILIZADA

Quienes han logrado impulsar cambios con éxito saben que mezclar el placer con el activismo es lo que sostiene y hace crecer los movimientos. Es la forma de **agrupar actividades** que más impacto genera. Piensa por ejemplo en los músicos que han propulsado cambios sociales al convertir su música en la banda sonora de un movimiento. Ya hablé de *We Are the World* y de cuando Adam Yauch y los Beastie Boys tocaron ante multitudes por la libertad del Tíbet (en el capítulo 6). La música tuvo un papel importantísimo en la lucha contra el *apartheid* en los años ochenta. Pero esto no es exclusivo de la música; hay otras formas de entretenimiento —humor, teatro, actos de recaudación de fondos— que inyectan la energía necesaria para ayudar a mantener vivo un movimiento y generar impacto. La diversión atrae a personas que de otra forma podrían no haber contribuido con su tiempo. Los placeres sencillos pueden ser un puente hacia compromisos más complicados. Al margen de si consideras o no que contribuir a la sociedad es un imperativo moral, es un elemento que te hará bien incluir en tu hábito de la diversión. Porque ¿sabes qué no es divertido? Sentir el peso de los problemas del mundo sobre los hombros y *no* ayudar. La mayoría tenemos ganas de contribuir al bien general de alguna forma, pero terminamos ahogándonos entre la abundancia de problemas sociales y paralizándonos en lo que se conoce como *fatiga de la elección*.[3] Puede que recuerdes la explicación científica de este fenómeno sobre ejercicio del archivo de la diversión en el capítulo 2. Cuando tenemos tantas opciones para elegir, nos sentimos paralizados e insatisfechos, y a veces incluso nos genera ansiedad. Tanto dolor colectivo nos llega desde todos los ángulos que es fácil que sintamos que cargamos con todos los problemas del mundo, especialmente cuando sentimos que no estamos haciendo *nada* por mejorar las cosas. *Nada*, ahí tenemos esa palabra otra vez. Al preocuparnos hasta el punto de obsesionarnos o publicar otro meme «de apoyo» solo conseguimos alimentar aún más a la *Nada*.

No es mi intención menospreciar la compasión; no cabe duda de que es mucho mejor que la apatía. Pero, por definición, carece de empatía y, naturalmente, de acción. Deja que la diversión y la compasión se conviertan en aliadas naturales que te lleven hacia la acción colectiva. La diversión es una forma fantástica de empezar a contribuir para cambiar las cosas, además de ser una manera fantástica de seguir avanzando en los momentos en los que el camino se pone difícil.

LOS BENEFICIOS PERSONALES DE CONTRIBUIR A LA SOCIEDAD

Si los enormes problemas globales a los que se enfrenta la humanidad te generan preocupación y ansiedad, estoy bastante convencido de que la acción colectiva ayudará a que te sientas mejor, y especialmente si optas por hacer de la diversión el punto de partida. PlayBuild es un gran ejemplo de una organización sin ánimo de lucro que utiliza la diversión para impulsar la contribución a las comunidades y el impacto social. Fundada en Nueva Orleans por Angela Kyle y Charlotte Jones, se dedica a cambiar la vida de los niños a través del juego. El primer espacio de PlayBuild se creó en 2013, cuando Kyle alquiló un cuarto de unos 9 × 27 m en un barrio muy deteriorado y predominantemente negro de Nueva Orleans y lo transformó en un ingenioso y colorido «parque de diseño». En una demostración magistral de la sugestión o modificación del relato, PlayBuild convirtió un entorno arruinado en un espacio lúdico apetecible, inclusivo y divertido. En un barrio en el que hay muy pocos parques para los niños, la instalación de PlayBuild ofrece a sus visitantes bloques gigantes, tubos y piezas de construcción de Rigamajig para crear edificios imaginarios para el barrio: casas, castillos, tiendas..., todo es posible. La diversión es un resultado importante, pero la misión va más allá: ayudar a que los niños se den cuenta de que pueden ser actores del cambio en su propia comunidad, o, tal como lo expresó Kyle: «Ponerlos directamente en contacto con la transformación del entorno construido para que puedan ver la oportunidad de ser *actores* de esta transformación y no solo meros observadores a medida que bloques enteros se convierten en algo distinto [después del huracán Katrina]».[4]

PlayBuild pretende dar la oportunidad de aprender a más niños, adultos y voluntarios para que puedan tener un papel activo en la transformación de sus entornos y actuar como representantes conscientes de sus vecinos, de las ciudades y del planeta. Dicho con los términos propios de un psicólogo, es un medio de desarrollar *autoeficacia*, es decir, la creencia de que tienes lo necesario para hacer frente a cualquier problema. Tal como me dijo Angela: «Tener voluntarios de la comunidad dentro del movimiento ha sido muy importante porque los empodera al proporcionarles la autoridad, la habilidad y la capacidad de hacerse oír. En un lugar donde las personas de color están padeciendo a manos de la gentrificación, estos voluntarios entran a formar parte del proceso de planificación comunitaria mediante la defensa de algo muy importante que incluye la seguridad, la movilidad y la accesibilidad».

Participar en un movimiento de acción colectiva parece tener los mismos efectos en adolescentes y adultos que trabajan por construir «estructuras» nuevas y mejores en el mundo real. Preocuparse por los problemas del mundo puede resultar aterrador, pero luchar contra ellos junto a otros para generar cambios positivos no lo es. De hecho, parece producir el efecto contrario —una mayor sensación de autoeficacia y conciencia de sí mismos— según un estudio llevado a cabo con adolescentes del Reino Unido.[5] Compartir un propósito con los demás también refuerza el componente de *relación*,[6] del que ya hablamos antes como uno de los elementos más importantes para construir el bienestar.

Aunque los estudios sobre los beneficios psicológicos del activismo político son algo limitados, sí existe un gran número de investigaciones que vinculan la labor social, o el voluntariado, a mejoras en la salud física y mental. Contribuir con tu tiempo para ayudar a los demás proporciona, inevitablemente, oportunidades para construir comunidad y conexión, y se ha demostrado que estas tienen grandes beneficios para la salud ya que, entre otras cosas, alivian la depresión,[7] bajan la tensión arterial[8] y mejoran la esperanza de vida.[9] Se ha demostrado que incluso donar dinero para causas benéficas mejora la salud,[10] lo que apunta a que los beneficios no solo tienen que ver con lo que reciben los demás.

En PlayBuild, el «trabajo» en sí es divertido por naturaleza, lo que lo convierte en una opción idónea para cualquiera que quiera renovarse implicándose en la comunidad, porque ganan todos. Angela afirma que «El aspecto intergeneracional del juego también es muy positivo. Tenemos a niños y a abuelos uniéndose en el vecindario. En nuestro espacio celebramos búsquedas de huevos de Pascua o pícnics que no son solo para niños; hay niños, padres y abuelos y abuelas y tíos y tías, y todo el mundo viene y juegan juntos. Se genera un modo de comunicación alternativo porque el entorno es diferente, y eso puede ser muy poderoso».

Haz que la diversión sea el punto de partida

Puede que sientas la tentación de juzgarte por poner la diversión como criterio principal al buscar oportunidades para contribuir, pero lo cierto es que la satisfacción inmediata te puede abrir opciones para que des los primeros pasos, y luego ayudarte a pasar a hacer labores más intensivas o implicarte más con una causa; y, si no, al menos habrás aportado algo. Aquí también podemos aplicar uno de los hilos conductores de este libro: cuando hablamos de diversión y de objetivos más serios, uno no tiene que ir en perjuicio del otro. Como dicen los cómicos de improvisación, no es «o esto o lo otro», sino «sí, y» (esta frase viajó desde el escenario hacia las conversaciones cotidianas para indicar el valor de una actitud abierta y de crecimiento).

Una de mis fuentes de inspiración en cuanto al activismo divertido es Graeme Staddon, el amigo al que menciono en el capítulo 7 y quien conocí en el club de corredores Serpentine cuando viví en Londres durante un breve periodo de tiempo. (Creamos un vínculo al tratar de encontrar papas fritas con salsa de calidad en el Reino Unido. No lo logramos, pero nos divertimos mucho y disfrutamos de unas buenas cervezas por el camino). Lamentablemente, Graeme perdió a su suegro a manos de un cáncer de próstata en 2016, y en 2017 a su padre le diagnosticaron cáncer de mama (sí, los hombres también lo padecen, aunque es poco habitual). Su padre sobrevivió. Graeme decidió que quería hacer algo para ayudar a salvar a otros de ese sufrimiento. A principios de 2020 anunció que ese año correría doce maratones con la intención de recaudar 5 libras por cada milla recorrida, es decir, 1572 libras. Si correr una maratón al mes te parece una locura, súmale que Graeme tenía cincuenta y un años y que hacía poco que había retomado la costumbre de correr. Pero, aun así, abrió una página de donaciones en una plataforma de recaudación de fondos y se puso manos a la obra. Los primeros dos maratones los organizó él mismo, y el tercero fue el maratón de Larmer Tree en South Wiltshire, Inglaterra, y su esposa corrió con él. Había planeado correr algunos por su cuenta y hacer otros organizados, y entonces llegó la pandemia. En Inglaterra, igual que en muchos otros lugares, se impuso un confinamiento estricto. Se acabaron los maratones en grupo. Muchas personas habrían tirado la toalla. Pero Graeme no lo hizo, y la razón tras su decisión pone de manifiesto por qué el poder del activismo divertido es tan sólido. Primero, Graeme escogió un conjunto reducido de asuntos con los que sentía una implicación personal y profunda. Después, hizo que el medio para contribuir fuera una actividad que le apasionaba y por la que sentía un gran respeto. Sabía planificar el recorrido de una carrera y organizar todo lo que necesitaría. Por otro lado, las reglas del confinamiento de Inglaterra permitían hacer ejercicio al aire libre (siempre que pudiera mantenerse la distancia de seguridad).

Su gran compromiso individual era una historia digna de ser contada, y los medios locales no la dejaron escapar. Apareció en la radio, y su página de donaciones llegó a los oídos de muchas personas. Los meses siguieron pasando, y cuando diciembre ya estaba a la vuelta de la esquina, decidió subir la apuesta con un doble maratón en diciembre: serían 52.4 millas desde West End, en Southampton, hasta Sandbanks en Poole. Tenía planeado que el recorrido duraría entre 10 y 12 horas, y que empezaría y terminaría en la oscuridad. Pero no: terminó en 9 horas y 59 minutos, con lo que alcanzó un kilometraje total de 2 127 km y una recaudación total de 5 692 libras, casi cuatro veces más que el objetivo inicial. Puede que correr sea un deporte solitario, pero su experiencia con esta recaudación de fondos fue todo lo contrario. En una publicación de Facebook contó que lo que más le había gustado eran las conversaciones que había generado su iniciativa, tanto en persona como en internet. Había quien le contaba historias sobre seres queridos con cáncer de páncreas o de mama. Otros le decían que les había inspirado para empezar a hacer ejercicio. Para muchas personas de todo el mundo, el año 2020 fue solitario, aburrido, una fuente de ansiedad o incluso de depresión. Un año en el que las opciones eran limitadas o inexistentes. Graeme, por su parte, estuvo en su mejor momento, inspiró a los demás y contribuyó a la investigación sobre el cáncer, y todo mientras hacía lo que más le gustaba. *No suena mal, ¿verdad?*

Si Graeme pudo recaudar fondos corriendo maratones durante la pandemia, un periodo en el que *nadie corría maratones*, imagina lo que podrías llegar a hacer si te propusieras dar rienda suelta a tus intereses y a tu creatividad y ponerlos al servicio de una causa. ¿Qué podemos aprender de lo que llevó a Graeme a dar el paso? Pensar detenidamente en cómo canalizamos nuestra implicación en la comunidad puede dar lugar a una experiencia que cubra las tres necesidades psicológicas básicas del ser —autonomía, competencia y relación (es decir, sentirnos conectados a los demás)— y, al mismo tiempo, genera una conexión más amplia con muchas otras cosas.

- **Escoge una opción que te toque de cerca:** Contribuir a la sociedad amplifica más la sensación de autonomía cuando hacemos algo que nos importa personalmente en lugar de optar por una u otra causa porque es popular o guiados por la presión social. Abre la mente y busca algo que te guste. Entonces, decide deliberadamente hacia dónde quieres dirigir tu energía altruista. Hay un millón de problemas por resolver y de formas de ayudar. Invierte tu energía en algo con lo que te sientas identificado, porque tendrás muchas más probabilidades de mantener el compromiso si te motiva de forma intrínseca y te hace sentir bien.
- **Encuentra una forma de participar que encaje con tu personalidad y tus habilidades:** Participar activamente en una causa no significa que tengas que estar a la cabeza de todas las manifestaciones. Las organizaciones necesitan ayuda con muchas cosas, desde difundir información hasta preparar comida, recaudar fondos o construir casas. Si sientes que estás poniendo en práctica tus habilidades personales en beneficio de los demás, obtendrás una sensación de competencia que podría incluso estimular otras partes de tu vida, ya sean profesionales o de otro tipo.
- **Difúndelo:** Si se hace desde la autenticidad, compartir tu implicación en tu comunidad con los demás es una buena forma de saborear la experiencia y profundizar el compromiso. Es una oportunidad de ejercitar el sentido de la relación, ya que estarás forjando una conexión intensa con la propia labor y quizá logres que otras personas se interesen por participar de la diversión.

En pocas palabras, se trata de que tu motivación pase de estar basada en la recompensa y en los reclamos egocéntricos («Participaré para obtener un incentivo/impresionar a mis amigos/que me dejen en paz») a perseguir unos reclamos más intrínsecos y solidarios («Participaré porque me emociona/porque hacer algo bueno me hace sentir bien»). Este cambio de mentalidad da lugar a las mejores experiencias y resultados. Además, este tipo de motivación es más duradera. Para inspirarte un poco más, aquí va otro ejemplo. Noah Kagan, fundador de AppSumo, quería organizar un evento divertido para su comunidad al tiempo que hacía una buena acción. El evento que desarrolló, el Sumo 50 Charity Ride, estuvo diseñado desde el primer momento para generar compañerismo y alegría, y no solo para él sino también para la comunidad de emprendedores que ha construido a lo largo de los años. Y hablo por experiencia propia, porque me sumé a la carrera. Lo supiera o no, me ofreció (a mí y a los demás) la combinación perfecta de motivaciones intrínsecas y basadas en la recompensa. Pidió al organizador de Lance Armstrong que diseñara un recorrido de 40 y 80 km para el evento, así que incluso antes de ir todos sabíamos que sería un recorrido agradable y con un tipo de exigencia. Antes de la carrera, organizó una gran fiesta en la que hubo un espectáculo de magia increíble de Jonah Babins (un mago fantástico, puedes verlo aquí: <https://share.michaelrucker.com/jonah-babins>). Y, después de la carrera, hubo tacos (Noah es un amante de los tacos), margaritas y música en vivo. Para motivar aún más a los participantes, Noah ofreció distintas opciones de incentivos, entre los cuales había sesiones individuales de orientación profesional para aquellos que alcanzaran ciertos umbrales con sus donaciones. Además, por cada 300 dólares recaudados en el evento, se regalaría una computadora portátil a un niño cuya familia no pudiera comprarla. El evento inaugural del Sumo 50 recolectó cincuenta *laptops* para niños en situaciones de necesidad.

Al vivir en una zona rural de Carolina del Norte durante la pandemia, vi de primera mano el impacto que suponía no tener una computadora para los niños desfavorecidos que debían enfrentarse a las dificultades de las clases virtuales, y por eso, siempre que Noah organice este evento, iré sin pensarlo. Te la pasas bien, hay tacos de los buenos y, lo más importante, gente muy divertida. Pero, naturalmente, no se trata solo de la diversión: asistir significa que más niños recibirán las herramientas que necesitan para prosperar.

Diversión en grupo por un bien mayor

La historia de Noah es un gran ejemplo de que contribuir e implicarse resulta más sencillo si invitas a tu entorno inmediato a integrarse. Con esto me refiero a tu familia, ya sean tus hijos, tus padres o la familia que uno elige; es decir, cualquier persona con quien pases tus mejores momentos.

Uno de los recuerdos favoritos de mi infancia con mi padre es cuando participamos en un evento anual llamado Great American River Cleanup [La gran limpieza de ríos de Estados Unidos]. En sus tiempos, mi padre fue un buceador apasionado. Él y muchos otros buceadores se ponían sus trajes mientras los demás nos subíamos a unas balsas y pretendíamos ser el equipo de apoyo. Los buceadores raspaban el fondo de los ríos en busca de basura, mientras que los que estábamos en las balsas esperábamos emocionados a ver qué sacaban. Había premios, como el de la categoría de «Más llaves encontradas», que un año se llevó un tipo que había sacado una vieja máquina de escribir.*

El evento en sí era muy divertido, en parte porque era algo que hacíamos en familia. Hace unos años participé en la limpieza de una playa en Crab Cove, en Alameda, California, con mi hija. A los dos nos importan los océanos, pero lo cierto es que jamás habríamos madrugado un domingo para ponernos guantes de plástico y llevar a cabo la tediosa tarea de recoger basura si no hubiera sido también una forma fantástica de pasar una buena mañana de fin de semana. Los organizadores fueron listos y lo organizaron como un evento divertido y familiar, e incluyeron varias actividades para los niños. Sabíamos que otros niños del barrio también irían, y eso lo hacía aún más divertido. Seguramente la habríamos pasado igual de bien sin la parte festiva, solo con estar al sol, tomando un poco de aire fresco, rodeados de viejos amigos y caras nuevas. Pero debo reconocer que fue el reclamo de un poco de diversión organizada lo que nos sacó de la cama.

---

* En inglés, la palabra *keys* significa tanto «llaves» como «teclas», de ahí que el señor de la máquina de escribir se llevara el premio. *(N. de la T)*.

Los niños que participan en voluntariados y labores de impacto reciben una buena dosis de autoestima al tiempo que desarrollan habilidades para la vida real.[11] La red de impacto social orientada para niños Katamundi ofrece una oportunidad ya organizada para ponerse en marcha. La plataforma te permite encontrar una causa, diseñar una forma de contribuir y formar un equipo para llevar a cabo tus objetivos. Yvette Hwee, fundadora de Katamundi, me lo describió de esta forma: «Después de tres años de trabajo de impacto social con familiares y amigos, puedo decir con total seguridad que nuestro mayor beneficio es que nos divertimos juntos a la vez que trabajamos codo con codo para alcanzar unos objetivos comunes. Al formar parte de un equipo, nuestra labor social no solo nos satisface socialmente, sino que también nos aporta una sensación de pertenencia y de propósito».

Otra forma muy sencilla de implicarse en una causa es encontrar oportunidades a través del trabajo. Si trabajas para una organización grande, lo más probable es que cuente con programas de responsabilidad social corporativa, y puede que alguno te llame la atención. ¿Puedes unirte a una iniciativa ya emprendida? Y si no, ¿puedes emprender tú una? El fundador de Marathon Tours & Travel, Thom Gilligan, ha unido la filantropía con todo lo que hace su empresa. Puede que recuerdes que en el capítulo 5 ya hablé de que corrí un maratón en la Antártida. Lo hice a través de Marathon Tours & Travel, y aquel viaje (como todas los maratones que Gilligan organiza en la Antártida) sirvió para recaudar fondos para Oceanites, una organización científica sin ánimo de lucro que monitorea la Antártida —y el resto del planeta— en busca de impactos negativos provocados por el cambio climático y el turismo. Marathon Tours & Travel encuentra la forma de contribuir en casi todos los lugares en los que organiza un maratón. La Maasai Marathon en Kenia recauda fondos para financiar la educación secundaria para mujeres masái. En Madagascar está ayudando a financiar una clínica de salud, y ya en Estados Unidos, la empresa de Gilligan organizó un equipo para participar en el maratón anual de Boston (ya llevan dos décadas) con el que ya recaudé más de 635 000 dólares para la organización juvenil Charlestown Boys & Girls Club of Boston. Gilligan y sus colegas ven los maratones no solo como un reto físico, sino como una oportunidad de mejorar la condición humana. Su agrupación de actividades, en la que combinan maratones con aventuras extremas, viajes y filantropía eleva la diversión a su máxima expresión.

Marathon Tours & Travel no es una organización sin ánimo de lucro, sino una empresa privada. Es la forma de vida de Thom Gilligan y de todos sus empleados. Todas estas anécdotas sirven para subrayar que no hace falta gozar de exenciones de impuestos o incluso tener una organización formal para usar el poder de la diversión para contribuir a la sociedad. Lo único que necesitas es diversión, creatividad, intención y determinación para terminar lo que empiezas.

Y cuanto más te entrenes para buscar formas de contribuir, más fácil te será encontrarlas.

OPCIONES DIVERTIDAS Y SENCILLAS PARA EMPEZAR

Si todavía no has añadido ninguna actividad de impacto social en tu archivo de la diversión, ahora es el momento de hacerlo. A continuación, te ofrezco algunas ideas como punto de partida:

- Apúntate a una carrera divertida en beneficio de alguna causa.
- Compra entradas para una gala o evento en apoyo de alguna causa que te interese.
- Participa en algún evento de limpieza o plantación de árboles en tu zona (u organízalo tú mismo).
- Súmate a alguna manifestación y diviértete haciendo carteles divertidos con tu familia o amigos.
- Haz seguimiento de cuánto te mueves con la aplicación Charity Miles (<https://share.michaelrucker.com/charity-miles>), que te pone en contacto con patrocinadores corporativos que hacen aportaciones solidarias según tu kilometraje; invita a tus amigos a que te patrocinen en algún reto.

- Haz que tus próximas vacaciones sean un voluntariado.
- Monetiza un pasatiempo (cerámica, tejido, diseño de joyas) y dona las ganancias a la organización benéfica que quieras.
- Recauda fondos para una causa usando tu fiesta de cumpleaños como estímulo (idea popularizada por Charity: Water).

Cuando tengas las opciones suficientes, no olvides el valor de la variabilidad hedónica. Si ya tienes una causa que te apasiona, no dejes que este consejo te cambie el rumbo. Ya la tienes, *ahora no la sueltes*. Sin embargo, si estás buscando una forma de inyectar solidaridad en tu hábito de la diversión, integrar pequeños actos de amabilidad para ponerte en marcha puede ser una estrategia efectiva. La doctora Juliana Breines lo expresó de esta forma en la revista *Greater Good Magazine*: «Practicar la amabilidad deliberadamente en nuestras vidas diarias, incluso en los días en los que no nos sentimos especialmente generosos, puede ayudarnos mucho a hacer de la amabilidad un hábito. Esto ocurre, en parte, por la forma que tiene la amabilidad de crear felicidad: los sentimientos agradables refuerzan los gestos amables y hacen que sea más probable que queramos hacerlos en el futuro».[12]

EL CARRUSEL DE LA DIVERSIÓN: EL ICE BUCKET CHALLENGE

¿Te acuerdas de ese fenómeno viral y de gran alcance conocido como Ice Bucket Challenge? Todo empezó cuando Pat Quinn y Pete Frates, unos jóvenes que convivían con la enfermedad neurodegenerativa conocida como ELA, lanzaron el reto de echarse un cubo de agua helada por la cabeza y hacer una donación a la ALS Association. El reto se extendió rápidamente y terminó sumando miles de voluntarios, entre ellos muchos famosos, desde Bill Gates hasta Leonardo DiCaprio, George W. Bush u Oprah. Los videos y las escenas que los acompañaban eran la encarnación de la diversión, por todos los motivos evidentes y por otros más sutiles. Por ejemplo, la campaña daba total autonomía a los participantes.

Quinn, Frates y la ALS Association no publicaron ninguna regla sobre cómo debía ser el video o lo que había que decir. Cada uno podía contar su historia como quisiera. Eso hizo que a la gente le resultara más divertido grabar los videos, pero que también fuera más divertido verlos. A medida que la campaña avanzaba, los participantes se volvieron cada vez más creativos para destacar entre los demás. En un video muy famoso salían todos los invitados de una boda remojándose con la ropa formal puesta. Al margen de la diversión de ver a famosos y amigos reaccionar ante un agua helada, el aspecto del reto (y del gusto por rozar los límites del que hablábamos en el capítulo 2) también aportaban cierto grado de intriga. Siempre es divertido participar y ver cómo otro reacciona ante un desafío.

Fuera lo que fuera lo que estimulaba la diversión en este caso, funcionó. En el punto álgido de la campaña en 2014, las visitas de la página web de la asociación alcanzaron los 4.5 millones al día; antes del reto, recibían 20 000 visitas diarias. En la noche más frenética de todas, la organización recibió 11.3 millones de dólares, y en total la campaña recaudó 115 millones de dólares.[13] En su momento surgieron voces críticas preocupadas por que la tontería de la acción debilitara la seriedad de la causa. Esta preocupación parece un poco absurda, especialmente porque los fundadores del reto fallecieron, Frates en 2019 y Quinn en 2020, ambos antes de los cuarenta años. Nadie podría ignorar la gravedad de esta terrible enfermedad.

Al menos, Frates y Quinn fallecieron viendo el tremendo impacto de su compromiso con la diversión incluso en la peor de las circunstancias. En 2019, una organización de investigación independiente informó que las donaciones recaudadas por el reto habían permitido a la ALS Association incrementar su partida anual de investigación en todo el mundo en un 187%. Financió estudios que condujeron al descubrimiento de cinco nuevos genes relacionados con la ELA, y todo mientras seguía financiando ensayos clínicos de posibles tratamientos.[14]

La diversión puede parecer algo superfluo, pero es un motor de cambio de una potencia sorprendente. El Ice Bucket Challenge fue un punto de inflexión enorme procedente de la cultura popular que inspiró a toda una nueva generación de filántropos para reinventar el modelo de recaudación de fondos, tan anticuado y formal (grandes fiestas para ricos; anuncios para avergonzarnos al sonido de Sarah McLachlan) por medio de la diversión.

ALTRUISMO Y REMEMORACIÓN

Así como rememorar es una herramienta muy potente del sistema SAVOR, también es un arma igual de poderosa cuando hablamos de la recompensa que nos aporta influir en algo. Los investigadores Kellon Ko, Seth Margolis, Julia Revord y Sonja Lyubomirsky asignaron de forma aleatoria a los participantes de su estudio que llevaran a cabo comportamientos prosociales, que recordaran comportamientos prosociales, que llevaran a cabo y recordaran comportamientos prosociales, o (al grupo de control) que no hicieran ninguna de las dos cosas. Los participantes de los tres grupos (que no eran el grupo de control que no hizo nada) percibieron ganancias positivas comparables en su grado de bienestar. Sí, leíste bien: el grupo que sencillamente rememoró un gesto de amabilidad anterior sintió más o menos el mismo efecto positivo que los que pasaron a la acción.[15] Este dato no debería inspirarte a hacer lo mínimo y limitarte a recordarlo cuando necesites un empujón. ¡O eso espero! No obstante, es el recordatorio perfecto de que la diversión y la amabilidad nos aportan beneficios de un poder único, incluso pasado mucho tiempo, si nos esforzamos por saborear esos recuerdos llegado el momento.

UN ÚLTIMO COMENTARIO SOBRE LA COMPASIÓN POR UNO MISMO Y LA RENOVACIÓN

El 8 de mayo de 2020 fue un día muy negro para mí. Estábamos en pleno confinamiento, en los primeros meses de la pandemia. Hacía poco que me habían dicho que mi madre tenía alzhéimer. El sector de gimnasios en el que trabajo estaba quebrando, y por todo el país había negocios bajando la cortina y declarándose en bancarrota. Todas las reuniones de mi empresa parecían una lucha en la que había que elegir entre la espada y la pared. Mi cuerpo y mi cerebro parecían estar traicionándome con jaquecas y niebla mental constantes. Ya fuera por culpa del estrés, del inicio de una COVID-19 larga, o seguramente por una combinación de ambos, era muy consciente de que la salud me fallaba, pero hasta ese día lo había ocultado bien.

Al mismo tiempo era uno de los muchos estadounidenses blancos que se encontraban enfrascados en una reflexión personal desencadenada por el movimiento Black Lives Matter. Y con esas, el 8 de mayo hice algo que sería un gesto pequeño pero significativo. Me uní a un grupo virtual cuyo compromiso era recorrer 3.6 km cada uno para conmemorar la vida de Ahmaud Arbery, un hombre negro al que dispararon y mataron mientras había salido a correr cerca de su casa en Brunswick, Georgia. Cuando comencé el paseo por mi barrio, se me hizo un nudo en el estómago al pensar que muchas de las libertades y oportunidades que daba por hechas eran, en realidad, privilegios que a otros se les negaba. Sabía que había otras personas caminando y corriendo en honor de Ahmaud, pero en ese momento me sentí muy solo, lo que terminó como un ataque de pánico mientras trataba de contribuir con mi gesto. Cuando me fui a dormir esa noche, no pude dejar de dar vueltas, presa del inicio de un insomnio severo que duraría meses.

Lamentablemente, el gesto que quise tener entraba en la categoría de «qué no se debe hacer». Cuando salí para participar en la actividad ese día, en el fondo sabía que no tenía la energía necesaria, pero pensé que quizá eso fuera precisamente lo que necesitaba: hacer *algo* en lugar de entregarme a la temida *Nada* de la que ya hablamos a lo largo de este libro.

Yo no era más que un tipo blanco y lleno de privilegios que intentaba caminar unos tres kilómetros, así que si te parece una tontería, lo entiendo; pero lo cierto es que el síndrome del agotamiento es un problema documentado que afecta a personas que se dedican a todo tipo de servicios sociales (*todos y cada uno* de los médicos de los que hablé en el capítulo 3 se sintieron atraídos por su profesión movidos por su deseo de contribuir a la sociedad), y supone además una amenaza para la sostenibilidad de los movimientos sociales, de la empatía, el altruismo y el bien común en general. Puede llevar a las personas más apasionadas —las que contribuyen porque creen en un futuro mejor— a abandonar su labor en cualquier momento. Un estudio observó que la presión por contribuir a la sociedad puede llevar a las personas a no saber decir que no, incluso cuando empiezan a quedarse sin energía; en ocasiones también se sienten avergonzados por que la labor empiece a pesarles demasiado, lo que puede hacer que se aíslen y que ignoren los cuidados que ellos mismos necesitan.[16]

¿Qué podría haber hecho de otra forma? Para empezar, podría haber buscado a alguien con quien hacerlo, y después, sentarnos y reflexionar juntos sobre algunas de las emociones complejas de ese momento. Incluso si no hubiéramos tenido esa conversación, mostrar mi apoyo junto a algún amigo o incluso algún desconocido seguro que me habría hecho sentir menos solo y sobrepasado.

Pero tal vez lo más importante es que podría haber cambiado mi comportamiento en los meses previos. Al pensar en el pasado, me doy cuenta de que había dejado de divertirme. Tendría que haber sido más listo. Los activistas veteranos entienden que muchos compañeros (incluso ellos mismos) quizá no lleguen a ver el fin de la lucha. El cambio que buscas puede darse por desarrollo, a lo largo de los años y las décadas. Como si fueras un científico dedicado a la investigación, tendrás suerte si eres testigo de un único logro revolucionario. Y, por eso, si quieres formar parte del juego durante el tiempo suficiente para que tu contribución llegue a ser significativa, no puedes dejar que tu devoción por la causa te consuma. De lo contrario, *no sobrevivirás.*

Querer ayudar a cambiar las cosas no significa que haya que estar furioso todo el tiempo. El cómico Trevor Noah dijo algo similar cuando una entrevistadora del periódico *The Guardian* le preguntó por qué no proyectaba más rabia o generaba más polémica en sus presentaciones, dado que es un hombre birracial que creció bajo el *apartheid* en Sudáfrica, cuya infancia estuvo marcada por la violencia y la agitación política. Además, su padrastro abusó de él. Noah explicó su buen humor de esta forma: «¿Qué sentido tiene aferrarse a un sentimiento que no te impulsa hacia adelante? Porque, entonces, lo que ocurre es que tú estás atormentándote en tu rabia, resentimiento y rencor, pero el sistema contra el que pretendes luchar no siente nada de eso. Ni siquiera lo conoce. Estarás malgastando tu energía». Le dio a su madre el mérito de enseñarle que el amor y la risa eran las emociones principales que necesitaban para procesar sus circunstancias: «Convertimos nuestra situación en algo de lo que podíamos reírnos».[17]

Puede que, al principio, sientas que no puedes controlar tus reacciones emocionales, pero puedes empezar dándote permiso —es más, ordenándote— a renovar tu sesgo hacia la diversión. No estamos hechos para luchar todo el tiempo. Piensa en la forma en que tantos otros, incluido yo mismo, gestionamos la filantropía personal: puedes hacer una contribución significativa si haces aportaciones regulares a lo largo de toda tu vida. *Nadie te está pidiendo que des todo lo que tienes.*

A finales de 2020, decidí tomarme una dosis de mi propia medicina, por muy mecánico que me resultara al principio. Así es como terminé yendo al retiro que me llevó a escribir el capítulo 6, y ese fue uno de los pasos que di para recuperar el equilibrio.

No pospongas la diversión hasta que los problemas del mundo estén resueltos, porque ese día no llegará nunca. Todos tenemos la responsabilidad de hacer un lugar a la renovación, a la celebración, a la conexión y a la alegría para nosotros mismos y, sobre todo, para los demás. Esta es otra forma de dar consistencia al argumento a favor de la importancia de adquirir el hábito de la diversión, y es donde empezamos a entender que sí, orientarnos hacia la alegría cuando hay tanta oscuridad en el mundo exige disciplina. No conozco a la madre de Trevor Noah, pero me atrevería a decir que su inclinación por el amor partió de una decisión consciente que no siempre fue fácil.

La diversión es un punto de partida para contribuir a hacer del mundo un lugar mejor, pero el punto final lo marcas tú. Cuanto más te cuides y revitalices tu mente mediante acciones basadas en el placer, la compasión y la aportación que te inspiren, más capaz te sentirás de adentrarte en la incomodidad ocasional que trae consigo la necesidad de crecer. Si consigues mantenerte en esta línea, es posible que la recompensa sea una sensación de satisfacción, bienestar y alegría incomparables, con alguna incursión ocasional en la maravilla que es el *Misterio*.

CONCLUSIÓN

En busca de Ultima

Yo sí tengo un «sistema de creencias», pero se reduce a lo que siempre decía Michelle, que es: «La vida es caos. Sé amable».

PATTON OSWALT

De pequeño me encantaban los libros del tipo «escoge tu propia aventura». En mi barrio éramos unos cuantos que nos los intercambiábamos como si fueran estampas. Era divertido comparar los finales con los de los demás y contarnos una historia completamente distinta a pesar de haber leído el mismo libro. Me gustaban casi todos, pero había uno que destacaba entre el resto: *Inside UFO 54-40* [*Dentro del ovni 54-40*]. En la historia, el protagonista eres «tú». La cosa empieza a bordo del Concorde, el avión supersónico de lujo, en un vuelo de Nueva York a Londres. En pleno trayecto, unos alienígenas te abducen de pronto y te teletransportan al interior de una nave espacial con forma de puro. A medida que avanzan las primeras páginas, descubres que ya no estás en la Tierra, y empieza la aventura.

Los lectores de este género están acostumbrados a que la combinación de finales posibles sea variada: los hay buenos, los hay malos, y los hay con unos giros de guion muy emocionantes. No es el caso de *Inside UFO 54-40*. Este libro es una excepción, ya que todos los finales son tristes o amargos de una forma u otra. Conforme la historia avanza, se apunta a la existencia de un planeta llamado Ultima. Parece maravilloso, pero ninguna de las líneas argumentales, con sus correspondientes elecciones, te permite llegar a este lugar mágico.

Algunos de los que leímos este libro más o menos al mismo tiempo llegamos a hacer un mapa de cada una de las opciones en busca de un camino que nos llevara a Ultima. Tras estudiarlo detenidamente y analizar todos los resultados posibles, teníamos los datos necesarios: Ultima era un destino inalcanzable.

O eso pensábamos. Un buen día me senté y, pasando por alto las reglas del libro, lo leí página a página desde el principio hasta el final, ¡y ahí estaba Ultima, oculto entre las páginas del libro! Al alcance de cualquiera que osara saltarse las convenciones y optara sencillamente por *llegar*.

Aunque los puritanos considerarían que hice trampa, yo no lo creía así. *Para nada*. Había descifrado el código. **La belleza de encontrar Ultima es que no hay ningún conjunto de decisiones concreto que te lleven a él.** No existe un camino convencional. Y, aun así, escondido en pleno libro está Ultima, esperando a que lo descubran.

La diversión es nuestra Ultima. Siempre ha estado escondida delante de nuestras narices. Con lo fácil que es de encontrar, es impresionante lo furtiva que siempre nos ha parecido. Puede venir alguien e indicarte cuál es el camino, pero, al final, depende de ti ser curioso y emplear tu inteligencia para alcanzarla.

Todo lo bueno se acaba

Solo hay una cosa que puedo predecir con exactitud sobre todo el que lea este libro: en algún momento, tu vida llegará a su fin. (Según me dijeron, en un libro sobre la diversión puede haber un capítulo sobre la muerte, así que lo coloqué en la conclusión). En algunos casos, como el de mi hermano, el final llega demasiado pronto. Si has llegado hasta aquí, espero que te haya invadido mi mensaje. Espero que cuando tengas que tomar la decisión de hipotecar tu diversión a causa de algo que no es una prioridad auténtica, ahora reflexiones desde un punto de vista más crítico y deliberado sobre el precio que estás pagando. El tópico de que no te podrás llevar nada a la tumba encierra una verdad universal: *la vida es total y es finita*, por lo que hay que priorizar y organizarse para sacarle todo el partido. Pero hacerlo nos cuesta, porque la mayoría vivimos como si no tuviéramos fecha de caducidad, y es que estamos hechos para no pensar en nuestro fin. Este argumento se desarrolla en el libro *The Worm at the Core* [*El gusano en el corazón*],[1] escrito por los investigadores Tom Pyszczynski, Jeff Greenberg y Sheldon Solomon, quienes le dieron a este fenómeno el nombre de *teoría de la gestión del terror*. Dado que la mayoría de nuestros sistemas internos están pensados para ayudarnos a mantenernos con vida, la disonancia cognitiva que surge cuando pensamos en que, al final, todos estos sistemas nos fallarán, nos provoca un profundo terror.

MEMENTO MORI

¿Y si en lugar de temer a la muerte la aceptáramos? ¿Has tenido alguna vez una experiencia que te haya recordado que tu vida podría terminar mañana? En mi caso, ese llamado de atención fue la súbita muerte de mi hermano. Para Ric Elias, CEO de Red Ventures, fue un ganso.

El 15 de enero de 2009 fue una tarde agradable en Nueva York. Ric Elias no advirtió nada de especial mientras se subía al vuelo 1549 de U.S. Airways para volver a su casa en Carolina del Norte. Apenas habían recorrido un kilómetro cuando Ric y los demás pasajeros oyeron una explosión. Unos gansos en pleno vuelo habían hecho trizas el motor del avión. Dos minutos después les dijeron eso de «prepárense para el impacto» a medida que el avión empezaba su curso para estrellarse en el río Hudson.

Mientras el avión se precipitaba al vacío y convencido de que su vida se había acabado, varios pensamientos se apoderaron de la mente de Ric. Muchos de ellos eran de arrepentimiento por todas las oportunidades de pasarla bien que había pospuesto hasta ese momento. Se refiere a este fracaso con una potente metáfora a la que llama «Coleccionar vinos malos» en alusión a todas las experiencias «sin abrir» que se habría perdido si no lograba sobrevivir. Ric también se dio cuenta de todo el tiempo que había malgastado dejándose llevar por las energías negativas al no haber tenido en cuenta su impacto colectivo.

La buena noticia es que tanto Ric como el resto de los pasajeros sobrevivieron. Cuando salió del «Milagro del Hudson», era un hombre nuevo. Ahora, la hoja de ruta de Ric es muy distinta: «Si el vino está listo y la persona está ahí, voy a abrirlo. Ya no quiero posponer nada en la vida. Y esa urgencia, ese propósito, me cambió la vida por completo».[2] Nadie sabe cuándo le llegará la hora, pero podemos aprender de los que rozaron la muerte y tuvieron la ventaja de poder anticiparse a sus arrepentimientos.

Un *memento mori* es un objeto que se utiliza para recordarnos la mortalidad del ser humano, pero también podemos utilizar estos artefactos para recordarnos que debemos disfrutar del regalo de la vida. El de Ric es su vinoteca; el mío es una foto en la que salgo con mi hermano mientras hacíamos fila para subir al Kingda Ka en nuestra última aventura juntos, y la tengo colocada encima de una copia del libro de Randy Pausch *La última lección* en el escritorio de mi despacho. Cuando viajo, es el mensaje que tengo guardado en el buzón de voz en el que mi padre me comunica la muerte de mi hermano. Cuando siento que necesito renovar mi preferencia por la diversión, a veces recurro a alguno de estos artefactos. El mensaje de voz es especialmente útil cuando estoy en una ciudad en la que tengo la oportunidad de verme con un viejo amigo pero me da un poco de pereza. Si buscas un *memento mori*, un temporizador con cuenta regresiva es una opción efectiva. Yo tengo uno que puedes usar gratis, disponible aquí: <https://share.michaelrucker.com/memento-mori>. Míralo cuando necesites que algo te recuerde que *ahora* es el momento de decir que sí a la diversión.

¿Por qué reconocer que un día moriremos es una herramienta tan potente para optar por divertirnos y eliminar de nuestras vidas lo que nos hace pensar eso de que «pudo ser y no fue»? Aceptar la idea de la mortalidad nos empuja, nos motiva a expresarnos antes de que sea demasiado tarde. Algunas personas se vuelven muy prolíficas cuando saben que el final se acerca. David Bowie, por ejemplo, pasó dieciocho meses increíbles antes de fallecer en 2016.[3] Y eso es porque empezamos a apreciar más la vida, a divertirnos más, a compartir buenos momentos con los demás.

Pero ¿por qué esperar a marcar la muerte en el calendario para empezar nuestra relación con ella? ¿Por qué retrasar la diversión hasta el final, cuando puede convivir perfectamente con las responsabilidades de la vida, desde las más triviales hasta las más profundas? Cuando tenemos en cuenta el límite temporal de nuestra existencia nos concedemos la agencia necesaria para vivir la vida como corresponde.

El dolor es un ingrediente de la condición humana. Nos guste o no, forma parte del camino. Hubo un tiempo en el que pensé que tenía que haber una forma de *hackear* la vida para sortear los momentos desagradables. Ahora sé lo equivocado que estaba: si le negamos su espacio en el orden natural de las cosas, solo conseguiremos magnificar sus efectos. El dolor y la pérdida son partes inherentes de nuestro diseño. Veremos a seres queridos fallecer. El cambio es inevitable y puede ser brutal, pero espero que la idea que te lleves de este libro es que sí, el dolor existe, pero también existe la diversión. Y es ella la que nos ayuda a sobrellevar el dolor, a veces incluso a dejarlo atrás, porque disfrutamos de los regalos de la vida con toda su intensidad.

Cuando nos lanzamos de una forma inconsciente a la diversión sin ponernos límites —y aunque la diversión sea infinita—, parece que nunca es suficiente, y de ahí pasamos a demonizarla. En cambio, cuando buscamos la diversión de una forma deliberada y no a pesar de nuestro dolor, sino en armonía con él, abrimos una puerta a un mundo nuevo que muchos no logran ver. No solo experimentamos más placer, sino que también obtenemos un conocimiento valiosísimo. Y seguramente lo mejor de todo sea que la vida nos regala momentos de asombro y maravilla que se abren ante nosotros cuando conectamos desde nuestra alegría con nuestra manifestación única del *Misterio*.

¿Hasta dónde llegarían las posibilidades si, de algún modo, como por arte de magia, lográramos aceptar que un día pondremos punto final a nuestra historia?

EMPIEZA PENSANDO EN EL FINAL

Si quieres regocijarte en las maravillas de la vida, ser consciente de que un día tu vida tocará a su fin es un buen punto de partida, pero no desde la ansiedad, como nos pasa a muchos. Enfrentarnos a nuestra propia mortalidad puede ser un desencadenante muy poderoso que cambie nuestras motivaciones desde la raíz. Desde un punto de vista puramente científico, las investigaciones que he podido encontrar son básicamente anecdóticas y retrospectivas,* pero hay algunos estudios que nos pueden ayudar a profundizar en este punto.

Aunque al principio pueda parecer paradójico, muchos psicólogos creen que la relación con la muerte se correlaciona con el grado de satisfacción vital. La autorrealización y la actitud frente a la propia mortalidad parecen estar vinculadas. Una cosa es sentir ansiedad sobre la experiencia de la muerte, ya que experimentar un miedo sano ante situaciones desagradables es natural, pero me estoy refiriendo a quienes no aceptan que la vida es finita. En 1975, el doctor John W. Gamble[4] llevó a cabo un estudio científico que analizó la conexión entre la aceptación de la mortalidad y la autorrealización. Gamble demostró que quienes se sienten más realizados —y se aceptan completamente, tanto a sí mismos como a los demás— también suelen estar más cómodos en general con la idea de que la vida tenga un final. En cambio, las personas que se sienten menos realizadas tienen dificultades a la hora de contemplar su propia mortalidad.

---

* Si te interesa la retrospección, la fantástica investigación de Bronnie Ware sobre el arrepentimiento, que sirvió de base para la creación de su libro *bestseller* *The Top Five Regrets of the Dying* [*Los cinco arrepentimientos de quienes se están muriendo*], es una buena fuente de inspiración para empezar a vivir de una forma más deliberada.

¿Podría esta relación darse también a la inversa? ¿Podría un pequeño encuentro con la muerte aumentar nuestra motivación para realizar-
nos, como parece habernos ocurrido a Ric Elias, a mí, y a tantos otros? *Sí*
y no. Un estudio de las doctoras Catherine Nogas, Kathy Schweitzer y
Judy Grenst no observó asociación alguna entre la ansiedad provocada
por la muerte y la necesidad de alcanzar metas.[5] Parece que el propio
miedo a la muerte no es tan motivador. De hecho, tener miedo a la muerte no solo no nos estimula de ninguna forma productiva, sino que también puede obstaculizar nuestras actividades y nuestros planes.

Pero enfrentarse a la muerte no tiene por qué generar ansiedad:
puede conducir a su aceptación, y eso sí parece cambiar ciertas cosas.
Un estudio llevado a cabo por los doctores John Ray y Jakob Najman
arrojó que la necesidad de alcanzar metas presentaba una asociación
positiva con la aceptación de la muerte.[6] Cuando aceptamos que un
día la vida terminará (en lugar de temer el fin), somos más capaces de
usar esa conciencia de la muerte a nuestro favor.

En general, la aceptación de la muerte se ha relacionado con un
significado vital más profundo. Por ejemplo, al estudiar el sentido del
propósito (mediante el test sobre el propósito de vida, o PIL, por sus
siglas en inglés), un grupo de psicólogos observó que las personas que
obtenían una puntuación más elevada solían tener una actitud más
positiva ante la muerte. John Blazer, un investigador de la Universidad de Miami que estuvo detrás de uno de los estudios sobre la mortalidad y el significado de la vida, sostenía que nuestra relación con la
muerte puede beneficiarse de un examen consciente de nuestros objetivos y propósitos en la vida.[7] Es más probable que alguien que tenga
un sentido del propósito elevado (y que no esté motivado por el estatus y el dinero) acepte mejor la muerte.

LA VIDA DESPUÉS DE LA MUERTE (ACEPTACIÓN)

Algunos psicólogos creen que aceptar la muerte es el objetivo más
grande que podemos tener en la vida. David Sobel nos dice que solo

podemos crecer cuando aceptamos la muerte.[8] Escribe que la experiencia de la muerte es la separación de nuestros seres queridos y de las cosas que amamos. Cuando somos capaces de desprendernos del miedo a la muerte, podemos desprendernos del deseo de controlar y manipular. El miedo al fracaso desaparece y las recompensas de vivir la vida se vuelven totalmente accesibles. Algunos terapeutas acompañan a sus pacientes a través de la experiencia de la muerte como herramienta terapéutica. Los «cafés de la muerte» —encuentros informales diseñados para normalizar la conversación en torno a la muerte, que de otra forma se convierte en un tabú— están apareciendo por doquier para que los participantes puedan explorar esta cuestión juntos.[9]

Todos experimentamos «pequeñas» muertes a lo largo de la vida: al mudarnos a otra ciudad, al romper con el primer amor o una pareja de años, al cambiar de trabajo. Estos «puntos de referencia temporales» pueden dar pie a un comportamiento aspiracional,[10] nos pueden empujar a través del mismo recorrido psicológico (aunque con menor intensidad) que la muerte. Si le damos permiso, este tipo de pérdida puede convertirse en un portal hacia nuevos comportamientos y conocimientos.

La experta en duelo Elisabeth Kübler-Ross lo resume muy acertadamente:

> La muerte es la llave que abre la puerta de la vida. Al aceptar la finitud de nuestras existencias individuales somos capaces de hallar la fuerza y el coraje necesarios para rechazar roles y expectativas extrínsecas y dedicar cada día de nuestras vidas —al margen de lo largas que lleguen a ser— a crecer tanto como sea posible [...]. Cuando uno entiende por fin que cada día que se despierta puede ser el último, se toma el tiempo de ese día para crecer, para ser más quien es de verdad, para conectar con otros seres humanos.[11]

El doctor Randy Pausch, que fue profesor de Informática en la Universidad Carnegie Mellon, es uno de mis héroes en materia de tener una relación sana con la vida y la muerte. En su conferencia titulada «Really Achieving Your Childhood Dreams» [«Alcanzar de verdad tus sueños de la infancia»], dio una «última lección» ante un auditorio lleno hasta el tope de alumnos de Carnegie Mellon, profesores y amigos, el 18 de septiembre de 2007. Randy habló de cómo logró alcanzar sus sueños de la infancia y ayudó a otros a hacerlo.[12] En el momento de dar lo que sería su última clase en Carnegie Mellon, y a pesar de tener un aspecto sano, Randy sabía que le quedaban entre dos y cinco meses de vida a causa de un cáncer de páncreas que le habían diagnosticado.

Randy había tenido unos sueños muy concretos de niño: sentir la gravedad cero, jugar en la liga nacional de futbol, escribir un artículo para la *World Book Encyclopedia*, ser el Capitán Kirk (luego lo cambió por «conocer al Capitán Kirk»), ganar uno de esos peluches enormes en un parque de atracciones y ser Imagineer en Disney. Podría decirse que Randy es el padrino del archivo de la diversión. Durante su última lección, Randy habló de cómo encontró la forma de vivir (casi todas) estas experiencias. Esto es lo que dijo sobre su vida: «Yo no sé cómo no divertirme. Me estoy muriendo y me estoy divirtiendo. Y voy a seguir divirtiéndome todos los días que me queden, porque esta es la única forma de hacerlo». Y, en referencia a las lecciones que había aprendido: «Nunca pierdan el asombro de un niño. Es demasiado importante. Es lo que nos mueve. Ayuden a los demás».

Su actitud apasionada por la diversión, valiente, libre y *carpe diem* sigue inspirándome a mí y a muchos otros. Incluso a las puertas de la muerte se mostró optimista y alegre. Es evidente que una de las razones por la que es tan querido es que su actitud era contagiosa y porque repartía alegría entre los demás. Pero quizá lo más importante de todo es que Randy no posponía las cosas, y eso lo dejó con muy poco de lo que arrepentirse. Daba prioridad a las experiencias, de forma que, cuando falleció a los cuarenta y siete años, dejó un importante legado: una oda al poder de la búsqueda de la diversión. Su inspiradora última lección acumula millones de visualizaciones en todo el mundo, y el libro *The Last Lecture* que comparte la experiencia de la conferencia (además de su filosofía de vida) se convirtió en uno de los libros más vendidos de *The New York Times*.[13] Con una vida que terminó demasiado pronto, Randy logró cambiar el mundo a algo mejor. Hizo su contribución, y no dejó de divertirse por el camino.

EL PODER DE VIVIR UNA VIDA EXTRAORDINARIA

Se nos ha manipulado para que el acceso superficial a la *Nada* nos calme. Cuando nos sentimos derrotados, parece que disfrutamos de ese microempujón que nos da que alguien le dé «me gusta» a cualquiera de nuestras publicaciones en las redes sociales, así que publicamos otra en lugar de conectar con la persona que nos hizo sentir mejor con su gesto para darle las gracias.

Las experiencias extraordinarias exigen que tomemos decisiones deliberadas. Los momentos transformadores no suelen caer del cielo, pero hay muchas maneras de aumentar su frecuencia. **Si quieres un giro del destino, empieza a dar vueltas.** Si decides divertirte cada día de formas pequeñas y aparentemente superficiales, con el tiempo irás construyendo nuevos patrones de comportamiento; es decir, tomarás decisiones nuevas y mejores. Lo que empieza siendo un coqueteo con algo extravagante puede llevarte a descubrir el *Misterio*, y será tu pasión la que guíe tus pasos. ¿Cómo podría mejorar tu vida tras un mes, o un año, o diez años de hacer de la diversión un hábito?

LO ÚLTIMO QUE TE PIDO

Ya llegamos al final. Muchas gracias por dedicar tu tiempo a leer este libro. Si te gustó, comparte la diversión de este libro con un amigo. Ojalá logremos difundir el poder de la diversión para que llegue a tanta gente como sea posible. Y si tienes cualquier pregunta o comentario, contacta conmigo. Estoy aquí para seguir comentando y explorando el camino de la diversión.

Second City, Chicago, Illinois, 24/4/2015

Tal vez hayas advertido que comencé cada capítulo con la cita de un cómico. En parte, es una forma de recordar a mi hermano. Nuestra pasión compartida por la comedia nos hizo pasar muy buenos ratos juntos. La cita de Patton Oswalt que encabeza esta conclusión es muy apta para terminar. En ella encontramos las palabras que formaban el mantra de su esposa, Michelle McNamara, a quien conoció tras actuar en un club de comedia (un encuentro que describió como amor a primera vista). Tras aquel primer día se volvieron inseparables, se casaron y tuvieron una hija juntos. Y entonces, tras once años felizmente casados, Michelle falleció de una forma abrupta e inesperada. Oswalt dice que entre ellos tenían un debate filosófico constante. A pesar de ser ateo, él siempre defendía que había que estar abiertos a un cierto «entramado de lógica», o a que existiera una inteligencia mayor que guía el universo. Pero Michelle no estaba de acuerdo, y decía que eso de que «todo pasa por una razón» era la mentira más cruel del universo, porque todo depende de un caos asombrosamente aleatorio. «Y ganó la discusión de la forma más asquerosa posible», bromea Oswalt en uno de los momentos que más te hacen reír a través de las lágrimas en su desgarrador especial de Netflix *Annihilation*. «Si hay alguna inteligencia ahí arriba que tiene un plan, ese plan es una basura».

Pero su esposa le ofreció el antídoto con un argumento lleno de sabiduría que sería el que lo ayudaría a salir del duelo que lo paralizó en los meses posteriores a su muerte, cuando todas sus vías de escape habituales le fallaron. Creo que es un antídoto que nos puede servir a todos cuando el dolor de la vida nos arrastra a nuestras horas más bajas. Con seis sencillas palabras, invitó a su marido a que se adentrara en el *Misterio*:

«La vida es caos. Sé amable».

Dice Patton: «Si quieres hablar con Dios —o con la idea que tengas de Dios—, ve y sé amable con alguien. Es la mejor forma de comunicarse con el infinito. Sé amable con un familiar, con un ser querido, ve y propaga esa amabilidad [...]. No sabes cómo se propagará, pero sabes que estás ahí fuera, haciendo algo bueno».

La ciencia también respalda el mantra de McNamara.[14] Junto a la diversión, tratar a los demás con amabilidad nos hace más felices, y los gestos amables que más parecen apuntalar nuestro bienestar son los que nos conectan con los demás de una forma auténtica y nos hacen sentir que vivimos libremente y en equilibrio con nuestra identidad y nuestros valores. En este sentido, la diversión y la amabilidad son grandes aliadas.

Por eso, ahora que puedes revisar todo lo que vimos en este libro para construir tu propio hábito de la diversión, te dejo con estas siete palabras: *La vida es caos. Sé amable. Diviértete.*

AGRADECIMIENTOS

Hacer este libro fue muy divertido, y sin duda es un trabajo en equipo. Me gustaría empezar dándole las gracias a Sara Grace por colaborar conmigo en este viaje y por hacer que todo el proceso fuera lo más agradable posible. A Lisa DiMona, por ser una persona fantástica y una agente entre un millón, además por confiar y creer en un libro sobre la diversión. Me gustaría darle las gracias a Stephanie Hitchcock por su curiosidad llena de entusiasmo sobre la propuesta y por ayudarme a darle a este libro la mejor forma posible. Le estoy muy agradecido a David Moldawer por su buen trabajo como editor de desarrollo en las primeras fases del proyecto. Le debo mucho a Urša Bratun por ayudarme durante años a investigar y sintetizar la ciencia de la diversión, un trabajo que ahora se ha convertido en los cimientos de *El hábito de la diversión*. También doy las gracias a Hayley Riggs, por todos estos años en los que me ha dado ideas y me ha corregido el blog. The Year of Fun existe gracias a Hayley. El equipo más inmediato de *El hábito de la diversión* no estaría completo sin Sabine Andree y Sue Campbell (y su equipo de Pages & Platforms), que se sumaron ya avanzado el proyecto, pero fueron esenciales en el lanzamiento del libro.

Este libro no habría sido posible sin mi familia. Doy las gracias a mis padres, Robert y Margaret. Podría llenar una página explicando los porqués, pero no sería muy divertido, así que déjame decir que siempre estaré agradecido por que, cada vez que no fui capaz de volver a ponerme en pie por mí mismo, han estado ahí para hacerme seguir adelante. Durante el proceso de elaborar este libro me animaron como nadie, y me han regalado mucha diversión. Doy las gracias a mi mujer, quien sacrificó muchos momentos de diversión para que yo pudiera escribir este libro. Prometo no volver a escribir ningún libro, igual que prometí no volver a competir en otro Ironman o maratón, inscribirme a otra carrera o hacerme otro tatuaje. Has sido la mejor compañera de cansancio durante veinte años a pesar de estas falsas promesas. Y, por supuesto, los pequeños: Archer y Sloane. Los quiero muchísimo. Gracias por no dejar de darme lecciones de diversión, son los mejores profesores. A pesar de que sea egoísta, una de las partes que más disfruté al hacer este libro es que se convirtió en un objeto que tiene mucho de mí y que siempre tendrán.

Tengo la inmensa suerte de estar rodeado de personas extraordinarias durante casi toda mi vida, pero tengo cinco grupos de amigos en concreto que me han ayudado a crear mi visión del mundo, y me gustaría darles las gracias por ello: mis padrinos de boda, la cuadrilla del Tren del Vodka, mis compas de piso de 1996 en Isla Vista, mis compañeros de Fantasy Football, y mi familia de Club One / Active Wellness. (A partir de aquí, las listas de nombres no siguen ningún orden concreto). **Padrinos de boda:** Brian Rucker, Micah Myers (y su esposa, Kirsten), Nathan Burroughs (y su esposa, Meaghan), Darren Pujalet (y su esposa, Genevieve), Luke Aguilar (y su esposa, Amy), Rich Gray, Erik Foster, Alberto Feliciano, Brian Manalastas, Alfred *Alfie* DelFavero, Sam Pietsch y Matthew Szymszyk. **La cuadrilla del Tren del Vodka:** Nathan Baldwin, Mark Burley, Darren *Daz* Swain, Andrew Page, Todd Mathers, Aine y Philip Murphy, Rebecca Mojsin y Blaise Agresta. (Habría incluido algunas de nuestras aventuras en este libro, pero lo que pasa en la periferia de Mongolia se queda en la periferia de Mongolia). **Compañeros del Fantasy Football:** Jeremy Carver, Dave Otterson, Jim Monagle, Drew Shimizu, Niccolo De Luca, Glenn Chenn, Scott Carlson, Jon Hallin, Ken Lee, Scott Russell, Andrew Nelson y Dan Offenbach. **La familia de Club One / Active**

Wellness: Bill McBride, Jill Kinney, Carey White, Michele Wong, Kari Bedgood, Meredith DePersia, Ryan McFadden, Elizabeth Studebaker, Jessica Isle, Erica Stenz, Karah Ehrhardt, Jennie Martin, Kenny and Annette Ko, Manda Wong, Alvin Dizon, Jerry Cardinali, Andy (y Alisah) Spieth, Lauren Suggett, Natalie Jensen, Rosemary Mamisay, Justin Weber, y el resto de la familia de Club One / Active Wellness. Con lo mucho que me he divertido con las personas que aparecen en este párrafo tengo la suerte de poder rememorar para rato.

Antes de *El hábito de la diversión* fue el Burrito Project. Cuando sabes lo que quieres, lo sabes. Gracias a todos mis compañeros de la USC que hicieron donaciones para que esa aventura saliera adelante. Y en especial a Patrick Fellows, que me adoptó como aprendiz solo porque estoy loco como una cabra (como él), a los dos nos gustan los burritos, y a los dos nos gustan los deportes de resistencia.

También querría dar las gracias a Michael Gervais, Olav Sorenson, Nir Eyal, Ryan Tarzy, Tim Grahl y Jyotsna Sanzgiri por ser unos mentores fantásticos en distintos momentos de mi vida. Estas seis personas fueron muy generosas con su tiempo y conocimiento. Se lo agradezco mucho a todos.

Gracias a Ritu Barua, Andy Velez y Finley Skelton por su ayuda como asistentes virtuales, y a Doan Trang por tus esclarecedoras aportaciones.

Quisiera dar las gracias también a todas las grandes figuras de pensamiento que se tomaron un tiempo para ser entrevistados en el marco del Live Life Love Project y a quienes todavía no había mencionado: Stuart MacFarlane, Jamie Ramsden, Sean Waxman, David Allen, Jeff Atkinson, Dave Scott, Scott Bell, Chris Talley, Kristi Frank, Jeff Galloway, Todd DiPaola, Tom DeLong, Mark Friedman, Gloria Park Perin, Bryan Pate, J. K. Monagle, Lloyd Nimetz, Gear Fisher, Ed Baker, Brodie Burris, Hammad Zaidi, Thom Gilligan, Margaret Moore, Barbara Lippard, Ellen Burton, Deena Varshavskaya, Liz Applegate, Scot Hacker, Alex Gourley, Erik Allebest, Nadeem Kasaam, Jerome Breche, Brian Russell, Alex Kaplinsky, Ken Snyder, Eric

Quick, Sky Christopherson, Tim Ferriss, Matthew Heineman, Sunil Saha, Howard Jacobson, Ned Dwyer, Ari Meisel, Gary Vanerchuk, Mike Leveque, Neville Medhora, Bob Summers, Brad Bowery, Craig DeLarge, Ben Rubin, Ben Greenfield, James Pshock, Chris Bingham, Al Lewis, Drew Schiller, Laura Putnam, Kate Matsudaira, Mitesh Patel, Edgar Schein, Jill Gilbert, John Gengarella, Henry DePhillips, Raj Raghunathan, Chip Conley, Matthew Nock, Cathy Presland, Daniel Freedman, Steve Groves, Matt Holt, Amanda Krantz, Morten Hansen, Charlie Hoehn, Erik Paquet, Jeffrey Pfeffer, Brad Wills, Anthony Middlebrooks, Laura Vanderkam, Jonah Babins, Noah Kagan, Craig Lund, Cassie Mogilner Holmes, Dike Drummond, Angela Kyle, Timothy Wilson, Gary Ware, Tara Gerahty, Tania Katan, Susanne Cook-Greuter, Karen Pollard, Alexandre Mandryka, Jordan Etkin, Lisa Feldman Barrett, Kaitlin Woolley, Iris Mauss, Todd Kashdan, Tasha Eurich, Jill Vialet, Jedd Chang, Lee Huffman y Christian Ehrlich.

Quisiera dar las gracias a mis compañeros que trabajan para impulsar cambios digitales positivos de la Healthcare Information and Management Systems Society y, en especial, a nuestro organizador, Michael Gaspar. En el mundo hacen falta más personas como él. Gracias también a Kathleen Terry y a mis antiguos compañeros de Leadership Manhattan Beach. Estos dos grupos tuvieron un papel crucial en mi crecimiento dentro del liderazgo de servicio.

Gracias a Paula Nowick, Kelly Cash, Bryan Wish, Brad Bowery, Eugene Manin, Linda Leffel, Scott Russell, Ken Holt, Lindsey Nicole, Yonina Siegal, Julia Bellabarba, Karen Barletta y Quin Bee por sus desinteresadas aportaciones que dieron lugar a las partes de conocimiento colectivo de las que hablo en los capítulos 6 y 9.

Finalmente, quisiera dar las gracias a todos los académicos, investigadores, autores y personas sabias que han moldeado mi punto de vista sobre la diversión: Ronald A. Berk, Stanley Cohen, Laurie Taylor, David J. Linden, Willard Gaylin, Elaine Hatfield, John T. Cacioppo, Richard L. Rapson, Erik H. Erikson, Joan M. Erikson, Joseph J. Sandler, Peter Fonagy, Charles Murray, Jeffrey Goldstein, Daniel H. Pink,

John B. Miner, Gary Wolf, Henry Sidgwick, John Rawls, Bronnie Ware, Richard M. Ryan, Edward L. Deci, Edward O. Wilson, George Ritzer, Alex Soojung-Kim Pang, Martin E. P. Seligman, Peter Railton, Roy F. Baumeister, Chandra Sripada, Matthew Killingsworth, Susan Cain, Yi-Fu Tuan, Dan Sullivan, Benjamin P. Hardy, Viktor E. Frankl, Harold S. Kushner, William J. Winslade, Benjamin Hale, Karl E. Weick, Catherine Wilson, Daniel L. Schacter, Daniel T. Gilbert, Daniel M. Wegner, Robert Kegan, Shasta Nelson, Dale Carnegie, Sherry Turkle, Stuart Brown, Travis Bradberry, Jean Greaves, Eric Berne, Thomas Harris, David F. Lancy, Kathryn Schulz, Ellen Jane Langer, Elisabeth Kübler-Ross, Lisa L. Lahey, Brené Brown, Carl Pacifico, Mihály Csíkszentmihályi, Dylan Walsh, Clare Ansberry, Willibald Ruch, René Proyer, Marco Weber, Sara Wellenzohn, Kristy Holtfreter, Michael D. Reisig, Jillian J. Turanovic, Shin-Hyun Kim, Scott Y. H. Kim, Hong Jin Kim, Hadi Kooshiar, Zohre Najafi, Amin Azhari, Erika Forbes, Peter M. Lewinsohn, Jeremy Pettit, Thomas E. Joiner, Liang Gong, John R. Seeley, Cancan He, Yingying Yin, Hui Wang, Qing Ye, Feng Bai, Yonggui Yuan, Haisan Zhang, Luxian Lv, Hongxing Zhang, Zhijun Zhang, Chunming Xie, Laurie R. Santos, Alexandra G. Rosati, Jennifer A. Hunter, Charles J. Palus, David M. Horth, Minkyung Koo, Jens Timmermann, Lynda Flower, Christian Meisel, Antonio Damasio, Nasir Naqvi, Baba Shiv, Antoine Bechara, Richard M. Wenzlaff, Michael Lacewing, Emma A. Renström, Torun Lindholm, Mark E. Koltko-Rivera, Henry Venter, Eduard Venter, Wulf-Uwe Meyer, Rainer Reisenzein, Achim Schuetzwohl, Marret K. Noordewier, Eric van Dijk, Gregory S. Berns, Samuel M. McClure, Pendleton R. Montague, Vincent K. M. Cheung, Peter M. C. Harrison, Lars Meyer, Marcus T. Pearce, John-Dylan Haynes, Stefan Koelsch, Małgorzata A. Gocłowska, Matthijs Baas, Richard J. Crisp, Carsten K. W. De Dreu, Brian Knutson, Curt M. Adams, Grace W. Fong, Robert Sapolsky, Yu-Chen Chan, Wei-Chin Hsu, Tai-Li Chou, Scott A. Langenecker, Leah R. Kling, Natania A. Crane, Stephanie M. Gorka, Robin Nusslock, Katherine S. F. Damme, Jessica Weafer, Harriet de Wit, K. Luan Phan, Kennon Sheldon, Stefano Di Domenico, Richard

Koestner, Barbara A. Marinak, Linda B. Gambrell, Laura G. Burgess, Patricia M. Riddell, Amy Fancourt, Kou Mu- rayama, Rosemarie Anderson, Sam T. Manoogian, J. Steven Reznick, Örjan de Manzano, Simon Cervenka, Aurelija Jucaite, Oscar Hellenäs, Lars Farde, Fredrik Ullén, Konstanze Albrecht, Johannes Abeler, Bernd Weber, Armin Falk, Brendan J. Tunstall, Dean Kirson, Lia J. Zallar, Sam McConnell, Janaina C. M. Vendruscolo, Chelsea P. Ho, Volker Ott, Graham Finlayson, Hendrik Lehnert, Birte Heitmann, Markus Heinrichs, Jan Born, Manfred Hallschmid, Peter Katsingris, John P. Robinson, Steven Martin, Deniz Bayraktaroglu, Gul Gunaydin, Emre Selcuk, Anthony D. Ong, Ayelet Fishbach, Veronika Huta, Alan S. Waterman, Harald S. Harung, Gill Pomfret, Joe Hoare, Sherry Hilber, Hanna R. Rodenbaugh, Heidi L. Lujan, David W. Rodenbaugh, Stephen E. DiCarlo, Reneé L. Polubinsky, Jennifer M. Plos, D. J. Grosshandler, Niswander Grosshandler, Renate L. Reniers, Amanda Bevan, Louise Keoghan, Andrea Furneaux, Samantha Mayhew, Stephen J. Wood, Stephen Lyng, Sue Scott, Mark D. Austin, Alan Dix, Regan L. Mandryk, Stella M. Atkins, Paul Ekman, Richard J. Davidson, Kiki M. De Jonge, Eric F. Rietzschel, Nico W. Van Yperen, Benjamin Scheibehenne, Rainer Greifeneder, Peter M. Todd, Hazel Rose Markus, Barry Schwartz, Elena Reutskaja, Axel Lindner, Rosemarie Nagel, Richard A. Andersen, Colin F. Camerer, Kirsi-Marja Zitting, Mirjam Y. Münch, Sean W. Cain, Wei Wang, Arick Wong, Joseph M. Ronda, Daniel Aeschbach, Charles A. Czeisler, Jeanne F. Duffy, Max Hirshkowitz, Kaitlyn Whiton, Steven M. Albert, Cathy Alessi, Oliviero Bruni, Lydia DonCarlos, Nancy Hazen, John Herman, Eliot S. Katz, Leila Kheirandish-Gozal, David N. Neubauer, Anne E. O'Donnell, Maurice Ohayon, John Peever, Robert Rawding, Ramesh C. Sachdeva, Belinda Setters, Michael V. Vitiello, James Catesby Ware, Paula J. Hillard, Laura K. Barger, Najib T. Ayas, Brian E. Cade, John W. Cronin, Bernard Rosner, Frank E. Speizer, Bronwyn Fryer, Sandi Mann, Rebekah Cadman, Lydia Saad, John Pencavel, Francesco P. Cappuccio, Lanfranco D'Elia, Pasquale Strazzullo, Michelle A. Miller, John Helliwell, Huong Dinh, Lyndall Strazdins, Jennifer Welsh,

Katrina L. Piercy, Richard P. Troiano, Rachel M. Ballard, Susan Carlson, Janet E. Fulton, Deborah A. Galuska, Stephanie M. George, Richard D. Olson, William W. Beach, William J. Wiatrowski, Homa Khaleeli, Elizabeth Frates, Dan Buettner, Sam Skemp, Bryce Hruska, Sarah D. Pressman, Kestutis Bendinskas, Brooks B. Gump, Kim Brooks, Thomas P. Reith, Gareth Cook, David A. Reinhard, Erin C. Westgate, Nicole Ellerbeck, Cheryl Hahn, Casey L. Brown, Adi Shaked, Sarah Alahmadi, Nicholas R. Buttrick, Amber M. Hardin, Colin West, Sanford E. DeVoe, Paul A. O'Keefe, Carol S. Dweck, Gregory M. Walton, Curt Richter, David Premack, Leif D. Nelson, Tom Meyvis, Alyssa Croft, Elizabeth Dunn, Jordi Quoidbach, Dinah Avni-Babad, Ilana Ritov, Chess Stetson, Matthew P. Fiesta, David M. Eagleman, Gilles Grolleau, Sandra Saïd, Sharon Hadad, Miki Malul, Agnete Gundersen, Michaela Benson, Karen O'Reilly, Nico H. Frijda, Sonja Lyubomirsky, David Schkade, Philip C. Watkins, Kathrine Woodward Thomas, Tamara Stone, Russell L. Kolts, Paul G. Middlebrooks, Marc A. Sommer, Gábor Orosz, Edina Dombi, István Tóth-Király, Beáta B?the, Balázs Jagodics, Phil Zimbardo, John N. Boyd, Fred B. Bryant, Joseph Veroff, Bradley P. Turnwald, Danielle Boles, Alia J. Crum, Colette M. Smart, Scott P. King, Stephen Schueller, Megan E. Speer, Jamil P. Bhanji, Mauricio R. Delgado, Bethany Morris, Greg J. Stephens, Uri Hasson, Oliver S. Curry, Lee Rowland, Caspar J. van Lissa, Sally Zlotowitz, Harvey Whitehouse, John McAlaney, Justin Thomas, Tel Amiel, Stephanie L. Sargent, Pablo Fernandez-Berrocal, Rosario Cabello, Peter Hills, Michael Argyle, Elizabeth Bernstein, William Fleeson, Adriane B. Malanos, Noelle M. Achille, Zhenkun Zhou, Ke Xu, Jichang Zhao, Craig Ross, Emily S. Orr, Mia Sisic, Jaime M. Arseneault, Mary G. Simmering, Robert R. Orr, David Cunningham, Liz Thach, Karen J. Thompson, Shengli Deng, Yong Liu, Hongxiu Li, Feng Hu, Zoya Gervis, Sointu Leikas, Ville-Juhani Ilmarinen, William Pavot, Ed Diener, Frank Fujita, Joshua J. Mark, Steven Fife, Michael J. Tews, John W. Michel, Raymond A. Noe, Judy Willis, Ronald Alsop, David L. Collinson, Frode Stenseng, Jostein Rise, Pål Kraft, Brigitte Wanner, Robert Ladouceur, Amélie V. Auclair, Frank Vitaro, Doris Bergen, Maxime Taquet, Yves-Alexandre de Montjoye, Martin Desseilles, James J. Gross, Desirée Kozlowski, Elizabeth Berry, Barış K. Yörük, Chris Hadfield, Wendy Wood, Nate Staniforth, Heather McIver, Trevor Noah, Michel Hansenne, Moïra Mikolajczak, Abraham H. Maslow, David B. Yaden, Jonathan Haidt, Ralph W. Hood, David R. Vago, Andrew Newberg, Ingrid Koller, Michael R. Levenson, Judith Glück, Mark H. Anshel, Diane Bamber, Ian M. Cockerill, Sheelagh Rodgers, Douglas Carroll, Chantal Seguin-Levesque, Marie-Lyne Laliberté, Luc G. Pelletier, Celine Blanchard, Robert J. Vallerand, Genevieve A. Mageau, Catherine Ratelle, Laude Leonard, Marylene Gagne, Josee Marsolais, Joshua Phelps, Tommy Haugen, Monica Torstveit, Rune Høigaard, Eva Roos, Eero Lahelma, Ossi Rahkonen, Wijnand A. P. van Tilburg, Eric R. Igou, Constantine Sedikides, Jennifer Sommers, Stephen J. Vodanovich, Gregory J. Boyle, Lisa M. Richards, Anthony J. Baglioni, Mary B. Harris, Gustavo Razzetti, Chantal Nederkoorn, Linda Vancleef, Alexandra Wilkenhöner, Laurence Claes, Remco C. Havermans, Kalina Christoff, Alan M. Gordon, Jonathan W. Schooler, Michael I. Posner, Inchara Naidu, Jothi A. Priya, Gayatri Devi, Cory J. Gerritsen, Maggie E. Toplak, Jessica Sciaraffa, John Eastwood, Robert Waldinger, Catherine Caruso, Diana Baumrind, Julee P. Farley, Jungmeen Kim-Spoon, Anna-Beth Doyle, Heather Lawford, Julie N. Kingery, Cynthia A. Erdley, Katherine C. Marshall, Jacob A. Burack, Alexandra D'Arrisso, Vladimir Ponizovsky, Wendy Troop-Gordon, Tarek Mandour, Curtis Tootoosis, Sandy Robinson, Grace Iarocci, Stephanie Fryberg, Deborah Laible, Gustavo Carlo, Marcela Raffaelli, Alex Williams, Kim Reinking, Robert A. Bell, Michael E. Roloff, Karen Van Camp, Susan H. Karol, Jan-Emmanuel De Neve, George Ward, Maria Konnikova, Sergio M. Pellis, Vivien C. Pellis, Brett T. Himmler y Jaak Panksepp.

Si leíste estas últimas páginas, te pido que regreses al capítulo 2 y vuelvas a hacer el ejercicio del modelo PLAY, porque estoy convencido de que se te ocurrirán formas mucho mejores de pasar tu tiempo que leer una lista de nombres. Ahora en serio: les doy la gracias a todas las personas que nombré (y a todas las que pude haber olvidado) por hacer posible este libro. *Me la pasé de maravilla.*

Atentamente,

Michael Rucker

NOTAS

Nota del autor

1. Helen Keller, *Let Us Have Faith*, Doubleday, & Doran & Company, Incorporated, 1940, Nueva York.

Introducción

1. Ryan Golden, «What Does the Outcry over Amazon's Mental Health Kiosks Say About Corporate Wellness Programs?», en *HR Dive*, 16 de junio de 2021, <https://www.hrdive.com/news/what-does-outcry-over-amazon-amazen-mental-health-kiosks-say-about-corporate-wellness/601942>.

Capítulo 1. La diversión es el antídoto

1. Clare Ansberry, «An Overlooked Skill in Aging: How to Have Fun», *The Wall Street Journal*. Dow Jones & Company, 2 de junio de 2018, <http://www.wsj.com/articles/an-overlooked-skill-in-aging-how-to-have-fun-1527937260>.
2. Greg Iacurci, «U.S. Is Worst Among Developed Nations for Worker Benefits», CNBC, 4 de febrero de 2021, <http://www.cnbc.com/2021/02/04/us-is-worst-among-rich-nations-for-worker-benefits.html>.
3. Barbara Ehrenreich, *Nickel and Dimed: On (Not) Getting By in America*, Metropolitan Books, 2010, Nueva York [trad. cast.: *Por cuatro duros: cómo (no) apañárselas en Estados Unidos*, Capitán Swing, 2014, Madrid].
4. Rahaf Harfoush, *Hustle and Float: Reclaim Your Creativity and Thrive in a World Obsessed with Work*, Diversion Books, 2019, Nueva York.

5. Daniel H. Pink, *Drive: The Surprising Truth About What Motivates Us*, Penguin, 2011, Nueva York.

6. Ann Larson, «My Disturbing Stint on a Corporate Wellness App: At Some Point, I Realized the Goal Was to Make My Job Kill Me Slower», *Slate*, 26 de abril de 2021, <https://slate.com/human-interest/2021/04/corporate-well ness-grocery-store-work-dangers.html>.

7. Gary Vaynerchuk, *Crush It!: Why NOW Is the Time to Cash In on Your Passion*, vol. 10, HarperCollins, 2015, Nueva York.

8. Grant Cardone, *The 10X Rule: The Only Difference Between Success and Failure*, John Wiley & Sons, 2011, Nueva York.

9. Jeffrey Pfeffer, *Dying for a Paycheck: Why the American Way of Business Is Injurious to People and Companies*, HarperCollins Publishers, 2018, Nueva York.

10. Dylan Walsh, «The Workplace Is Killing People and Nobody Cares», Stanford Graduate School of Business, 15 de marzo de 2018, <http://www.gsb. stanford.edu/insights/workplace-killing-people-nobody-cares>.

11. Frank Pega, Bálint Náfrádi, Natalie C. Momen, Yuka Ujita, Kai N. Strei-cher, Annette M. Prüss-Üstün, Alexis Descatha *et al.*, «Global, Regional, and National Burdens of Ischemic Heart Disease and Stroke Attributable to Exposu-re to Long Working Hours for 194 Countries, 2000-2016: A Systematic Analysis from THE WHO/ILO Joint Estimates of the Work-Related Burden of Disease and Injury», *Environment International*, 154, 2021: 106595, <https://doi.org/ 10.1016/j.envint.2021.106595>.

12. Frederick Winslow Taylor, *The Principles of Scientific Management*, Harper & Brothers, 1919, Nueva York.

13. John Miner, *Organizational Behavior 1: Essential Theories of Motivation and Leadership*, Routledge, 2015, Nueva York.

14. Bjoern Bartels, «My Love—Relationship Counter», App Store, 18 de diciembre de 2010, <https://apps.apple.com/us/app/my-love-relationship-coun ter/id409609608>.

15. B. H. Schott, L. Minuzzi, R. M. Krebs, D. Elmenhorst, M. Lang, O. H. Winz, C. I. Seidenbecher *et al.*, «Mesolimbic Functional Magnetic Resonance Imaging Activations During Reward Anticipation Correlate With Reward-Rela-ted Ventral Striatal Dopamine Release», *Journal of Neuroscience*, 28, n.º 52, 2008, págs. 14311-14319, <https://doi.org/10.1523/jneurosci.2058-08.2008>.

16. «Dopamine Jackpot! Sapolsky on the Science of Pleasure», YouTube, publicado por FORA.tv, 2 de marzo de 2011, <https://www.youtube.com/watch ?v=axrywDP9Ii0>.

17. Philip Brickman, Dan Coates y Ronnie Janoff-Bulman, «Lottery Win-ners and Accident Victims: Is Happiness Relative?», *Journal of Personality and*

Social Psychology, 36, n.º 8, 1978, págs. 917-927, <https://doi.org/10.1037/0022-3514.36.8.917>.

18. Erik Lindqvist, Robert Östling y David Cesarini, «Long-Run Effects of Lottery Wealth on Psychological Well-Being», *The Review of Economic Studies*, 87, n.º 6, 2020, págs. 2703-2726, <https://doi.org/10.1093/restud/rdaa006>.

19. Gilles Grolleau y Sandra Saïd, «Do You Prefer Having More or More Than Others? Survey Evidence on Positional Concerns in France», *Journal of Economic Issues*, 42, n.º 4, 2008, págs. 1145-1158, <https://doi.org/10.1080/002 13624.2008.11507206>.

20. Joseph W. Kable y Paul W. Glimcher, «The Neurobiology of Decision: Consensus and Controversy», *Neuron*, 63, n.º 6, 2009, págs. 733-745, <https://doi.org/10.1016/j.neuron.2009.09.003>.

21. Jean M. Twenge, Thomas E. Joiner, Megan L. Rogers y Gabrielle N. Martin, «Increases in Depressive Symptoms, Suicide-Related Outcomes, and Suicide Rates Among U.S. Adolescents After 2010 and Links to Increased New Media Screen Time», *Clinical Psychological Science*, 6, n.º 1, 2017, págs. 3-17, <https://doi.org/10.1177/2167702617723376>.

22. Jean Twenge, *IGen: Why Today's Super-Connected Kids Are Growing Up Less Rebellious, More Tolerant, Less Happy—and Completely Unprepared for Adulthood—and What That Means for the Rest of Us*, Atria Books, 2017, Nueva York.

23. David J. Linden, *The Compass of Pleasure: How Our Brains Make Fatty Foods, Orgasm, Exercise, Marijuana, Generosity, Vodka, Learning, and Gambling Feel So Good*, Penguin, 2012, Nueva York [trad. cast.: *La brújula del placer: por qué los alimentos grasos, el orgasmo, el ejercicio, la marihuana, la generosidad, el alcohol, aprender y los juegos de azar nos sientan tan bien*, Paidós, 2011].

24. Volker Ott, Graham Finlayson, Hendrik Lehnert, Birte Heitmann, Markus Heinrichs, Jan Born y Manfred Hallschmid, «Oxytocin Reduces Reward-Driven Food Intake in Humans», en *Diabetes*, 62, n.º 10, 2013, págs 3418-3425, <https://doi.org/10.2337/db13-0663>.

25. Jorge A. Barraza y Paul J. Zak, «Oxytocin Instantiates Empathy and Produces Prosocial Behaviors», en *Oxytocin, Vasopressin and Related Peptides in the Regulation of Behavior*, 2013, págs. 331-342, <https://doi.org/10.1017/cbo97811 39017855.022>.

26. Carl Engelking, «Lightning's Strange Physics Still Stump Scientists», en *Discover Magazine*, 20 de noviembre de 2019, <https://www.discovermagazine. com/environment/lightnings-strange-physics-still-stump-scientists>.

27. Jeffrey Goldstein, *Play in Children's Development, Health and Well-Being*, Toy Industries of Europe, 2012, Bruselas.

28. Dan Sullivan y Benjamin P. Hardy, *The Gap and The Gain: The High*

Achievers' Guide to Happiness, Confidence, and Success, Hay House Business, 2021.

29. Kathryn Petras y Ross Petras, «*Nothing Is Worth More Than This Day*»: *Finding Joy in Every Moment*, Workman Publishing, 2016, Nueva York.

30. Walter Isaacson, *Einstein: His Life and Universe*, Simon & Schuster Paperbacks, 2008, Nueva York [trad. cast.: *Einstein: Su vida y su universo*, Debolsillo, 2009].

31. Alan Feingold y Ronald Mazzella, «Psychometric Intelligence and Verbal Humor Ability», en *Personality and Individual Differences*, 12, n.º 5, 1991, págs. 427-435, <https://doi.org/10.1016/0191-8869(91)90060-o>.

32. Fred B. Bryant, Colette M. Smart y Scott P. King, «Using the Past to Enhance the Present: Boosting Happiness through Positive Reminiscence», en *Journal of Happiness Studies*, 6, n.º 3, 2005, págs. 227-260, <https://doi.org/10.1007/s10902-005-3889-4>.

Capítulo 2. Tiempo para jugar

1. Matthew Killingsworth, *Happiness from the Bottom Up*. Tesis, Universidad de Harvard, 2013.

2. Daniel Kahneman, Alan B. Krueger, David A. Schkade, Norbert Schwarz y Arthur A. Stone, «A Survey Method for Characterizing Daily Life Experience: The Day Reconstruction Method», en *Science*, 306, n.º 5702, 2004, págs. 1776-1780, <https://doi.org/10.1126/science.1103572>.

3. Marissa A. Sharif, Cassie Mogilner y Hal E. Hershfield, «Having too little or too much time is linked to lower subjective well-being», en *Journal of Personality and Social Psychology*, 2021.

4. «American Time Use Survey Summary», U.S. Bureau of Labor Statistics. U.S. Bureau of Labor Statistics, 22 de julio de 2021, <http://www.bls.gov/news.release/atus.nr0.htm>.

5. Gretchen Livingston y Kim Parker, «8 Facts About American Dads», Pew Research Center, 30 de mayo de 2020, <http://www.pewresearch.org/fact-tank/2019/06/12/fathers-day-facts>.

6. P. Houle, M. Turcotte y M. Wendt, *Changes in parents' participation in domestic tasks and care for children from 1986 to 2015*, 2017.

7. Bruce Drake, «Another Gender Gap: Men Spend More Time in Leisure Activities», Pew Research Center, 7 de febrero de 2014, <https://www.pewresearch.org/fact-tank/2013/06/10/another-gender-gap-men-spend-more-time-in-leisure-activities>.

8. Homa Khaleeli, «How to Get More Free Time in Your Day», en *The*

Guardian, 13 de marzo de 2018, <https://www.theguardian.com/money/short-cuts/2013/jun/07/how-get-more-free-time>.

9. Cassie Mogilner Holmes, «The Pursuit of Happiness Time, Money, and Social Connection», en *Psychological Science*, 21, n.° 9, 2010, págs. 1348-1354, <https://doi.org/10.1177/0956797610380696>.

10. Hal E. Hershfield, Cassie Mogilner Holmes y Uri Barnea, «People Who Choose Time over Money Are Happier», en *Social Psychological and Personality Science*, 7, n.° 17, 2016, págs. 697-706, <https://doi.org/10.1177/194855061 6649239>.

11. Toni Herrbach, «Age Appropriate Chores for Kids: Printable», en *The Happy HousewifeTM: Home Management*, 1 de marzo de 2019, <https://the happyhousewife.com/home-management/age-appropriate-chores-for-kids-printable>.

12. Tania Katan, *Creative Trespassing: How to Put the Spark and Joy Back into Your Work and Life*, Currency, 2019, Nueva York.

13. The Nielsen Company, *The Nielsen Total Audience Report, Q1 2018*, pág. 34, <https://www.nielsen.com/wp-content/uploads/sites/3/2019/04/q1-20 18-total-audience-report.pdf. Consultado el 21 de enero de 2020.

14. John P. Robinson y Steven Martin, «What Do Happy People Do?», en *Social Indicators Research*, 89, n.° 3, 2008, págs. 565-571, <https://doi.org/10. 1007/s11205-008-9296-6>.

15. Deniz Bayraktaroglu, Gul Gunaydin, Emre Selcuk y Anthony D. Ong, «A Daily Diary Investigation of the Link between Television Watching and Positive Affect», en *Journal of Happiness Studies*, 20, n.° 4, 2018, págs. 1089-1101, <https://doi.org/10.1007/s10902-018-9989-8>.

16. Melissa G. Hunt, Rachel Marx, Courtney Lipson y Jordyn Young, «No More FOMO: Limiting Social Media Decreases Loneliness and Depression», en *Journal of Social and Clinical Psychology*, 37, n.° 10, 2018, págs. 751-768, <https://doi.org/10.1521/jscp.2018.37.10.751>.

17. Lee M. Cohen, Frank L. Collins Jr. y Dana M. Britt, «The effect of chewing gum on tobacco withdrawal», en *Addictive Behaviors*, 22, n.° 6, 1997, págs. 769-773.

18. Eric F. Rietzschel, J. Marjette Slijkhuis y Nico W. Van Yperen, «Task Structure, Need for Structure, and Creativity», en *European Journal of Social Psychology*, 44, n.° 4, 2014, págs. 386-399, <https://doi.org/10.1002/ejsp.2024>.

19. Benjamin Scheibehenne, Rainer Greifeneder y Peter M. Todd, «Can There Ever Be Too Many Options? A Meta-Analytic Review of Choice Overload», en *Journal of Consumer Research*, 37, n.° 3, 2010, págs. 409-425, <https://doi.org/10.1086/651235>.

20. Elena Reutskaja, Axel Lindner, Rosemarie Nagel, Richard A. Andersen

y Colin F. Camerer, «Choice Overload Reduces Neural Signatures of Choice Set Value in Dorsal Striatum and Anterior Cingulate Cortex», en *Nature Human Behaviour*, 2, n.º 12, 2018, págs. 925-935, <https://doi.org/10.1038/s41562-018-0440-2>.

21. *Peak experience*, en *APA Dictionary of Psychology*, 2022. Extraído de <https://dictionary.apa.org/peak-experience>

22. Alexandre Mandryka, «Pleasure without Learning Leads to Addiction», en *Game Whispering*, 29 de agosto de 2016, <https://gamewhispering.com/plea sure-without-learning-leads-to-addiction>.

23. Redactor de *The Guardian*, «Man Accidentally Ejects Himself from Fighter Jet During Surprise Flight», *The Guardian*, 14 de abril de 2020, <https://www.theguardian.com/world/2020/apr/14/man-accidentally-ejects-himself-from-fighter-jet-during-surprise-flight>.

24. D. J. Grosshandler y E Niswander Grosshandler, «Constructing Fun: Self-Determination and Learning at an Afterschool Design Lab», en *Computers in Human Behavior*, 16, n.º 3, 2000, págs. 227-240, <https://doi.org/10.1016/s0747-5632(00)00003-0>.

25. A. Dix, *Fun Systematically*, 2012, consultado en <http://alandix.com/academic/papers/ECCE-fun-2004/ecce-alan-fun-panel.pdf>.

26. Stephen Lyng, «Edgework: A Social Psychological Analysis of Voluntary Risk-Taking», en *American Journal of Sociology*, 95, n.º 4, 1990, págs. 851-886.

27. George Ritzer, *Enchanting a Disenchanted World: Revolutionizing the Means of Consumption*, Pine Forge Press, 2005, Newbury Park, California [trad. cast.: *El encanto de un mundo desencantado: revolución en los medios de consumo*, Ariel, 2000].

28. Abraham H. Maslow, *Toward a Psychology of Being*, Simon and Schuster, 2013, Nueva York.

29. Shane Scott y D. Mark Austin, «Edgework, Fun, and Identification in a Recreational Subculture: Street BMX Riders», en *Qualitative Sociology Review*, 12, n.º 4, 2016, págs. 84-99.

30. Donald McRae, «Sky Brown: 'Sometimes You Fall but I Wanted to Show Me Getting up Again'», en *The Guardian*, 3 de agosto de 2020, <https://www.theguardian.com/sport/2020/aug/03/sky-brown-gb-skateboarder-fall-get ting-up-olympic-games>.

31. Abraham H. Maslow, *Toward a Psychology of Being*, Simon and Schuster, 2013, Nueva York [trad. cast.: *El hombre autorrealizado. Hacia una psicología del ser*, Kairós, 1973].

32. Mark H. Anshel, «A Psycho-Behavioral Analysis of Addicted Versus Non-Addicted Male and Female Exercisers», en *Journal of Sport Behavior*, 14, n.º 2, 1991, pág. 145.

33. David J. Linden, *The Compass of Pleasure: How Our Brains Make Fatty Foods, Orgasm, Exercise, Marijuana, Generosity, Vodka, Learning, and Gambling Feel So Good*, Penguin, 2012, Nueva York [trad. cast.: *La brújula del placer: por qué los alimentos grasos, el orgasmo, el ejercicio, la marihuana, la generosidad, el alcohol, aprender y los juegos de azar nos sientan tan bien*, Paidós, 2011].

34. Robert J. Vallerand, «On Passion for Life Activities: The Dualistic Model of Passion», en *Advances in Experimental Social Psychology*, vol. 42, págs. 97-193, Academic Press, 2010.

35. Robert J. Vallerand, Céline Blanchard, Geneviève A. Mageau, Richard Koestner, Catherine Ratelle, Maude Léonard, Marylène Gagné y Josée Marsolais, «Les Passions De L'âme: On Obsessive and Harmonious Passion», en *Journal of Personality and Social Psychology*, 85, n.º 4, 2003, pág. 756-767, <https://doi.org/10.1037/0022-3514.85.4.756>.

36. Max Hirshkowitz, Kaitlyn Whiton, Steven M. Albert, Cathy Alessi, Oliviero Bruni, Lydia DonCarlos, Nancy Hazen *et al.*, «National Sleep Foundation's Sleep Time Duration Recommendations: Methodology and Results Summary», en *Sleep Health*, 1, n.º 1, 2015, págs. 40-43, <https://doi.org/10.1016/j.sleh.2014.12.010>.

37. Laura K. Barger, Najib T Ayas, Brian E. Cade, John W. Cronin, Bernard Rosner, Frank E. Speizer y Charles A. Czeisler, «Impact of Extended-Duration Shifts on Medical Errors, Adverse Events, and Attentional Failures», en *PLoS Medicine*, 3, n.º 12, 2006, <https://doi.org/10.1371/journal.pmed.0030487>.

38. Bronwyn Fryer, «Sleep Deficit: The Performance Killer», en *Harvard Business Review*, octubre de 2006, <https://hbr.org/2006/10/sleep-deficit-the-performance-killer>.

39. Kirsi-Marja Zitting, Mirjam Y. Münch, Sean W. Cain, Wei Wang, Arick Wong, Joseph M. Ronda, Daniel Aeschbach, Charles A. Czeisler y Jeanne F. Duffy, «Young Adults Are More Vulnerable to Chronic Sleep Deficiency and Recurrent Circadian Disruption than Older Adults,» en *Scientific Reports*, 8, n.º 1, 2018, <https://doi.org/10.1038/s41598-018-29358-x>.

Capítulo 3. Saborea cada momento

1. Thomas P. Reith, «Burnout in United States Healthcare Professionals: A Narrative Review», en *Cureus*, 2018, <doi:10.7759/cureus.3681>.

2. Gareth Cook, «How to Improve Your Life with 'Story Editing'», en *Scientific American*, 13 de septiembre de 2011, <https://www.scientificamerican.com/article/how-to-improve-your-life-with-story-editing>.

3. Timothy D. Wilson, David A. Reinhard, Erin C. Westgate, Daniel T. Gil-

bert, Nicole Ellerbeck, Cheryl Hahn, Casey L. Brown y Adi Shaked, «Just Think: The Challenges of the Disengaged Mind», en *Science*, 345, n.º 6192, 2014, págs. 75-77, <https://doi.org/10.1126/science.1250830>.

4. Sarah Alahmadi, Nicholas R. Buttrick, Daniel T. Gilbert, Amber M. Hardin, Erin C. Westgate y Timothy D. Wilson, «You Can Do It If You Really Try: The Effects of Motivation on Thinking for Pleasure», en *Motivation and Emotion*, 41, n.º 5, 2017, págs. 545-561, <https://doi.org/10.1007/s11031-017-9625-7>.

5. Erin C. Westgate, Timothy D. Wilson y Daniel T. Gilbert, «With a Little Help for Our Thoughts: Making It Easier to Think for Pleasure», en *Emotion*, 17, n.º 5, 2017, págs. 828-839, <https://doi.org/10.1037/emo0000278>.

6. Carol S. Dweck, *Mindset: The New Psychology of Success*, Random House, 2008, Nueva York [trad. cast.: *Mindset. La actitud del éxito*, Sirio, 2016].

7. Colin West, Cassie Mogilner y Sanford E. DeVoe, «Happiness from Treating the Weekend like a Vacation», en *Social Psychological and Personality Science*, 12, n.º 3, 2020, págs. 346-356, <https://doi.org/10.1177/1948550620916080>.

8. Paul A. O'Keefe, Carol S. Dweck y Gregory M. Walton, «Implicit Theories of Interest: Finding Your Passion or Developing It?», en *Psychological Science*, 29, n.º 10, 2018, págs. 1653-1664, <https://doi.org/10.1177/0956797618780643>.

9. Tommy Avallone, director. *The Bill Murray Stories: Life Lessons Learned from a Mythical Man*, Gravitas Ventures, 2018. 1 h 11 min.

10. Curt Paul Richter, «A Behavioristic Study of the Activity of the Rat», en *Comparative Psychology Monographs* (1922).

11. David Premack, «Toward empirical behavior laws: I. Positive reinforcement», en *Psychological Review*, 66, n.º 4, 1959, pág. 219.

12. Leif D. Nelson y Tom Meyvis, «Interrupted Consumption: Disrupting Adaptation to Hedonic Experiences», en *Journal of Marketing Research*, 45, n.º 6, 2008, págs. 654-664, <https://doi.org/10.1509/jmkr.45.6.654>.

13. Jordi Quoidbach y Elizabeth W. Dunn, «Give It Up: A Strategy for Combating Hedonic Adaptation», en *Social Psychological and Personality Science*, 4, n.º 5, 2013, págs. 563-568, <https://doi.org/10.1177/1948550612473489>.

14. Timothy D. Wilson, David B. Centerbar, Deborah A. Kermer y Daniel T. Gilbert, «The Pleasures of Uncertainty: Prolonging Positive Moods in Ways People Do Not Anticipate», en *Journal of Personality and Social Psychology*, 88, n.º 1, 2005, págs. 5-21, <https://doi.org/10.1037/0022-3514.88.1.5>.

15. Dinah Avni-Babad e Ilana Ritov, «Routine and the Perception of Time», en *Journal of Experimental Psychology: General*, 132, n.º 4, 2003, págs. 543-550, <https://doi.org/10.1037/0096-3445.132.4.543>.

16. Chess Stetson, Matthew P. Fiesta y David M. Eagleman, «Does Time Really Slow Down During a Frightening Event?», en *PLoS ONE*, 2, n.° 12, 2007, <https://doi.org/10.1371/journal.pone.0001295>.

17. Francis Fukuyama, *The End of History and the Last Man*, Simon and Schuster, 2006 [trad. cast.: *El fin de la historia y el último hombre*, Planeta, 1992].

18. Sharon Hadad y Miki Malul, «Do You Prefer Having Much More or Slightly More Than Others?», en *Social Indicators Research*, 133, n.° 1, 2016, págs. 227-234, <https://doi.org/10.1007/s11205-016-1362-x>.

19. Agnete Gundersen, «Starting Over: Searching for the Good Life—an Ethnographic Study of Western Lifestyle Migration to Ubud, Bali», en *New Zealand Sociology*, 2017, págs. 157-171.

20. Karen O' Reilley y Michaela Benson, «Lifestyle Migration: Escaping to the Good Life?», en *In Lifestyle Migration: Expectations, Aspirations, and Experiences*, págs. 1-13, 2008, Ashgate, Farnham (Reino Unido).

21. Michaela Benson, «The Movement Beyond (Lifestyle) Migration: Mobile Practices and the Constitution of a Better Way of Life», en *Mobilities*, 6, n.° 2, 2011, págs. 221-235, <https://doi.org/10.1080/17450101.2011.552901>.

22. Nico H. Frijda, «The Laws of Emotion», en *American Psychologist*, 43, n.° 5, 1988, págs. 349-358, <https://doi.org/10.1037/0003-066x.43.5.349>.

23. Sonja Lyubomirsky, Kennon M. Sheldon y David Schkade, «Pursuing Happiness: The Architecture of Sustainable Change», en *Review of General Psychology*, 9, n.° 2, 2005, págs. 111-131, <https://doi.org/10.1037/1089-2680.9.2.111>.

24. Philip C. Watkins, Kathrane Woodward, Tamara Stone y Russell L. Kolts, «Gratitude and Happiness: Development of a Measure of Gratitude, and Relationships with Subjective Well-Being», en *Social Behavior and Personality: An International Journal*, 31, n.° 5, 2003, págs. 431-451, <https://doi.org/10.2224/sbp.2003.31.5.431>.

Capítulo 4. Disfrutar *después* del momento

1. David Spade, 2015, «I'm told that today is the 20th anniversary of Tommyboy», en Facebook. 31 de marzo de 2015, <https://www.facebook.com/DavidSpade/photos/im-told-that-today-is-the-20th-anniversary-of-tommyboy-aside-from-that-making-me/10153717195027678>.

2. Barbara L. Fredrickson, «What Good Are Positive Emotions?», en *Review of General Psychology*, 2, n.° 3, 1998, págs. 300-319, <https://doi.org/10.1037/1089-2680.2.3.300>.

3. Chad M. Burton y Laura A. King, «The Health Benefits of Writing about

Intensely Positive Experiences», en *Journal of Research in Personality*, 38, n.° 2, 2004, págs. 150-163, <doi:10.1016/s0092-6566(03)00058-8>.

4. Steve Ramirez, Xu Liu, Christopher J. MacDonald, Anthony Moffa, Joanne Zhou, Roger L. Redondo y Susumu Tonegawa, «Activating Positive Memory Engrams Suppresses Depression-like Behaviour», en *Nature*, 522, n.° 7556, 2015, págs. 335-339, <https://doi.org/10.1038/nature14514>.

5. Fred B. Bryant y Joseph Veroff, *Savoring: A New Model of Positive Experience*, Lawrence Erlbaum Associates, 2007.

6. Brett Q. Ford, Phoebe Lam, Oliver P. John e Iris B. Mauss, «The Psychological Health Benefits of Accepting Negative Emotions and Thoughts: Laboratory, Diary, and Longitudinal Evidence», en *Journal of Personality and Social Psychology*, 115, n.° 6, 2018, pág. 1075-1092, <https://doi.org/10.1037/pspp 0000157>.

7. Kevin Rathunde, «Broadening and Narrowing in the Creative Process: A Commentary on Fredrickson's 'Broaden-and-Build' Model», en *Prevention & Treatment*, 3, n.° 1, 2000, <https://doi.org/10.1037/1522-3736.3.1.36c>.

8. Matthew D. Lieberman, Naomi I. Eisenberger, Molly J. Crockett, Sabrina M. Tom, Jennifer H. Pfeifer y Baldwin M. Way, «Putting Feelings into Words», en *Psychological Science*, 18, n.° 5, 2007, págs. 421-428, <https://doi.org/10.1111/j.1467-9280.2007.01916.x>.

9. Tasha Eurich, «Here's Why You Should Journal (Just Not Every Day)», en *The Muse*, 19 de junio de 2020, <https://www.themuse.com/advice/heres-why-you-should-journal-just-not-every-day>.

10. Dan Cosley, Victoria Schwanda Sosik, Johnathon Schultz, S. Tejaswi Peesapati y Soyoung Lee, «Experiences with Designing Tools for Everyday Reminiscing», en *Human–Computer Interaction*, 27, n.° 1-2, 2012, págs. 175-198.

11. Lisa Thomas y Pam Briggs, «Reminiscence Through the Lens of Social Media», en *Frontiers in Psychology*, 7, 2016, <https://doi.org/10.3389/fpsyg.20 16.00870>.

12. Michael Rucker, «Interview with Jordan Etkin About the Folly of Activity Tracking», Mike Rucker, Ph. D., 23 de diciembre de 2020, <https://mi chaelrucker.com/thought-leader-interviews/dr-jordan-etkin-activity-tracking-folly>.

13. David M. Herold y Martin M. Greller, «Feedback the Definition of a Construct», en *Academy of Management Journal*, 20, n.° 1, 1977, págs. 142-147, <doi:10.5465/255468>.

Capítulo 5. La gran evasión

1. «Chris Hadfield: How Looking at 4 Billion Years of Earth's History Changes You | Big Think», en YouTube, subido por Big Think, 24 de marzo de 2018, <https://www.youtube.com/watch?v=qPvSRPsWhOQ>.

2. Frode Stenseng, Jostein Rise y Pål Kraft, «Activity Engagement as Escape from Self: The Role of Self-Suppression and Self-Expansion», en *Leisure Sciences*, 34, n.º 1, 2012, págs. 19-38, <https://doi.org/10.1080/01490400.2012.6 33849>.

3. M. A. Killingsworth y D. T. Gilbert, «A Wandering Mind Is an Unhappy Mind», en *Science*, 330, n.º 6006, 2010, pág. 932, <doi:10.1126/science.1192439>.

4. «Study: A Record 768 Million U.S. Vacation Days Went Unused in '18», U.S. Travel Association, 11 de noviembre de 2019, <https://www.ustravel.org/ press/study-record-768-million-us-vacation-days-went-unused-18-opportunity-cost-billions>.

5. Expedia.com, «Americans Plan to Take an Additional Week of Vacation This Year, Expedia Reports», en *Cision PR Newswire*, 3 de febrero de 2021, <https://www.prnewswire.com/news-releases/americans-plan-to-take-an-addi tional-week-of-vacation-this-year-expedia-reports-301221553.html>.

6. Susan Sontag, *On Photography*, pág. 14, Picador, 2001, Nueva York (publicado originalmente en 1973) [trad. cast.: *Sobre la fotografía*, Debolsillo, 2008].

7. Nate Staniforth, *Here Is Real Magic*, Bloomsbury, 2018.

8. Elizabeth Garone, «The Surprising Benefits of a Mid-Career Break», en BBC Worklife, 2016, <https://www.bbc.com/worklife/article/20160325-the-surprising-benefits-of-a-mid-career-break>.

9. Brad Wills, «Why I Left and What I Learned», en LinkedIn, 5 de febrero de 2018, <https://www.linkedin.com/pulse/why-i-left-what-learned-brad-wills>.

10. Derek Sivers, «Travel Without Social Praise», Derek Sivers, 24 de septiembre de 2019, <https://sive.rs/tp2>.

11. Frode Stenseng, Jostein Rise y Pål Kraft, «Activity Engagement as Escape from Self: The Role of Self-Suppression and Self-Expansion», en *Leisure Sciences*, 34, n.º 1, 2012, págs. 19-38, <doi:10.1080/01490400.2012.633849>.

Capítulo 6. El *Misterio*

1. Maxime Taquet, Jordi Quoidbach, Yves-Alexandrede Montjoye, Martin Desseilles y James J. Gross, «Hedonism and the Choice of Everyday Activities», en *Proceedings of the National Academy of Sciences*, 113, n.º 35, 2016, págs. 9769-9773, <https://doi.org/10.1073/pnas.1519998113>.

2. Farnam Street, «The Map Is Not the Territory», en *Farnam Street*, 1 de octubre de 2020, <https://fs.blog/2015/11/map-and-territory>.

3. Todd Kashdan, *Curious? Discover the Missing Ingredient to a Fulfilling Life*, William Morrow & Co, 2009, Nueva York.

4. Todd Kashdan, «Science Shows You Can Die of Boredom, Literally», en *Psychology Today*, marzo de 2010, <https://www.psychologytoday.com/us/blog/curious/201003/science-shows-you-can-die-boredom-literally>.

5. Meeri Kim, «Boredom's Link to Mental Illnesses, Brain Injuries and Dysfunctional Behaviors», en *The Washington Post*, 17 de julio de 2021, <https://www.washingtonpost.com/health/boredom-mental-health-disconnected/2021/07/16/c367cd30-9d6a-11eb-9d05-ae06f4529ece_story.html>.

6. Jennifer A. Hunter *et al.*, «Personality and Boredom Proneness in the Prediction of Creativity and Curiosity», en *Thinking Skills and Creativity*, vol. 22, 2016, págs. 48-57. Referencia cruzada, <doi:10.1016/j.tsc.2016.08.002>.

7. Wulf-Uwe Meyer, Rainer Reisenzein y Achim Schützwohl, «Toward a Process Analysis of Emotions: The Case of Surprise», en *Motivation and Emotion*, 21, n.º 3, 1997, págs. 251-274.

8. Marret K. Noordewier y Eric van Dijk, «Surprise: Unfolding of Facial Expressions», en *Cognition and Emotion*, 33, n.º 5, 2019, págs. 915-930.

9. Gregory S. Berns, Samuel M. McClure, Giuseppe Pagnoni y P. Read Montague, «Predictability Modulates Human Brain Response to Reward», en *The Journal of Neuroscience*, 21, n.º 8, 2001, págs. 2793-2798, <https://doi.org/10.1523/jneurosci.21-08-02793.2001>.

10. Vincent K. M. Cheung, Peter M. C. Harrison, Lars Meyer, Marcus T. Pearce, John-Dylan Haynes y Stefan Koelsch, «Uncertainty and Surprise Jointly Predict Musical Pleasure and Amygdala, Hippocampus, and Auditory Cortex Activity», en *Current Biology*, 29, n.º 23, 2019, <https://doi.org/10.1016/j.cub.2019.09.067>.

11. Małgorzata A. Gocłowska, Matthijs Baas, Richard J. Crisp y Carsten K. De Dreu, «Whether Social Schema Violations Help or Hurt Creativity Depends on Need for Structure», en *Personality and Social Psychology Bulletin*, 40, n.º 8, 2014, págs. 959-971, <https://doi.org/10.1177/0146167214533132>.

12. Michael J. Tews, John W. Michel y Raymond A. Noe, «Does Fun Promote Learning? The Relationship Between Fun in the Workplace and Informal Learning», en *Journal of Vocational Behavior*, 98, 2017, págs. 46-55, <https://doi.org/10.1016/j.jvb.2016.09.006>.

13. Karl E. Weick, *Sensemaking in Organizations*, vol. 3, 1995, Sage.

14. Viktor E. Frankl, *Man's Search for Meaning*, Simon & Schuster, 1985, Nueva York [trad. cast.: *El hombre en busca de sentido*, Herder, 2015].

15. Benjamin Hale, *The Evolution of Bruno Littlemore*, Twelve, 2011, Nueva York.

16. Henry Sidgwick, *The Methods of Ethics*, Hackett, 1874/1982, Indianapolis, Indiana.

17. Desirée Kozlowski, «What Is Hedonism and How Does It Affect Your Health?», en *The Conversation*, 3 de septiembre de 2017, <https://theconversa tion.com/what-is-hedonism-and-how-does-it-affect-your-health-78040>.

18. Michael Rucker, *Interview with Lisa Feldman Barrett About Emotion and Affect*, en Mike Rucker, Ph. D., 5 de febrero de 2021, <https://michaelruc ker.com/thought-leader-interviews/lisa-feldman-barrett-emotion-affect>.

19. Jordi Quoidbach, Elizabeth V. Berry, Michel Hansenne y Moïra Miko-lajczak, «Positive Emotion Regulation and Well-Being: Comparing the Impact of Eight Savoring and Dampening Strategies», en *Personality and Individual Differences*, 49, n.º 5, 2010, págs. 368-373, <https://doi.org/10.1016/j.paid.2010.03. 048>.

20. Abraham H. Maslow, «The Farther Reaches of Human Nature», en *The Journal of Transpersonal Psychology*, 1, n.º 1, 1969, págs. 1-9.

21. Mark E. Koltko-Rivera, «Rediscovering the Later Version of Maslow's Hierarchy of Needs: Self-Transcendence and Opportunities for Theory, Research, and Unification», en *Review of General Psychology*, 10, n.º 4, 2006, págs. 302-317.

22. David Bryce Yaden, Jonathan Haidt, Ralph W. Hood, David R. Vago y Andrew B. Newberg, «The Varieties of Self-Transcendent Experience», en *Review of General Psychology*, 21, n.º 2, 2017, págs. 143-160, <https://doi.org/10. 1037/gpr0000102>.

23. Michael Diamond y Adam Horovitz, *Beastie Boys Book*, Random House Publishing Group, 2018 [trad. cast.: *Beastie Boys: el libro*, Reservoir Dogs, 2019].

24. Anthony Decurtis, «Adam Yauch: 'I Don't Care If Somebody Makes Fun of Me'», en *Rolling Stone*, 28 de mayo de 1998, <https://www.rollingstone. com/music/music-news/adam-yauch-i-dont-care-if-somebody-makes-fun-of-me-188139>.

25. Erin Potts, «Adam Yauch, Activism & Fake Mustaches», en *Medium*, 28 de noviembre de 2017, <https://medium.com/@@erin_potts/adam-yauch-activism-fake-mustaches-dc101a1524f8>.

26. Lynda Flower, «'My Day-to-Day Person Wasn't There; It Was like Another Me': A Qualitative Study of Spiritual Experiences During Peak Performance in Ballet Dance», en *Performance Enhancement & Health*, 4, n.º 1-2, 2016, págs. 67-75, <doi:10.1016/j.peh.2015.10.003>.

Capítulo 7. La amistad es rara

1. Alex Williams, «Why Is It Hard to Make Friends Over 30?», en *The New York Times*, 2012, págs. 97-98.

2. Jeffrey Jones, «U.S. Church Membership Down Sharply in Past Two Decades», en *Gallup*, 13 de agosto de 2021, <https://news.gallup.com/poll/248837/church-membership-down-sharply-past-two-decades.aspx>.

3. Julianne Holt-Lunstad, Timothy B. Smith y J. Bradley Layton, «Social Relationships and Mortality Risk: A Meta-Analytic Review», en *PLoS Medicine*, 7, n.° 7, 2010, <https://doi.org/10.1371/journal.pmed.1000316>.

4. Laura Zoe Fleming, «Joke's On Who...? — Impractical Jokers U.K. (TV Review)», en *VultureHound Magazine*, 9 de agosto de 2016, <https://vulture hound.co.uk/2016/08/jokes-on-who-impractical-jokers-uk-tv-review>.

5. Harry T. Reis, Stephanie D. O'Keefe y Richard D. Lane, «Fun Is More Fun When Others Are Involved», en *The Journal of Positive Psychology*, 12, n.° 6, 2016, págs. 547-557, <https://doi.org/10.1080/17439760.2016.1221123>.

6. Gladwell, Malcolm, *The Tipping Point: How Little Things Can Make a Big Difference*, Little, Brown, 2006 [trad. cast.: *El punto clave*, Debolsillo, 2018].

7. Nicholas A. Christakis y James H. Fowler, «Social contagion theory: examining dynamic social networks and human behavior», en *Statistics in Medicine*, 32, n.° 4, 2013, págs. 556-577.

8. Christopher K. Hsee, Elaine Hatfield, John G. Carlson y Claude Chemtob, «The effect of power on susceptibility to emotional contagion», en *Cognition and Emotion*, 4, n.° 4, 1990, págs. 327-340.

9. Maksim Stamenov y Vittorio Gallese, eds., *Mirror Neurons and the Evolution of Brain and Language*, vol. 42, John Benjamins Publishing, 2002.

10. Laura G. Burgess, Patricia M. Riddell, Amy Fancourt y Kou Murayama, «The Influence of Social Contagion within Education: A Motivational Perspective», en *Mind, Brain, and Education*, 12, n.° 4, 2018, págs. 164-174, <https://doi.org/10.1111/mbe.12178>.

11. Russell Adams, «You're It! How I Got the 'Tag' Story», en *The Wall Street Journal, Dow Jones & Company*, 16 de junio de 2018, <https://www.wsj.com/articles/inside-a-journalists-pursuit-of-grown-men-playing-tag-1525963582>.

12. Jeanne L. Tsai, Brian Knutson y Helene H. Fung, «Cultural variation in affect valuation», en *Journal of Personality and Social Psychology*, vol. 90, n.° 2, 2006, págs. 288–307, <https://doi.org/10.1037/0022-3514.90.2.288>.

13. Michael Rucker, «Interview with Iris Mauss About the Consequences of the Pursuit of Happiness», Mike Rucker, Ph. D., 9 de abril de 2021, <https://michaelrucker.com/thought-leader-interviews/iris-mauss-pursuit-of-happiness>.

14. Chris MacLeod, «Does Meetup.com Work for Making Friends?», en *Succeed Socially*, <https://www.succeedsocially.com/doesmeetupwork>.
15. Nathan W. Hudson y R. Chris Fraley, «Volitional Personality Trait Change: Can People Choose to Change Their Personality Traits?», en *Journal of Personality and Social Psychology*, 109, n.º 3, 2015, págs. 490-507, <doi:10.1037/pspp0000021>.

Capítulo 8. Diversión e hijos: de la cuna al nido vacío

1. Daniel Gilbert, *Stumbling on Happiness*, Vintage Canada, 2009 [trad. cast.: *Tropezar con la felicidad*, Ariel, 2017].
2. Eric Wargo, «Aiming at Happiness and Shooting Ourselves in the Foot», en *APS Observer*, 20, n.º 7, 2007.
3. Jennifer Glass, Robin W. Simon y Matthew A. Andersson, «Parenthood and happiness: Effects of work-family reconciliation policies in 22 OECD countries», en *American Journal of Sociology*, 122, n.º 3, 2016, págs. 886-929.
4. David Blanchflower, «Children, Unhappiness and Family Finances: Evidence from One Million Europeans», en *NBER*, 25 de febrero de 2019, <https://www.nber.org/papers/w25597>.
5. Claire E. Ashton-James, Kostadin Kushlev y Elizabeth W. Dunn, «Parents reap what they sow: Child-centrism and parental well-being», en *Social Psychological and Personality Science*, 4, n.º 6, 2013, págs. 635-642, <https://doi.org/10.1177/1948550613479804>.
6. Michael Yogman, Andrew Garner, Jeffrey Hutchinson, Kathy Hirsh-Pasek, Roberta Michnick Golinkoff, Rebecca Baum, Thresia Gambon *et al.*, «The power of play: A pediatric role in enhancing development in young children», en *Pediatrics*, 142, n.º 3, 2018.
7. Elizabeth Bonawitz, Patrick Shafto, Hyowon Gweon, Noah D. Goodman, Elizabeth Spelke y Laura Schulz, «The Double-Edged Sword of Pedagogy: Instruction Limits Spontaneous Exploration and Discovery», en *Cognition*, 120, n.º 3, 2011, págs. 322-330, <https://doi.org/10.1016/j.cognition.2010.10.001>.
8. Peter Gray, «Playing with Children: Should You, and If So, How?», en *Psychology Today*, 6 de septiembre de 2014, <https://www.psychologytoday.com/us/blog/freedom-learn/201409/playing-children-should-you-and-if-so-how>.
9. «'Persian Parents Party' | Maz Jobrani—I'm Not a Terrorist but I've Played One on TV», en YouTube, subido por Maz Jobrani, 6 de diciembre de 2016, <https://www.youtube.com/watch?v=b750fKHXS18>.
10. David F. Lancy, *The Anthropology of Childhood: Cherubs, Chattel, Changelings*, Cambridge University Press, 2008.

11. Lela Moore, «From Tokyo to Paris, Parents Tell Americans to Chill», en *The New York Times*, 2 de agosto de 2018, <https://www.nytimes.com/2018/08/02/reader-center/free-range-parenting-outside-united-states.html>.

12. Michael Yogman, Andrew Garner, Jeffrey Hutchinson, Kathy Hirsh-Pasek, Roberta Michnick Golinkoff, Rebecca Baum, Thresia Gambon *et al.*, «The power of play: A pediatric role in enhancing development in young children», en *Pediatrics*, 142, n.° 3, 2018.

13. Carolyn Brockmeyer Cates, Adriana Weisleder, Benard P. Dreyer, Samantha Berkule Johnson, Kristina Vlahovicova, Jennifer Ledesma y Alan L. Mendelsohn, «Leveraging Healthcare to Promote Responsive Parenting: Impacts of the Video Interaction Project on Parenting Stress», en *Journal of Child and Family Studies*, 25, n.° 3, 2015, págs. 827-835, <https://doi.org/10.1007/s10826-015-0267-7>.

14. Stephanie Shine y Teresa Y. Acosta, «Parent-Child Social Play in a Children's Museum», en *Family Relations*, 49, n.° 1, 2000, págs. 45-52, <doi:10.1111/j.1741-3729.2000.00045.x>.

15. Thomas Anthony Harris, *I'm OK—You're OK*, Harper & Row, 1967, Nueva York [trad. cast.: *Yo estoy bien, tú estás bien*, Sirio, 2010].

16. Todd Herman, *The Alter Ego Effect: The Power of Secret Identities to Transform Your Life*, HarperCollins, 2019, Nueva York [trad. cast.: *El poder de tu alter ego: crea una identidad secreta para desarrollar todo tu potencial*, Empresa Activa, 2019].

17. Michael Rucker, «Interview with Susanne Cook-Greuter About Fun and the Ego», Mike Rucker, Ph. D., 2 de febrero de 2021, <https://michaelrucker.com/thought-leader-interviews/dr-susanne-cook-greuter-about-fun-and-the-ego>.

18. Michael Yogman, «Fathers' Roles in the Care and Development of Their Children: The Role of Pediatricians», en *American Academy of Pediatrics*, 1 de julio de 2016, <https://pediatrics.aappublications.org/content/138/1/e20161128>.

19. Ruth Feldman, Ilanit Gordon, Inna Schneiderman, Omri Weisman y Orna Zagoory-Sharon, «Natural Variations in Maternal and Paternal Care Are Associated with Systematic Changes in Oxytocin Following Parent–Infant Contact», en *Psychoneuroendocrinology*, 35, n.° 8, 2010, págs. 1133-1141, <https://doi.org/10.1016/j.psyneuen.2010.01.013>.

20. Michael W. Yogman, «Games Fathers and Mothers Play with Their Infants», en *Infant Mental Health Journal*, 2, n.° 4, 1981, págs. 241-248.

21. Fred B. Bryant y Joseph Veroff, *Savoring: A New Model of Positive Experience*, Lawrence Erlbaum Associates, 2007, pág. 41.

22. Rachel Macy Stafford, «Six Words You Should Say Today», en *Hands Free Mama*, 3 de octubre de 2020, <https://www.hands freemama.com/2012/04/16/six-words-you-should-say-today>.

23. Carly Dauch, Michelle Imwalle, Brooke Ocasio y Alexia E. Metz, «The

Influence of the Number of Toys in the Environment on Toddlers' Play», en *Infant Behavior and Development*, 50, 2018, págs. 78-87, <https://doi.org/10.1016/j.infbeh.2017.11.005>.

24. Fred B. Bryant y Joseph Veroff, *Savoring: A New Model of Positive Experience*, Lawrence Erlbaum Associates, 2007, pág. 42.

Capítulo 9. Llévate el hábito de la diversión al trabajo

1. Kaitlin Woolley y Ayelet Fishbach, «For the Fun of It: Harnessing Immediate Rewards to Increase Persistence in Long-Term Goals», en *Journal of Consumer Research*, 42, n.º 6, 2016, págs. 952-966, <doi:10.1093/jcr/ucv098>.

2. Kaitlin Woolley y Ayelet Fishbach, «Immediate Rewards Predict Adherence to Long-Term Goals», en *Personality and Social Psychology Bulletin*, 43, n.º 2, 2016, págs. 151-162, <doi:10.1177/0146167216676480>.

3. Erik Gonzalez-Mulé y Bethany S. Cockburn, «This Job Is (Literally) Killing Me: A Moderated-Mediated Model Linking Work Characteristics to Mortality», en *Journal of Applied Psychology*, 106, n.º 1, 2021, págs. 140-151, <doi:10.1037/apl0000501>.

4. Joris Lammers, Janka I. Stoker, Floor Rink y Adam D. Galinsky, «To Have Control over or to Be Free from Others? The Desire for Power Reflects a Need for Autonomy», en *Personality and Social Psychology Bulletin*, 42, n.º 4, 2016, pág. 498-512, <https://doi.org/10.1177/0146167216634064>.

5. E. L. Deci y R. M. Ryan (2012), «Self-determination theory», en P. A. M. Van Lange, A. W. Kruglanski y E. T. Higgins (comps)., *Handbook of Theories of Social Psychology*, págs. 416-436, Sage Publications Ltd., <https://doi.org/10.4135/9781446249215.n21>.

6. John P. Trougakos, Ivona Hideg, Bonnie Hayden Cheng y Daniel J. Beal, «Lunch Breaks Unpacked: The Role of Autonomy as a Moderator of Recovery During Lunch», en *Academy of Management Journal*, 57, n.º 2, 2014, págs. 405-421, <https://doi.org/10.5465/amj.2011.1072>.

7. John Cleese, «Creativity in Management». Conferencia en el Grosvenor House Hotel, Londres, Reino Unido, 23 de enero de 1991.

8. Kate Frachon, «Turn Your Weekly To-Do List into a Raise or Promotion», en Ink+Volt, 11 de mayo de 2017, <https://inkandvolt.com/blogs/articles/turn-your-weekly-to-do-list-into-a-raise-or-promotion>.

9. Paul Jarvis, *Company of One: Why Staying Small Is the Next Big Thing for Business*, Houghton Mifflin, 2019, Boston.

10. Adam Gazzaley y Larry Rosen, *The Distracted Mind: Ancient Brains in a High-Tech World*, MIT Press, 2016, Cambridge, Massachusetts.

11. Yuri L. Hanin, «Emotions and Athletic Performance: Individual Zones of Optimal Functioning Model», en *European Yearbook of Sport Psychology*, 1, 1997, págs. 29-72.

12. Robert M. Yerkes y John D. Dodson, «The Relation of Strength of Stimulus to Rapidity of Habi-Formation», en *Journal of Comparative Neurology and Psychology*, 18, n.º 5, 1908, págs. 459-482, <doi:10.1002/cne.920180503>.

13. Nicholas Epley y Juliana Schroeder, «Mistakenly Seeking Solitude», en *Journal of Experimental Psychology: General*, 143, n.º 5, 2014, pág. 1980.

14. «Dave Grohl Lets Fan Play Guitar On Stage. 'Brady'—Foo Fighters PlayStation E3 Party 2003», en YouTube, subido por rage12345678, 30 de octubre de 2013, <https://www.youtube.com/watch?v=2L83Cmf58Dw>.

15. BJ Fogg, «How You Can Use the Power of Celebration to Make New Habits Stick», TED, 6 de enero de 2020, <https://ideas.ted.com/how-you-can-use-the-power-of-celebration-to-make-new-habits-stick>.

16. Michael Gervais, «The Passion Trap» (blog), en LinkedIn Pulse, 10 de julio de 2020, <https://www.linkedin.com/pulse/passion-trap-michael-gervais>.

17. Sabine Sonnentag, Carmen Binnewies y Eva J. Mojza, «'Did You Have a Nice Evening?' A Day-Level Study on Recovery Experiences, Sleep, and Affect», en *Journal of Applied Psychology*, 93, n.º 3, 2008, págs. 674-684, <https://doi.org/10.1037/0021-9010.93.3.674>.

Capítulo 10. El placer de la diversión difícil, o cómo lograrlo casi todo

1. Morten L. Kringelbach y Kent C. Berridge, «Towards a Functional Neuroanatomy of Pleasure and Happiness», en *Trends in Cognitive Sciences*, 13, n.º 11, 2009, págs. 479-487, <doi:10.1016/j.tics.2009.08.006>.

2. Christian Ehrlich, «Be Careful What You Wish for but Also Why You Wish for It—Goal-Striving Reasons and Subjective Well-Being», en *The Journal of Positive Psychology*, 7, n.º 6, 2012, págs. 493-503, <doi:10.1080/17439760.2012.721382>.

3. Benjamin S. Hopkins, Daniel Li, Mark Svet, Kartik Kesavabhotla y Nader S. Dahdaleh, «CrossFit and Rhabdomyolysis: A Case Series of 11 Patients Presenting at a Single Academic Institution», en *Journal of Science and Medicine in Sport*, 22, n.º 7, 2019, págs. 758-762, <https://doi.org/10.1016/j.jsams.2019.01.019>.

4. Jordan Etkin, «The Hidden Cost of Personal Quantification», en *Journal of Consumer Research*, 42, n.º 6, 2016, págs. 967-984.

5. Rachael Kent, «Self-Tracking Health Over Time: From the Use of Instagram to Perform Optimal Health to the Protective Shield of the Digital Detox», en *Social Media + Society*, 6, n.º 3, 2020, <doi:10.1177/2056305120940694>.

6. Michael Rucker, «Interview with Jordan Etkin About the Folly of Activity Tracking», en Mike Rucker, Ph. D., 23 de diciembre de 2020, <https://mi chaelrucker.com/thought-leader-interviews/dr-jordan-etkin-activity-tracking-folly>.

7. Mark R. Lepper, David Greene y Richard E. Nisbett, «Undermining Children's Intrinsic Interest with Extrinsic Reward: A Test of the 'Overjustification' Hypothesis», en *Journal of Personality and Social Psychology*, 28, n.º 1, 1973, págs. 129-137, <https://doi.org/10.1037/h0035519>.

8. «New Study Brings Value of Activity and Biometric Tracking into Question», en PRWeb, 26 de febrero de 2013, <https://www.prweb.com/releases/fitness/tracking/prweb10470191.htm>.

9. Timothy Carlson, «First Ironman Champion», en *Slowtwitch*, <https://www.slowtwitch.com/Interview/First_Ironman_Champion__7033.html>.

10. Richard H. Thaler y Cass R. Sunstein. *Nudge: Improving Decisions about Health, Wealth, and Happiness*, Penguin, 2009, Nueva York.

11. Devina Wadhera y Elizabeth D. Capaldi-Phillips, «A Review of Visual Cues Associated with Food on Food Acceptance and Consumption», en *Eating Behaviors*, 15, n.º 1, 2014, págs. 132-143, <doi:10.1016/j.eatbeh.2013.11.003>.

12. Bradley P. Turnwald, Danielle Z. Boles y Alia J. Crum, «Association between indulgent descriptions and vegetable consumption: Twisted carrots and dynamite beets», en *JAMA Internal Medicine*, 177, n.º 8, 2017, págs. 1216-1218.

13. The Argument, «1 of My 43 Things», en Medium, 9 de septiembre de 2016, <https://medium.com/theargument/1-of -my-43-things-271d076c2ba8>.

Capítulo 11. La diversión como motor de cambio

1. Christian Ehrlich, «The Goal-Striving Reasons Framework: Further Evidence for Its Predictive Power for Subjective Well-Being on a Sub-Dimensional Level and on an Individual Goal-Striving Reasons Level as Well as Evidence for Its Theoretical Difference to Self-Concordance», en *Current Psychology*, 40, n.º 5, 2019, págs. 2261-2274, <doi:10.1007/s12144-019-0158-y>.

2. «Nothing for Hungry Kids», South Park Digital Studios LLC, subido por South Park, 21 de octubre de 2015, <https://www.southparkstudios.com/vi deo-clips/lit77f/south-park-nothing-for-hungry-kids>.

3. Barry Schwartz, *The Paradox of Choice: Why More Is Less*, Ecco, 2004, Nueva York.

4. Jessica Blatt Press, «Ideas We Should Steal: Turning Blight into Play Spaces», en *The Philadelphia Citizen*, 9 de febrero de 2021, <https://thephiladel phiacitizen.org/ideas-we-should-steal-turning-blight-into-play-spaces>.

320   EL HÁBITO DE LA DIVERSIÓN

5. Anne C. Montague y Francisco Jose Eiroa-Orosa, «In It Together: Exploring How Belonging to a Youth Activist Group Enhances Well-Being», en *Journal of Community Psychology*, 46, n.° 1, 2017, págs. 23-43, <doi:10.1002/jcop.21914>.

6. *Ibid.*

7. Debra Umberson y Jennifer Karas Montez, «Social Relationships and Health: a Flashpoint for Health Policy», en *Journal of Health and Social Behavior*, 51, n.° 1 (suplemento), 2010, págs. S54-S66, <doi:10.1177/0022146510383501>.

8. *Ibid.*

9. Lisa S. Berkman y S. Leonard Syme, «Social Networks, Host Resistance, And Mortality: A Nine-Year Follow-Up Study of Alameda County Residents», en *American Journal of Epidemiology*, 109, n.° 2, 1979, págs. 186-204, <https://doi.org/10.1093/oxfordjournals.aje.a112674>.

10. Barış K. Yörük, «Does Giving to Charity Lead to Better Health? Evidence from Tax Subsidies for Charitable Giving», en *Journal of Economic Psychology*, 45, 2014, págs. 71-83, <doi:10.1016/j.joep.2014.08.002>.

11. Monica Kirkpatrick Johnson, Timothy Beebe, Jeylan T. Mortimer y Mark Snyder, «Volunteerism in Adolescence: A Process Perspective», en *Journal of Research on Adolescence*, 8, n.° 3, 1998, págs. 309-332, <https://doi.org/10.1207/s15327795jra0803_2>.

12. Juliana Breines, «Three Strategies for Bringing More Kindness into Your Life», en *Greater Good*, 16 de septiembre de 2015, <https://greatergood.berkeley.edu/article/item/three_strategies_for_bringing_more_kindness_into_your_life>.

13. ALS Association, «The ALS Association FY 2015 Annual Report», en *Issuu*, <https://issuu.com/alsassociation/docs/020816-fy-2015-annual-report-websit>.

14. «Ice Bucket Challenge Dramatically Accelerated the Fight Against ALS», ALSA, <http://web.alsa.org/site/PageNavigator/pr_060419.html>.

15. Kellon Ko, Seth Margolis, Julia Revord y Sonja Lyubomirsky, «Comparing the Effects of Performing and Recalling Acts of Kindness», en *The Journal of Positive Psychology*, 16, n.° 1, 2019, págs. 73-81, <https://doi.org/10.1080/17439760.2019.1663252>.

16. Christina Maslach y Mary E. Gomes, «Overcoming Burnout», en R. M. MacNair (comp). y Psychologists for Social Responsibility, *Working for Peace: A Handbook of Practical Psychology and Other Tools*, Impact Publishers/New Harbinger Publications, 2006, Oakland, California, págs. 43-49.

17. Decca Aitkenhead, «The Daily Show's Trevor Noah: 'I Am Extremely Political'», en *The Guardian*, 28 de noviembre de 2017, <https://www.theguardian.com/culture/2016/nov/25/trevor-noah-interview>.

Conclusión

1. Sheldon Solomon, Jeff Greenberg y Tom Pyszczynski, *The Worm at the Core: On the Role of Death in Life*, Random House, 2015, Nueva York.

2. Ric Elias, «3 Things I Learned While My Plane Crashed», en TED Talks, subido por TED Talks, 22 de abril de 2011, <https://www.ted.com/talks/ric_elias_3_things_i_learned_while_my_plane_crashed>.

3. Joanna Walters y Edward Helmore, «David Bowie's Last Days: An 18-Month Burst of Creativity», en *The Guardian*, 26 de marzo de 2020, <https://www.theguardian.com/music/2016/jan/15/david-bowies-last-days-an-18-month-burst-of-creativity>.

4. John Wylie Gamble, «The Relationship of Self-Actualization and Authenticity to the Experience of Mortality», 1975, págs. 3578-3578.

5. Catherine Nogas, Kathy Schweitzer y Judy Grumet, «An Investigation of Death Anxiety, Sense of Competence, and Need for Achievement», en *OMEGA-Journal of Death and Dying*, 5, n.° 3, 1974, págs. 245-255.

6. J. J. Ray y J. Najman, «Death Anxiety and Death Acceptance: A Preliminary Approach», en *OMEGA—Journal of Death and Dying*, 5, n.° 4, 1975, págs. 311-315, <Doi:10.2190/mhel-88yd-uhkf-e98c>.

7. John A. Blazer, «Relationship Between Meaning In Life And Fear Of Death», en *Psychology*, 10, n.° 2, 1973, págs. 33-34.

8. David E. Sobel, «Death and dying», en *AJN The American Journal of Nursing*, 74, n.° 1, 1974, págs. 98-99.

9. «Forthcoming Death Cafes», Death Cafe, <https://deathcafe.com/death cafes>.

10. Hengchen Dai, Katherine L. Milkman y Jason Riis, «The Fresh Start Effect: Temporal Landmarks Motivate Aspirational Behavior», en *Management Science*, 60, n.° 10, 2014, págs. 2563-2582, <https://doi.org/10.1287/mnsc.2014.1901>.

11. Elisabeth Kübler-Ross, *Death: The Final Stage of Growth*, Prentice-Hall, 1975, Englewood Cliffs, Nueva Jersey.

12. Randy Pausch, «Really Achieving Your Childhood Dreams», Network Media Group, Universidad Carnegie Mellon, 2007.

13. Randy Pausch, *The Last Lecture*, Hachette Books, 2008.

14. Bryant P. Hui, Jacky C. Ng, Erica Berzaghi, Lauren A. Cunningham-Amos y Aleksandr Kogan, «Rewards of Kindness? A Meta-Analysis of the Link between Prosociality and Well-Being», en *Psychological Bulletin*, 146, n.° 12, 2020, págs. 1084-1116, <https://doi.org/10.1037/bul0000298>.

ÍNDICE ONOMÁSTICO Y DE MATERIAS

Las cifras en cursiva remiten a las ilustraciones.

fitness, véase salud, fitnes y deportes
flexibilidad hedónica, principio de,
   145, 154, 156
flujo, teoría del, 64
Fogg, BJ, 250
Foo Fighters, 226
Ford, Brett, 114
fotografías, 41, 107-108, 117, 127, 152
Fowler, James, 166
Frachon, Kate, 212
Frankl, Viktor, 152
Frates, Pete, 271-272
Fredrickson, Barbara, 110, 114
Frijda, Nico, 102
Fukuyama, Francis, 96

Gamble, John W., 284
Gatto, Joe, 164, 165
Gazzaley, Adam, 216
Gervais, Michael, 229
Gervais, Ricky, 203
Gilbert, Daniel, 123, 177-178, 197
Gilligan, Thom, 269, 270
gimnasio, 55, 68, 141, 223, 243, 274
Gladwell, Malcolm, 166, 231
GlowPong, 214-215
GoFundMe, 18, 235
Goldfield, Sharleen y Dan, 134-135
Gonzalez-Mulé, Erik, 206
gratitud, 13, 83, 102-103
   recordar y, 103, 112
Gray, Peter, 183
Great American River Cleanup, 268
Greater Good Magazine, 271
Greenberg, Jeff, 281
Grenst, Judy, 285
Grohl, Dave, 226
Grossman, Barry, 212
grupos afines, 222
guarderías, 178
   véase también crianza

Guardian, The, 276

Hadfield, Chris, 122-124, 139-140
Hale, Benjamin, 153
Hanin, Yuri, 217
Hardly Strictly Bluegrass Festival,
   183-184, *184*
Harfoush, Rahaf: *Hustle & Float*, 22
Harris, Sam, 249
Harris, Thomas A., 189
Hatfield, Elaine, 166
hedónica
   adaptación, 28, 92-93, 195
   caminadora, 28-29, 33, 93, 96,
   102, 194, 229
   principio de flexibilidad, 145,
   154, 156
   variabilidad, 79, 92, 94-95, 149,
   225, 271
hedónico (valencia), tono, 35-38, 143
   negativa, 37, 58, 150
   neutra, 58
   pausas en el trabajo y, 93
   positiva, 37, 145, 150
hedonismo racional, 154
Here Is Real Magic (Staniforth), 132-
   133
Herman, Todd, 190
Hershfield, Hal, 48
heurística, 94
Hirsch, Jordan, 129
historia sin fin, La, 30
*hombre autorrealizado. Hacia una
   psicología del ser, El* (Maslow),
   67-68
hombre en busca de sentido, El
   (Frankl), 152
hormonas
   dopamina, 27-28, 31-33, 58, 64,
   151
   oxitocina, 32-34, 192

4

De este libro me quedo con...